Eine Weltstadt, die aus Dörfern besteht, das ist Frankfurt. Viel gescholten als kalter Bankenplatz, sucht die Stadt andere Rollen und findet sie. Sie will zum Beispiel grün sein und glamourös, das eine schafft sie ganz gut, das andere nicht. Frankfurt ist für viele Menschen zunächst eine Durchgangsstation, in der sie nach Jahrzehnten plötzlich erstaunt feststellen: Ich bin ja geblieben!

Eva Demski ist es genau so gegangen. Aus unzähligen Erkundungen, Wegbeschreibungen, Ortsterminen, Porträts, Pamphleten und Liebeserklärungen ist ein Frankfurt-Buch geworden, ohne Anspruch auf Vollständigkeit, dafür mit Überraschungen. Vergessene Parks und das Mainufer mit Max Beckmanns Blick, wenig Goethe, dafür seine Mutter und die Freundin Marianne von Willemer um so eingehender, selbstbewußte Häßlichkeiten und schüchterne Schönheiten, Veränderungswahn und Bewahrungsmühen – all das und mehr kennzeichnet die Stadt, von der Eva Demski einmal gesagt hat, sie liebe sie »wie einen häßlichen Hund« – was nichts anderes heißt als: ganz besonders.

Eva Demski, geboren 1944 in Regensburg, lebt in Frankfurt am Main. Ihr literarisches Werk wurde vielfach ausgezeichnet, 2008 erhielt Eva Demski den Preis der Frankfurter Anthologie.

insel taschenbuch 4278
Eva Demski
Frankfurt ist anders

EVA DEMSKI
Frankfurt ist anders

Mein Stadtplan

Herausgegeben von Wolfgang Schopf

Insel Verlag

Umschlagabbildung: Hans Traxler

3. Auflage 2015

Erste Auflage 2014
insel taschenbuch 4278
Originalausgabe
© Insel Verlag Berlin 2014
Hinweise zu dieser Ausgabe am Schluß des Bandes
Vertrieb durch den Suhrkamp Taschenbuch Verlag
Satz: Satz-Offizin Hümmer GmbH, Waldbüttelbrunn
Druck: CPI – Ebner & Spiegel, Ulm
Printed in Germany
ISBN 978-3-458-35978-4

Vorbemerkung

Die Stadt, in der ich geboren wurde, änderte sich scheinbar nicht. Man konnte sich auf sie verlassen. Schon meine Urgroßeltern hatten die gleichen Häuser gesehen, an denen ich als Kind vorbeilief, und sie würden noch da sein, wenn es mich längst nicht mehr gab. Ich kannte es nicht anders. Ein beinahe göttliches Gesetz: Menschen kamen und gingen, aber Städte blieben. Daraus konnte man folgern, daß Menschen nicht so wichtig waren. Der Gedanke war angenehm, machte aber träge.

Als ich dann von Regensburg nach Frankfurt kam, geriet ich ins Staunen. Diese Stadt grub sich andauernd selber um, änderte sich, kaum daß man ihr den Rücken zugedreht hatte, buchstäblich über Nacht. An manchen Plätzen sehe ich schon die dritte oder vierte Generation Häuser. Das heißt, ich sehe nur, was für eins grade da steht. Es gibt eine spezielle Frankfurter Amnesie, von der man angesichts eines Lochs in der Innenstadt einfach nicht mehr weiß, was für ein Gebäude kurz zuvor dort gestanden hat, und wenn es noch so hoch war.

Frankfurt wälzt sich auf seinem bißchen Platz wie ein Schlafloser auf zerknitterten Laken. Manchmal drückt es in seiner Verzweiflung etwas Altes an sein Herz, es kann auch etwas sein, das nur alt aussieht. Ich habe gar nicht bemerkt, wie oft ich im Lauf der Jahre über Frankfurt geschrieben habe. Wahrscheinlich wollte ich mich erinnern können, wenn wieder etwas zum Verschwinden gebracht worden war.

Frankfurt ist anders, jeden Tag. Wenn Sie das lesen, hat es sich schon wieder verändert. Auch das ist eine Art Verläßlichkeit.

1978

… war mein erstes Jahr in Freiheit, mitsamt all ihren Frösten. Kein fester Job mehr, einen ungebackenen Roman im Hirnherd, ich saß in Oberhessen, im Hintergarten eines halb zusammengefallenen Bauernhauses von großer Schönheit, die Schafe des Nachbarn hießen Romeo und Julia, Romeo konnte, ganz Kavalier, unseren Zaun flachlegen, damit Julia an unseren Salat kam. Aus einem Scheunentürblatt und vier Pflökken hatte man fürsorglich für mich einen Arbeitstisch gemacht, Hühner gaben vor, Anteil zu nehmen, es war sehr warm, und ich trug einen schwarzen Kittel. Jetzt steht dem Dichtersein nichts mehr im Weg, dachte ich und schaute meine Olivetti an. Die nebenan wohnenden Landwirte ließen sich durch sie beeindrucken. Wenns klapperte, war ich für sie ein irgendwie nützliches Wesen. So weit kamen sie mir schon entgegen. Bloß Nachdenken allein war nicht ernst zu nehmen. Vor Schlachttagen rieten mir alle, ich möge im Haus bleiben. Endlich konnte ich morgens schlafen, so lang ich wollte. Deshalb hatte ich schließlich auch Dichter werden wollen. Auf dem Land ging das nicht. Deswegen bin ich bald zurück in die Stadt gegangen und jedem an die Gurgel, der dort zu mir sagte: Um elf waren aber Ihre Gardinen noch zu!

So fing es an

Die ersten Jahre des Fernsehens

Im Jahr 1953 muß es gewesen sein, daß der arbeitslose Schauspieler und Regisseur Fritz Umgelter zu dem ebenfalls arbeitslosen Bühnenbildner Rudolf Küfner, meinem Vater, sagte: »Rudtle, in Frankfurt machets jetzt ebbes, des hoisch Fernsehen. Ein großer Schmarrn, aber sie händ viel Geld.«

Und so begannen die beiden, die einem neuen Intendanten des Wiesbadener Staatstheaters zum Opfer gefallen waren, ein anderes Leben. Sie kamen aus der einen Quelle, die das noch unbekannte Medium speiste: aus dem Theater. Die andere war der Film, damals hauptsächlich die ziemlich braun angestaubte UFA. Was sie in Frankfurt – und nur davon kann ich erzählen – vorfanden, war das Gebäude, das den Bundestag hätte aufnehmen sollen, wenn Adenauer den nicht näher bei sich daheim hätte haben wollen.

Das erste Fernsehstudio, an das ich mich erinnere, war im Glasrundbau, ziemlich klein, und alles darin passierte *life*. Theater und Film lieferten Technik, Autoren, Schauspieler, und vor allem die Vorstellung von Publikum. Im Anfang war die Fernsehgemeinde überschaubar und freute sich über alles, was sie kriegte. Selten kam mal jemand, der TV in Amerika gesehen hatte, da gäbe es Werbung und in Farbe, aber das interessierte von den deutschen Pionieren keinen.

Sie legten mächtig los und gaben sich selber einen Bildungsauftrag. »Rudtle«, sagte der vorhin schon erwähnte Fritz Umgelter, »wenn mir so weitermachet, weiß in zehn Jahren jeder Arbeiter, wer Kleist isch.« Und das wollten sie wohl. Regisseure wie Ludwig Berger, Michael Kehlmann und Harry Buckwitz waren sich nicht zu schade, die Möglichkeiten des kleinen Kastens auszuprobieren, und große Schauspieler, auf sie komme ich noch, auch nicht. Sie packten Shakespeare und Lenz, Büchner und Anouilh, Christopher Fry und Aristophanes, Goethe und Giraudoux und noch vieles andere in die Schachtel, und der Dramaturg Helmut Krapp sorgte für eine Dosis existentialistischer Düsternis. Er liebte irische Dramatiker. Ich durfte nur selten aufbleiben, vor allem bei *Lysistrata* nicht, was ich sehr übelnahm. Film und Theater – beides hatte sich mit den Nazis eingelassen, und so waren die Davongekommenen leidenschaftlich verliebt in das unschuldige, spurenlose Medium. Sie machten alles selber, man kann sich gar nicht vorstellen, wieviel und unter welchen Bedingungen. An Werkstätten, großartigen Handwerkern und Verrücktheiten aller Art war kein Mangel, der technische Aufwand wäre heute gar nicht mehr zu bezahlen. Es erwartet ihn eigentlich auch niemand mehr. Wenn zum Beispiel in einer der zahllosen Quizshows die Frage kommt: Welche Schiffe hatten Augen? Und dann die nackten Buchstaben der *multiple choice*-Antwort und sonst nichts – die Männer und die wenigen Frauen von damals hätten entrüstet gesagt: Das ist doch kein Fernsehen! Und ein in hundert Arbeitsstunden selbst gebautes Phönizierschiff mit Augen ins Studio einfahren lassen.

Fernsehen war *Bilder*. Man mußte was *sehen* können. Und wenn einem die Museen ihre kostbaren Stücke, wie zum Beispiel antikes Spielzeug, nicht leihen wollten, machte man es eben selber. Umgelter focht seine Schlachten aus und drehte eine stattliche Reihe von spannenden, sehr aufwendigen und fetzigen Kostümschinken, und mein Vater entdeckte die Unterhaltung.

Das, was man heute nostalgisch *den großen Samstagabend* nennt, war eine riesige, sich selbst durchaus ernst nehmende Spielwiese. Drei Männer waren, jeder auf seine Art, die Protagonisten: Hans-Otto Grünefeldt, der damalige Fernsehdirektor, dessen liebstes Kind diese Art von Circus war (und der, wahrscheinlich aus Schuldbewußtsein, auch jede Menge Avantgardistisches deckte), mein Vater, der ganz in der Stille auch den pompösesten Quatsch möglich machte und für einen Dreiminuteneinspieler das komplette *Forum romanum* gebaut hätte – nah dran war er fast in jeder Sendung –, und Hans-Joachim Kulenkampff, der seine unerfüllten Schauspielerträume ausleben konnte. Die Fragen dachten sie sich zu dritt aus, und zwar auf die Möglichkeiten des Sichtbar-Machens hin. Die drei wollten allerdings auch ihren Spaß haben. Ich erinnere mich, daß einmal ein Rolls-Royce in einer Frage vorkommen mußte, weil sie den unbedingt probefahren wollten. Dabei machten sie prompt eine Delle in das teure Stück. Was daraufhin passierte, weiß ich nicht, schlimm wird es nicht gewesen sein. Heutzutage kann man sich nicht mehr vorstellen, wie verspielt das alles begonnen hat. Jetzt ist es verwaltet.

Der alte Bildungsgedanke wurde aber nie außer acht gelassen, und der Hessische Rundfunk hatte damals einen Ruf wegen seiner ambitionierten Fernsehspiele. Würde man sich Produktionen wie *Die Irre von Chaillot*, *Schatten der Helden*, den sechsteiligen Shakespearezyklus, später dann *Aufstieg und Fall der Stadt Mahagonny* und Dutzende andere, die in den späten fünfziger, den sechziger und siebziger Jahren entstanden sind, heute anschauen, sähe man, wie stark das Theatralische in ihnen war. Bei den Fernsehspielen jener Zeit hatte die Bühne den Film überholt.

An die Produktion der *Irren von Chaillot* erinnere ich mich noch genau, schon weil da so viele Bühnenlegenden mitspielten. Hermine Körner als Irre, dazu Trude Hesterberg und Eva Vaitl, Joachim Teege als Lumpensammler, Ingrid Andree als Blumenmädchen, Buckwitz hatte Regie. Mein Vater benutzte seine Kostümentwürfe, um die Schauspieler alle zu porträtieren. Als man Hermine Körner ein Kreuz auf dem Studioboden zeigte, auf dem sie bitte bei einem bestimmten Auftritt stehenbleiben möge, denn da sei die Mitte, soll sie geantwortet haben: »Ich dachte, die ist sowieso da, wo ich stehe!« Hilde Hildebrandt nannte meinen Vater wegen seiner Haare »mein kleiner Pasternak«. In welcher Produktion sie mitgespielt hat, weiß ich nicht mehr. Maria Becker dagegen war Kassandra und brachte mir bei, wie man jemanden anschaut, ohne zu blinzeln. Wahrscheinlich war für all diese Legenden das Publikum ein besonderer Faktor, anders als beim Film und ganz anders als beim Theater konnte die ganze Nation dazu gemacht werden, nach der Tagesschau, jedenfalls der Teil, der einen Apparat hatte. Und das wurden, wie wir wissen, immer mehr. Quote gabs noch nicht. Bei alldem spielten die Kapazitäten des Senders eine große Rolle, die Werkstätten, Schneiderei, Maler, Schlosserei, Schreiner, die Bühnenbildnerkollegen, Requisite, Dekorateure. Viele von denen waren Künstler mit einem entsprechenden Selbstbewußtsein. Einer der Bühnenmaler namens Busch konnte von Rubens bis Dalí alles malen und tat das auch. Er signierte aus irgendeinem Grund immer mit *William S. Bushie*. Ich will damit sagen, daß es damals, egal für wen, etwas Besonderes war, *beim Fernsehen* zu arbeiten. Wenn in irgendeinem Dorf oder sonstwo ein Team auftauchte, kam in kürzester Zeit der Bürgermeister und lud es zum Essen ein.

Mein Vater, der erste sogenannte Ausstattungschef des Hessischen Fernsehens, verlor seine Liebe zum Theater dennoch nie. Er wollte das Studio immer zur Bühne machen, auch die Rhein-Main-Halle, oder wo immer der Samstagabendcircus seine Runden drehte.

Als Nurejew Rußland verlassen hatte, kam er ins Studio des Hessischen Rundfunks, und man erzählte, die Studiodecke sei für seine Sprünge zu niedrig gewesen. Dore Hoyer tanzte und Maurice Béjart, und als Josephine Baker mit Ernst Kreuder am Klavier eine Show aufnahm, durfte ich die Schule schwänzen. Sie gab mir ein Autogramm, drei oder vier ihrer ziemlich schlecht gelaunten Kinder wuselten um sie herum, und ich staunte darüber, daß ihre weiße Federboa ein bißchen schmuddelig aussah. Eartha Kitt, die mein Vater für einen Song in einen viel zu großen Männerschlafanzug gesteckt hatte, was sensationell aussah, nahm ihre ganzen Kostüme mit und rückte sie nie wieder raus. Und Caterina Valente. Und Heidi Brühl, für die mein Vater eine besondere Schwäche hatte. Auch ich hatte, um 1955, meine Chance und spielte unter Umgelters Regie in einem Agatha-Christie-Krimi, der *Das Spinnennetz* hieß, ein Kind namens Pippa Hailsham-Brown. Meine Kolleginnen Marlis Schoenau und Trude Moos gaben mir Tips. Die Sache war *live*, ich sollte umgebracht werden und wurde in letzter Minute gerettet. Wenn danach eine Flut von Angeboten gekommen sein sollte, habe ich jedenfalls nichts davon erfahren. Meine Großeltern folgten der Sache gespannt in einem Tegernseer Hotel und haben vor lauter Bildgegrissel kaum etwas gesehen.

Ich kann mich noch an den Tag der Umstellung auf Farbe erinnern, es war ganz merkwürdig feierlich. Wir hatten viele Gäste, und dann kam dieser Würfel und so ein teppichmusterartiges Ding. Waren die Entwürfe meines Vaters in der Schwarzweißzeit immer ziemlich farbig gewesen, wurden sie jetzt, in der Zeit des Farbfernsehens, immer schwarzweißer, grauer, zartfarbiger. Das schlimmste für ihn war, wenn das Fernsehen sich *bunt* aufführte, in jeder Beziehung.

Der größte Unterschied zu den heutigen Medien war, glaube ich, das Fehlen des Zwischenhandels, der unendlich vielen geldverdienenwollenden und machtausübenwollenden Instanzen, aus denen die Sache heute besteht. Die Wege waren damals unfaßbar direkt, von der Idee, der Produktionsentscheidung bis zur Realisation. Beim allmorgendlichen Gang durch die Werkstätten wurden Ideen geboren, die schon beim Mittagessen abgesegnet werden konnten. Auch das erinnerte mehr an die Konstruktion eines Theaters, man hatte nie den Eindruck, in einer Behörde zu sein. Natürlich haben sie sich schon damals über zuviel Bürokratie aufgeregt, die Künstler. Wenn sie gewußt hätten!

Es war eine anarchische Zeit, das Kasino lag im Keller, und viele nutzten die Gelegenheit, dem Tageslicht für lange Zeit zu entfliehen. Es wurde unfaßbar viel geraucht und gesoffen, und daß es eine Menge amouröses Durcheinander gab, entnahm ich den Unterhaltungen meiner Eltern. Manchmal nächtigten zeitweilig Versprengte und Verjagte, Damen oder Herren, auf unserem Wohnzimmersofa. Die schliefen noch, wenn ich zur Schule ging. Es waren bekannte Namen dabei.

Heute leben offenbar alle gesund und trinken viel Wasser, um keine Falten zu kriegen. Es gibt festgezurrte Zeitpläne, es werden keine phönizischen Schiffe mehr für Unterhaltungssendungen gebaut, und die regierende Macht heißt Quote. Manchmal freue ich mich, daß ich sie erleben konnte, die Morgenröte eines ganz jungen, unschuldigen Mediums.

Unsere kleine Stadt

Seit zwei Tagen steht ein neues Schild vor unserem Haus. Darauf ist zu lesen, es würden Markierungsarbeiten vorgenommen. So fürsorglich gibt sie sich, unsere kleine Stadt, wie eine Mutter! Oder ist sie das nicht? Läßt sie sich mißbrauchen von den Grauen Herren der totalen Kontrolle?

Wenn das Schild nicht dagewesen wäre, hätte vielleicht keiner von den Anwohnern die große neue weiße 30 gesehen, die jetzt auf dem Asphalt glänzt. Zugegeben: Erst das Schild hat die Nachbarn in Suchende verwandelt, witternd sah man sie herumlaufen: Markierungsarbeiten? Was wird da wohl markiert werden? Warum markiert wird, wo es doch ein Tempo-30-Schild gibt, fragt längst niemand mehr.

Lange Zeit verhießen schief gekritzelte Plakätchen an den Bäumen, man könne im Bürgerzentrum die Diskussion über die Krümmungen der Radwege weiterführen. Ich bin damals nicht hingegangen, das war wahrscheinlich ein Fehler. Es fanden viele Diskussionen statt. Radwegekrümmungen scheinen eine schwierige, die Bürger wirklich fordernde Angelegenheit zu sein. Andererseits steht eine schöne, die Gegend an Juniabenden in einen wundervollen Duft hüllende Linde an der Ecke. Die ist trotz ihrer fortschreitenden Schwächung kein Thema. Denn das für sie zuständige Amt kennt zwar sie und ihre Probleme, kann den Hinweis, man möge ihr doch den Baumteller größer machen, damit sie mehr Regen kriegt, nur mit Bedauern zurückweisen. Da müsse ein anderes Amt tätig werden. Es gab keinerlei Diskussion im Bürgerhaus über die ungewisse Zukunft gewisser Bäume.

Mütterlichkeit einer Kommune kann zur Verblödung ihrer Kinder, der Bürger, führen. Oder zu einer Art Duldungsstarre. Auf unserer kleinen Kreuzung haben wir seit einiger Zeit eine walfischförmige, gestreifte Markierung. (Seither, weil das erst keiner gemerkt hat, wird auf allfällige neue Markierungen mit einem Absichtsschild hingewiesen.) Also, die Leute fuhren erst einmal so, wie sie es jahrzehntelang – ohne einen einzigen Unfall – getan hatten, und fuhren fröhlich dem auf die Straße gemalten weißen Walfisch über den Bauch. So ging das nicht, und in die Mitte der Malerei kam ein Schild mit einem mächtigen Betonfuß, damit die Anarchie auf der Kreuzung endlich ein Ende habe. Es ist schon zweimal über den Haufen gefahren worden, beim zweiten Mal haben die Anwohner applaudiert. Aber immer wieder kommt jemand und stellt es auf. Was ich vermisse, ist ein Schild, auf dem Schilderaufstellungsarbeiten angekündigt werden.

Es liegt mir fern, mit derlei Nachrichten aus der städtischen Provinz weitermachen zu wollen. Ich liebe die kleine Stadt, das kann man mir ruhig glauben. Sie ist vielleicht so unschuldig wie die meisten ihrer Bewohner.

Manchmal wünsche ich mir, sie würde nachts von einer marodierenden Gruppe Riesen durchstreift. Die alles wegräumen, womit man sie angefüllt und verunziert hat: Waschbetonkübel, überflüssige Poller, Schilder für Schwachsinnige, verbogene Fahrradständer, Betonrampen, megalomane Müllbehälter an lieblichen Ecken, mobile Klohäuschen an ebensolchen: Die Riesen rissen alles weg und fräßen es auf. Diese ganze elendigliche Stadtmöblierung verschwände in den Mäulern gütiger Giganten. Das wäre doch wunderbar, ein Ganzkörperpeeling gewissermaßen, um die Haut frei und klar zu machen für eine umfassende Behandlung. Man könnte auch ein ernsteres Bild bemühen: Die Stadt, von allen Geräten zur Erziehung und Gängelung ihrer Bewohner befreit, ungeschützt und voll Vertrauen deren Willkür – oder Zuneigung – preisgegeben. Ich hör euch schon schreien: Was dann passieren würde! Autos bis in die Straßenmitte übereinandergestapelt, Müll in Haufen, Grünzeug wie es den Leuten so paßt. Ein Desaster! Bloß: Das wissen wir gar nicht. Die keine Grenzen duldende Volkserziehung ist in den Städten so vor sich hingewuchert, und jetzt gibt es ein aufmerksames Heer von Beamten, die darauf achten, daß nichts wächst, wie es will, und kein Bürger gezwungen ist, selbständig zu denken und zu entscheiden. Wir haben uns daran gewöhnt, wenn man uns mißtraut. Wir finden es vielleicht sogar richtig, daß unsere Schritte gelenkt, unsere Blicke geführt, unsere Hinterlassenschaften verwaltet werden.

In den alten, unzerstörten, mit wehrhafter Schönheit beschenkten Städten geht das nicht so leicht: Irgend etwas Schutzwürdiges steht da immer im Weg und verhindert die ordentliche Lenkung der Bürger. Gassen sind krumm und bucklig, Torbögen eng und störrisch, Parkleitsysteme nähmen sich albern aus an bröckeligen Mauern, und Waschbetonblumenkübel würden auf unebenem Pflaster wackeln. Den Ordnungsverwaltern solcher Städte haftet immer etwas Erschöpftes an. Sie führen einen fast aussichtslosen Kampf.

In unserer Stadt dagegen ist nach der Zerstörung des Alten eine Menge Ordentliches und leicht zu kontrollierendes entstanden, Rechtwinkligkeit wälzte sich unaufhaltsam über leere oder mit Trümmern bedeckte Grundstücke. Und weil sie nun einmal da war, diese Rechtwinkligkeit, die notgeborenen Schuhkartons der Fünfziger, folgten ihr in den nächsten Jahrzehnten und bis heute weitere, luxuriösere, monströsere Schuhkartons. Es ist, wie es ist. Man gewöhnt sich.

Was könnte aus der Gewöhnung Zuneigung werden lassen oder sie mindestens fördern? Wie die Behandlung des Stadtgesichts nach seiner Reinigung und Befreiung aussehen? Farben, Pflanzen und Wasser. Wo die angewendet werden, mit Mut zum Anarchischen, entsteht Überraschendes. Manchmal wird es gar nicht bewußt – so keimt auf der ereignislosen Strecke des Marbachwegs eine kleine gute Laune auf, hinter deren Grund man erst nach einigem Nachdenken kommt. Es sind die vielen Rosenbüsche, eine tapfere und fleißige Sorte, plötzlich ist da ein bißchen Schönheit. Die Allee am Senckenbergmuseum. Der wilde Wein, der sich immer wieder an den amerikanischen Wohnblocks hochkämpft und einen vor allem im Herbst über ihren Anblick tröstet.

Und Farben? Ich habe mir schon früher die Verachtung der Fachleute eingehandelt, als ich dafür plädierte, sich bei Fassadenfarben nicht an der üblichen Grabsteinpalette zu orientieren (Ocker in allen Varianten, Grau, Schwarz, und jene namenlose Farbe, die man von Honeckers Jacke kennt) – sondern an den Fassadenfarben der Insel Burano. Damals erntete ich eine Empörung, als hätte ich verlangt, alle Einwohner sollten in Baströckchen herumlaufen. Merkwürdig: Bei der Stadtgestaltung ist Fröhlichkeit eine Art Schimpfwort, ein Greuel nicht nur für jene Puristen, die das Volk gern in ungestört grauen Kuben aufgehoben sähen und für die jeder Buchsbaumtopf schon Gartenzwergisierung bedeutet. Computer machen es möglich – man könnte doch zum Beispiel die Rohrbachstraße oder irgendeine andere virtuell einfärben, apfelgrün, melonenrot, hortensienblau, kürbisgelb, eben buranisch: und dann einfach mal gucken, was passiert und wie das aussieht. Einzelaktionen – was Knall-Lilanes in einer ansonsten schlechtwetterfarbenen Zeile – sind eher kontraproduktiv. Solche Häuser tun mir ähnlich leid wie Damen, die sich fürs Klassentreffen ins lange Ballkleid geworfen haben. Auch wenn jetzt wieder vorsorglich der Untergang der Zivilisation beschworen wird – ich bin unerziehbar. Hätten wir viele wirklich gestaltete Fassaden, wäre die Farbe nicht so wichtig. Haben wir aber nicht, und die Grauen Herren haben in den sechziger Jahren das Übriggebliebene noch weggehauen. Wegen der Ästhetik. Stuck verdirbt nämlich die Moral. So haben wir wenig Form, da würde Farbe Wunder wirken. So wie früher.

Sie wohnen Langgasse zehn? Kenn ich nicht. Ach, in dem roten Haus? Ja klar. Weiß ich, wo das ist.

In diesem Zusammenhang auch gleich noch ein klagendes Wörtchen zum Briefkasten-Klingelbrett- und Haustürenkartell. Das muß es geben. Es sitzt irgendwo und sorgt dafür, daß überall mächtige weiße Tresore auf Beinen die Vorgärten verhunzen, keine schöne und identifizierbare Tür einen mehr empfängt, sondern die fünf verschiedenen Eloxalgreuel, zu denen sich Hausverwalter und -besitzer offenbar gern überreden lassen. Horror. Abscheulich. Dabei kriegt man dieses Gerümpel auch nicht umsonst. Noch heute sehe ich in Containern wunderschöne ermordete Türen mit herrlichen Klinken liegen, die man hätte retten müssen vor dieser gleichmacherischen Mafia.

Natürlich hat die Stadt, unsere arme Stadt, kein Geld. Was ich vorschlage, ist auch keine Frage des Geldes, sondern der Individualität und des Mutes. Ich bin fast etwas zu abergläubisch, um es hinzuschreiben – aber seit die Blocks in einer großen und schandbar zugerichteten Straße mehrere Farbtöpfe gesehen haben und einen pfiffigen Gestalter, sind keine Schmierakel mehr aufgetaucht. Ich will sie nicht animieren, die Kerle, deswegen sage ich den Straßennamen nicht. Und hänge lieber noch ein bißchen der Illusion an, ein bißchen Schminke helfe gegen Depressionen. Manchmal.

Wasser hilft auch gegen Depressionen. Brunnen sind etwas Wunderbares. Ihr Geräusch, ihr Talent, einen schönen Treffpunkt für Menschen zu bilden, nicht nur für Liebespaare, läßt einen brunnenreiche Städte mehr lieben als andere. Für diese Segnung urbanen Lebens haben wir hier leider kein glückliches Händchen. Das fing mit der feindseligen Installation am Eschenheimer Turm schon früh an. Ich weiß, der steht unter Denkmalschutz. Da kann man nichts machen. Ich muß bei seinem Anblick nicht an die Sanftheit des Wassers, sondern an Folterinstrumente denken, das ging mir schon als Kind so. Andere, sehr teure Brunnen in der Stadt haben kein Wasser. Alle wollten Kunst sein, aber wo dieser Wille, war in dem Fall kein Weg. Es ist so schade! Ihre klassischen Brunnen machen der Stadt doch vor, wie es geht!

Träumen wird man dürfen, zum Beispiel, daß der hübsche bunte Drache an der Dornbuschpost einst Wasser spuckt, womit er endlich eine Funktion hätte. Wenn wir mal wieder ganz reich sind, könnte man die Stadtbäche wieder aufmachen! Und an viele öde Plätze Brunnen stellen, ein alter Steintrog wäre oft schon genug. Oder Hausbrunnen wie die, aus denen man in Rom trinkt und sich die Wasserflaschen füllt. Das ist nicht unsere Tradition? Erstens stimmt das nicht, und zweitens kann nichts Tradition werden, was nicht irgendwann mal anfängt, und sei es die Liebe zu der kleinen Stadt.

Zur Eröffnung des
Gesellschaftshauses und zur
Stiftung Botanischer Garten

Meine sehr verehrten Damen und Herren,

willkommen im Prunkpalast der Bourgeoisie! Ja, der soll hier sein. Ich finde das einen Anlaß zur Freude, warum, will ich später erklären. Die Freude gilt noch einem anderen, nahen Ort, dem Botanischen Garten, der jetzt mit einem unsichtbaren, aber hoffentlich haltbaren Schutzzaun umgeben worden ist, in Gestalt der Stiftung.

Beides ist räumlich, und wie wir sehen werden, auch inhaltlich miteinander verbunden. Das Gesellschaftshaus ist in allem Glanz *wieder* da, und der Botanische Garten ist *noch* da, beides im Herzen Frankfurts. Und beides muß den Frankfurtern ans Herz gelegt werden, damit in Haus und Garten Leben ist, und zwar richtiges Leben. Das wird sich grade in einer so vielfältigen Gesellschaft, wie Frankfurt sie hat, entwickeln und nicht nur Wirtschaftsforen, sondern auch allen Arten von Feiern einen unvergeßlichen Platz bieten.

Für lange Zeit war das Juwel, das Gesellschaftshaus des Palmengartens, so gut wie unsichtbar, ein häßliches Entlein. Das ist nicht nur den Zeitstürmen und Katastrophen geschuldet, die es überstanden hat, auch bestimmten Verdikten, die, wie wir gesehen haben, bis heute in manchen Köpfen ziemlich festgenagelt sind. Auf einen kurzen Nenner gebracht lautet das: Prächtigkeit ist verdächtig und böse, Kargheit ist gut. Erlauben Sie mir, zu diesem Anlaß und an diesem Ort ein wenig nach den Gründen dafür zu graben und sie genauer anzuschauen.

PRACHT FÜR ALLE war der Arbeitstitel für meine Gedanken zur Doppelfeier, die wir heute begehen. Natürlich klingt Ihnen allen Hilmar Hoffmanns KULTUR FÜR ALLE noch in den Ohren. Hütten und Paläste auf immer versöhnt, einander anverwandelt.

Eine schöne Befehlsform, eine Art ideeller Lokalrunde: Kultur für alle, Pracht für alle! Und zahlen tut der, der bestellt hat. Ach, wenn das so einfach ginge, dann könnte man leicht und aus ehrlichem Herzen sagen, Schönheit für alle, Klugheit für alle und Einsicht in die Notwendigkeiten des Lebens für alle. Wir wissen, so leicht ist das nicht. Das Haus, über dessen Geschichte Sie einiges gehört haben und das wir heute in seinem alten Glanz beleben wollen, ist ein gutes Beispiel dafür, daß das Glück der Pracht eines ist, zu dem nicht wenige erst verführt werden müssen.

Architektur und Kunst der Vergangenheit, jene, von der Menschen angezogen werden und die sie bestaunen, ist fast immer unter abscheulichen Bedingungen entstanden, das gilt für Pyramiden und Amphitheater bis hin zu den Domen und Schlössern. Weltkulturerbe! Einen ziemlich großen Teil von dem, was wir so nennen, könnten wir als Verbrechen gegen die Menschlichkeit bezeichnen. Dennoch entzücken und beeindrucken uns die Bauwerke, um deren Entstehung wir wissen. Sie waren gleichermaßen Geldfresser wie Menschenfresser. So ist es vielleicht verständlich, wenn Prächtigkeit ins Gerede kam, einen schlechten Leumund kriegte und die Schmucklosigkeit gepriesen wurde. Sonderbarerweise spielte die Frage, wie man sich auf humane Weise Schönheit verschaffen könnte, keine Rolle.

Ich kann mich gut erinnern, daß beim Bezug des alten – damals in seiner Funktion neuen – Literaturhauses an der Bokkenheimer Landstraße der erste Leiter jammerte, was er denn mit dieser großbürgerlichen Villa solle – eine Fabrikhalle sei ihm viel lieber. Tja. Mir ist schon damals unbegreiflich gewesen, daß Linkssein – und das wollte ich ja sein – bedeutete, häßlich und grau für alle und nicht prachtvoll und bunt für alle.

Denn es gab sie, Formensprache, optische Einzigartigkeit, handwerkliche Könnerschaft, all das war anschaubar und verfügbar. Wir konnten doch nicht einerseits als Touristen die Erbschaften des Feudalismus mit offenem Mund begaffen und bewundern und uns andererseits zum Wohnen, Lernen, Essen und Feiern in Schuhkartons stecken lassen und das für politisch korrekt und gut halten. Das dachte ich jedenfalls. Das war aber verkehrt. Man durfte und darf den Haß derer, die sich fortschrittlich und der Menschheit verpflichtet fühlten, auf Ornament und Bauschmuck, auf Anmut, Verspieltheit und Phantasie nicht unterschätzen. Auch unterscheiden sollte man sich nicht mehr, Häuser hatten keine Physiognomien mehr zu haben, sondern Funktionalität. Und wenn man genötigt wurde, die äußere Hülle feudaler Hinterlassenschaft aus Denkmalschutzgründen stehenzulassen, sorgte man wenigstens im Inneren für die Raumklarheit einer Sparkassenfiliale. Die Erledigung der Alten Oper hatte nicht geklappt, aber die vom Krieg verschonten Stukkaturen und Fassadenfiguren an den übriggebliebenen Häusern in der Stadt – und das waren mehr, als wir heute wissen – mußten fast zur Gänze dran glauben.

Und nun hier, Pracht, bürgerlich selbstbewußt übernommene Formen und dekorative Elemente. Es hatte geschlafen, das Ganze, und es war keineswegs so, daß die zur Schmucklosigkeit erzogene Stadt nun mit einer Stimme *Aufwecken! Aufwecken!* gerufen hätte. Die Sturheit der drei Herrschaften Margareta, Johnny und Robert mit dem Nachnamen Tiger und die Fähigkeit, Klippen unter der politischen Wasserfläche rechtzeitig zu erkennen, hat offenbar dazu geführt, daß bei dem Vorhaben alle Parteien im Boot blieben. Bestimmt gabs auch eine Menge Fastzusammenstöße, drohendes Kentern und Meutereien, sie sind gewiß in den vielen Jahren auch auf Klippen draufgefahren, aber ich weiß nichts darüber, und es muß uns heute, im Hafen angekommen, nicht kümmern. Um Karl Valentin zu variieren: Demokratie ist schön, macht aber viel Arbeit. Um so beeindruckender, daß es jetzt hier steht und bereit ist, seine Rolle zu spielen, das schöne Haus.

Und ja, es war teuer. Und ja, man hätte sicher anderes dringender gebraucht, je nachdem, welchem Meinungsträger man grade zuhört. Und ja, ein solches Haus ist ein Luxus. Und ja, man wird sich den Besuch vielleicht selten leisten können. Obwohl Michael Quast bei seiner geplanten Produktion des *Rendezvous im Palmengarten* von Stoltze hier – hier in diesem Bühnenbild! – Wert auf bürgerliche Preise, wie er sagt, legt.

Ich möchte in diesem Zusammenhang ein Wort zur *Pracht für alle* sagen: Das meint wie die *Kultur für alle* keinen goldenen Regen, den man einfach auf sich niedergehen läßt, keine Wohltat mit Garantie, vielmehr etwas, das erarbeitet sein will, auf das man spart, sich freut, es ist eine Besonderheit, nicht Alltag. Sonst macht es keinen Spaß. Gut, das ist ein bißchen unzeitgemäß, wo doch immer alles und überall und sofort verfügbar sein soll, und zwar billig: Essen, Trinken, Musik, Feiern, kein Meter ohne Nuckelfläschchen, Stöpsel in den Ohren und kein Tag ohne Straßenfest. Man muß nie was vorbereiten, denn alles ist immerzu da. Das wird hier, denke ich, anders sein.

Auf die Frage, was das Ziel der Politik sein solle, hat der kürzlich verstorbene Hans Werner Henze etwas Verblüffendes gesagt: Die Schönheit, sagte er. Erst wollte ich über ihn lachen, über den weltfremden Komponisten. Es blieb mir im Halse stecken. Er hat ja recht. Wobei die Erschaffung oder vielmehr die Ermöglichung von Schönem – denn das könnten sie tun, Politiker, ermöglichen – sich mit der zeitlichen Maßeinheit von Legislaturperioden nicht wirklich gut verträgt. Es braucht Geschmack, Mut, und notfalls sogar die Einsicht, daß es Beifall für das Ermöglichte erst nach dem eigenen Ableben geben werde. In einer Demokratie, ich gebe es zu, sind das wilde Wünsche. Horst Seehofer würde im Traum nicht auf die Idee kommen, es Ludwig II. in irgendeiner Form nachzumachen. Er ist nur froh, daß es ihn gab. Der royale Geldverschleuderer hat sich post mortem als einer der erfolgreichsten bayrischen Investoren erwiesen.

Wir wollen jetzt im Geist das warme, prachtvolle Haus verlassen und hinaus in die Dunkelheit des Palmengartens gehen, hinüber zum Botanischen Garten, der unter dem Schnee schläft. Der Schnee bedeutet Sicherheit und Schutz für das, was sich im Boden tut. Die Stiftung ist auch so was, ein Schutz, vielleicht sogar ein Rettungsschirm. Palmengarten und Botanischer Garten sind einander jetzt unter Matthias Jennys Aufsicht beigesellt, das ist gut so, aber sie werden voneinander unterschieden bleiben, und auch das ist gut so.

Botanische Gärten sind eine stille Sache, ich weiß nicht, wie viele Menschen sie besuchen, aber die, die es tun, kommen immer wieder. Es dauert, bis man einen Botanischen Garten lesen gelernt hat, bis man weiß, wonach man suchen kann, bis man seine Lieblingsjahreszeiten weiß und seine Lieblingsecke kennt. Bis man seinem stummen Unterricht zuhört. Es ist so, daß gerade eine unspektakuläre Sache wie ein Botanischer Garten Mittel braucht. Vielleicht leuchtet es manchem hier im Saal ein, wenn ich behaupte: In Ruhe gelassen zu werden ist kostbar. Ein Stück Boden mitten in einer zugriffslustigen Stadt wie Frankfurt, ein bearbeitetes, gewachsenes Stück Boden, ein lebendiges kleines Museum nachhaltig in Ruhe zu lassen braucht Liebe, Interesse, Bürgereinsicht und Geld.

Als Gottfried Benn einmal gefragt wurde, was er mit seinen Gedichten wolle, hat er gesagt: Ich will hinterlassungsfähige Gebilde. Hinterlassungsfähige Gebilde: Ist das nicht schön? Um solche geht es heute abend, um nicht mehr und nicht weniger. Das Haus in seiner Prächtigkeit wird sich durchsetzen und in ein paar Jahren so selbstverständlich zum Frankfurter Glanz gehören wie alles, was vor den vielfältigen Bilderstürmen gerettet und den Funktionalisten entrissen wurde. Ich sage nur: Alte Oper, dieser Prunkpalast der Bourgeoisie!!

Der Botanische Garten taugt dazu nicht. Der braucht eine verläßliche Garde von Kennern und Liebhabern und jene Geduldigen, die wissen: Ohne diese Art Arche Noah, ohne eine solche Zukunftsinvestition, die keinem merkantilen Zweck dient, die Natur bewahrt, ohne sie dem Eventzwang der heutigen Zeit zu unterwerfen, ist eine Stadt arm. Vielleicht weiß sie es nicht, aber sie ist es.

Ich werde nie vergessen, wie bezaubert ich war, als ich nach der Wende den Botanischen Garten von Leipzig zum ersten Mal sah. Es war, als hätte er sich für bessere Zeiten aufgehoben mit seinen Schätzen.

Es kann nicht darum gehen, dem Botanischen Garten Besucherschlangen und Da-mußt-du-hin-Geschrei zu verschaffen, ums Himmels willen!

Es sollen nur Stifter dasein, die dem Stück Boden wohlgesinnt sind und genau die Art Ertrag schätzen, die er abwirft.

Der ist in den üblichen Frankfurter Maßeinheiten vielleicht nicht so gut zu messen, aber es war und ist das Spannende an dieser Stadt, daß sie – nicht ohne Ächzen und Stöhnen, nicht ohne Kassandrarufe und politische Verdächtigungen – ich kenne in keiner Stadt so viele Kassandras wie in Frankfurt, nicht einmal in Wien, und die sind doch drauf abonniert! – manchmal einfach etwas Schönes und keinem in den Türmen ausgedachten Zweck Dienendes zuläßt. Sollte allerdings jemand aus den Höhen der Türme etwas vom Botanischen Garten unten auf der Erde adoptieren wollen, Bodenhaftung auf diese Weise gewinnen wollend – niemand wird ihm den Gartenweg versperren!

Grund zu feiern also haben wir hier gleich zweifach, damit es – man darf ihn ja nicht ganz unerwähnt lassen – »eins und doppelt ist«.

Goethes Mutter übrigens war eine wunderbare Festefeierin, und sie konnte sich ansteckend darüber freuen, wenn andere sich freuten.

Und das sollten wir alle tun.

Über Gartenliebe und Gartenmord

Mit einer Entschuldigung muß ich anfangen: Mir wurde gesagt, Sie seien ein besonders bilderliebendes und -erfahrenes Publikum. Es tut mir leid, ich habe keine dabei. Nur die aus Wörtern, damit mute ich Ihnen zu, sich aus Ihren eigenen Bildern und Erinnerungen zu bedienen und mit ihnen meine Beobachtungen zu illustrieren. Das geht, Sie werden sehen. Denn ich habe nicht mehr zu bieten als Beobachtungen, keine Urteile, keine Anklagen (na ja, ein paar schon, aber sie nützen bekanntermaßen ja nichts) – und kaum Rezepte. Eine moderne Stadt wie Frankfurt, die sich unablässig von sich selbst befreit, um sich neu zu definieren und zu präsentieren, funktioniert viel zu komplex, als daß man sie in einem Prinzipienraster bändigen könnte, obwohl das immer wieder versucht wird.

Wozu braucht die Stadt das Grün? Und welches Grün? Muß es immer nur grün sein, und nicht bunt, und wer sorgt dafür, daß es grün bleibt?

Sie denken, das seien lauter dumme Fragen?

Schauen wir mal nach.

Erholung, Klima, Luftaustausch, Augentrost, Geselligkeit, Bewegung, das alles sind Grüngründe. Und die Schönheit, natürlich. Das Argument taucht seltener auf. Daß wir nämlich alle verrückt werden würden, hätten wir nur noch Hochhaus, Wohnblock, Parkhaus und Großraum als Räume zur Verfügung. Zwischen alldem und dem Grün läuft eine Frontlinie, zäh umkämpft, sich jeden Tag verändernd.

Der Frankfurter Grüngürtel ist befriedetes Gelände, es ist schön, daß es ihn gibt. Reden wir aber von den Kampfgebieten oder, besser, von den alltäglichen bedingungslosen Kapitulationen. Ein Wort gehört in diesen Zusammenhang: der vernünftig und harmlos erscheinende Begriff *Verdichtung*.

Ich erlebe täglich, was das heißt. Ich wohne seit vielen, vielen Jahren im Dichterviertel. Ich kann mir den Kalauer nicht verkneifen, daß man es längst Verdichterviertel nennen müßte. Baum um Baum, Garten um Garten sind weißen, lukrativen Kuben gewichen, in denen man viel Miet- oder Eigentumsfläche unterbringen kann. Warum das so gekommen ist? Weil im Gegensatz zum öffentlichen Grün, dazu kommen wir später, der Stadtgarten eine schwierige Existenz fristet. Das hat viel mit Eigentumsverhältnissen, veränderter Altersstruktur, Enge des Zusammenlebens, Nachbarschaft und sonderbaren Vorstellungen sowie mangelnder Erfahrung zu tun. Und last but not least mit Geld, Rendite, Investitionsmöglichkeiten. Erst hatten wir hier kleine Häuser mit ziemlich großen Gärten. Jetzt sind es jeden Tag mehr große Häuser mit ziemlich kleinen oder besser noch keinen Gärten.

Wir wollen was mit Garten, sagten früher viele. Und hatten ziemlich gleichförmige Ideen, warum sie *was mit Garten* haben wollten. Grillen. Sandkasten. Eigene Tomaten, vielleicht. Daß das kommerziell unergiebige Stückchen oder Stück Land eine Menge Arbeit macht und daß man einem Garten ebensowenig: »Morgen vielleicht, wenn ich Zeit habe!« sagen kann wie einem Kind, das Durst hat, begreifen viele erst nach einiger Zeit und daß man für die grüne Liebe auf manches verzichten muß, auch. Deswegen werden innerhalb der Stadt so viele Gärten kampflos, vielleicht sogar erleichtert aufgegeben. Das vorher fordernde Stück Erde, das einem ja eigentlich auch gar nicht richtig gehört, sondern mit dem schönen Wort *Sondernutzung* als Eigentum auf Zeit deklariert ist (notabene, ein anderes Eigentum als das auf Zeit gibt es nicht), wird vollgebaut und schrumpft zum grünen Halsbändchen, das sich um ein großes, neues Haus legt. In den schicken Prospekten der Immobilienbranche werben sie mit genau dem *alten Baumbestand*, der eben diesen neuen Immobilien zum Opfer gefallen ist. Aber es nutzt nichts, zu maulen. Auch darüber, daß die Häuser immer näher an die Straßen gebaut werden, so daß ein grünes Durchatmen auf dem Weg durch einen kleinen Vordergarten dem buchstäblichen Mit-der-Tür-ins-Haus-Fallen gewichen ist, kann man zwar klagen, es bringt nichts.

Es geht um Verantwortung und Liebe, und wer ist schon so begeistert, sich trotz seines stressigen Stadtlebens der Streifen und Eckchen Erde anzunehmen, die das Bild einer Stadt mitbestimmen, so wenig glamourös sie sind? Vielleicht prägen sie das Stadtbild sogar mehr als die Parks.

Bei mir hat der Wahn mit dem Lesen von Vorgärten angefangen und ich kann alle Anwesenden nur warnen: Es wird zur Sucht. Beim Gang durch eine beliebige Straße, wenn sie denn noch Vordergärten hat, erfährt man bei deren Betrachtung mehr über die Bewohner, als wenn man durch die Fensterscheiben schaut: Man erkennt Geiz und Großzügigkeit, Phantasie oder Imponiergehabe, Autoritätshörigkeit oder Anarchie, Fröhlichkeit und Trauer, Resignation oder Wagemut: Kann man alles an einem Vorgarten ablesen, und wenn man einmal damit angefangen hat, kann mans nicht mehr lassen.

Es wäre schade, wenn sie verschwänden und nur noch jene von Firmen gepflegten grünen Halskrägen übrigblieben, die nach dem Prinzip schlechter Altenheime gehalten werden: Satt (gegossen) und sauber (gekehrt und geschnitten.)

Es hat was mit Individualität zu tun, wenn man sich zur Anwältin für die Gartenbriefmarken machen will, die einer Stadt Gesicht geben, selbst wenn das Gesicht nicht grandios ist, sondern manchmal spießig. Stadtgärten sind im Guten und Bösen, im Häßlichen und Wunderbaren, im Idyllischen und Pragmatischen ein Rest freien Lebens. Man könnte auch sagen, die Karikatur davon. Jederzeit bedroht von den Grundstücksbegehrlichkeiten wie dadurch, daß nachbarschaftliche Lebensentwürfe einander sehr im Weg stehen können. Diese schwer kontrollierbaren und durch ungenehmigte Bebauungen in chaotischen Zeiten oft sonderbar geschnittenen Bodenstücke stehen im Gegensatz zur eisigen Struktur- und Ordnungsliebe mancher Städteplaner. Andererseits sind sie als Einzelterrain zu unscheinbar, als daß man sich für sie so stark machen könnte wie für öffentliche Parks. Man kommt leicht in den Verdacht der Zwergenliebe und einer Leberecht-Hühnchen-Mentalität.

Was wäre aber, wenn sich die neue Konzeption der Verdichtung ungehindert durchsetzte? Alles an seinem Platz, hier kontrolliertes Grün, da die kompakte Bebauung. Mit ein wenig biestiger Phantasie ersteht vor meinen Augen angesichts der Wohnneubebauung in der Hansaallee oder an den Grünhöfen das Bild einer kommenden Zille-Situation, aber in teuer: Nur noch Graskorridore zwischen den Häusern, Lichtlosigkeit, grubendunkle Balkons. In zwanzig Jahren, wenn das ganze runtergekommen sein wird (und das wird es, neue Häuser altern nicht hübsch, ich habe das oft genug sehen können) – wird man dann nach Durchlüftung, nach Licht, Sonne und Weite rufen.

Wie schon am Anfang gesagt, ich mache nur Beobachtungen und für vieles weiß ich keine Lösung. Zum Beispiel die Sache mit der Verantwortlichkeit. Wer soll das private, das gemeinschaftseigene, das geliebte oder nur lästig vor der Haustür herumliegende Stück Boden in seine Obhut nehmen? Wer von Kind an gewöhnt ist, zu akzeptieren, daß das gezähmte Draußen Arbeit macht, wird sich ihr mehr oder weniger gern, aber zuverlässig unterziehen. Wer aber gelernt hat, daß alles für ihn dazusein hat und von allein klappen soll, wird sich damit hart tun.

Damit habe ich einen Weg zu den öffentlichen Parks beschritten. Wie schön sie sind, die Frankfurter Parks, und jeder auf seine eigene Art! Wie schnell sie bedroht sein können, wenn Bauvorhaben lauter sprechen als das öffentliche Grün! Und wie schnell sie vergessen werden, wenn diese Bauvorhaben Wirklichkeit geworden sind und eine spektakuläre Presse haben! An dieser Stelle würde ich dem Städelpark gern ein paar ehrliche Tränen nachweinen, wenn es erlaubt ist. Was ich vorhin sagte, Anspruchshaltung gegenüber dem Boden: Das trifft auf die Nutzung öffentlicher Parks noch stärker zu als auf mehr oder weniger private Gärten. Der montagmorgendliche Anblick von Mainufer, Ost- oder Grüneburgpark kann akute Anfälle von Misanthropie auslösen. Aber was soll man tun? Ist man wirklich die widerwärtige und politisch höchst verdächtige germanische Sauberfrau, wenn einem angesichts von Pizzaschachtelbergen, Einmalgrills samt Brandflecken und angekokelten Baumstämmen Galle in die Kehle steigt? Ach, ach, wenn öffentliche Nutzung doch nicht mehr und mehr mit ungerührter Materialschlacht verwechselt würde! Man muß Grün in der Schule lernen, das gibt's ja auch schon. Also mehr davon. Oder, um John F. Kennedy zu variieren: *Frag nicht, was dein Park für dich tun kann – frag, was du für deinen Park tun kannst!*

Noch einmal zurück zur Verdichtung: Wir sollten sie nicht so eingeschüchtert hinnehmen, nicht alles glauben, was angeblich städtebaulich und konzeptionell opportun ist. Folge dem Geld! ist eine alte Krimiweisheit, und Opportunität und Rentabilität Zwillingsschwestern. Eine Stadt braucht nicht nur versiegelten, sondern auch atmenden Boden. Bäume sollten besonders im Alter mehr Rechte haben und nicht pünktlich zur Errichtung einer Tiefgarage für krank erklärt werden können. Und wenns schon Schlangen bei den Bewerbungen um Kleingärten gibt, wie ich höre, dann sollte es doch auch Patenschaften für verwahrloste Gärten geben können!

Daß mit dem Frankfurter Gartenamt gut zusammenzuarbeiten ist, ja, daß sie geradezu rührend sein können, wenn man sie nur läßt, zeigt die Geschichte einer Linde, die ich meine Linde nannte. Sie stand an der Ecke, als ich einzog, und da hatte sie schon sechzig Jahre zuvor gestanden. Sie warf im Juni ein dichtes Duftnetz über den Benzinmief der Raimundstraße, dann grub man irgendeine für sie schädliche Leitung dort ein, jedenfalls starben Teile von ihr ab. Als vor Jahren ein blaues Kreuz auf ihrer Rinde auftauchte, war ich alarmiert, ich rief an und fragte mich durch viele Dienststellen hindurch. Vorher war mir nicht klar gewesen, unter wieviel Aufsicht öffentliches und Straßenbegleit- wie privates Grün steht und wie unterschiedlich die Vorstellungen sind, die mit alldem verbunden werden. Mir gings um die Linde und ich teilte mit, ich würde mich im Falle einer drohenden Abholzung an sie dranketten und vorher die *Bild*-Zeitung anrufen. Jahrelang dann wurde ich über jede Lindenaktivität informiert: Man werde ihr einen Schnitt zur Kräftigung verpassen oder die Baumscheibe wegen der Wasserversorgung vergrößern. Ich wußte immer Bescheid. Als es ihr sichtlich schlechter ging, sagten sie mir auch das, rücksichtsvoll und sehr freundlich, und schließlich sah ich ein, daß ihr Ende gekommen war. Man werde sofort eine schöne junge Linde nachpflanzen, hatte man mir versprochen, und so geschah es. Natürlich weiß man in meinem Alter, daß man die junge Schönheit nicht mehr als vernünftigen Baum sehen wird, aber man muß auch an die Nachkommenden denken.

Noch etwas anderes zeigt: Es gibt beim Amt Personen, die den Städtern freundlich gesinnt sind und ihnen Blicke gönnen, die sonst nur auf dem Land zu haben sind. Einmal hat man über Mittelstreifen und sonstige verkehrsbedingte Brachenstückchen offenbar pfundweise Blumensamen geschüttet, und das gab wahrhaft bezaubernde Überraschungen. Ein paar Quadratmeter Blumenwiese trösten über so vieles hinweg, und allerlei Folgenatur ist schneller zur Stelle, als man denkt. Schmetterlinge, Finken, Libellen, was ich nicht alles in der vormals ordentlichen Öde gesehen habe!

Es gibt Hoffnung, daß offenbar im Frankfurter Gartenamt ein paar Guerilleros und Guerilleras sitzen, die kraft ihres Amtes ein bißchen bunte Anarchie in die von Verdichtung bedrohte Ordnung bringen wollen. Mit subversiven Blumensamen, danke dafür!

Frankfurt liebt große Pläne, zur Zeit wälzt es sich mal wieder um und man weiß nicht, was auf der Strecke bleiben wird.

Zeit für einen neuen Häuserkampf der etwas anderen Art, um Vordergärten, um kleine Stadtgärten, um Geduld und Aufmerksamkeit, um die Bereitschaft, zu investieren, nicht zuvörderst Geld, sondern Arbeit. Auch etwas Duldsamkeit gegenüber den gärtnerischen Versuchen in der Nachbarschaft ist förderlich, Hauptsache, es treffen Menschen und Erde überhaupt zusammen, nicht nur zum Grillen.

Als die Magnolien noch in der Bockenheimer Landstraße blühten

Frankfurt zu beschreiben, so zu beschreiben, daß der Außenstehende (damit sind die Leute gemeint, die man in einer schrecklichen Stadt wie München trifft und die dann sagen: Wo kommen Sie her? Ach, Sie Arme, wie furchtbar, ja, ich kenne ja nur die Messe) –, also diese Menschen, daß auch die begreifen, warum man hier ist. Ein kleines Paradoxon ist da schon eine Antwort: Man bleibt gern in dieser Stadt, weil sie einen nicht festhält. Sie verwandelt sich ihre Bewohner nicht an, sie überzieht sie nicht mit ihren Eigenheiten, wie Wien oder Paris das tun, sie macht einen nicht krankhaft lebenskünstlerisch wie München oder so mißtrauisch identitätstrunken wie Berlin: Frankfurt läßt einen bei sich. Es kümmert sich nicht besonders und will auch nicht vierundzwanzig Stunden am Tag angebetet, geliebt oder verteidigt werden. Nein, es hält einen nicht fest, es ist eine gleichsam durchströmte Stadt, und Menschen »ohne Eigenschaften« bleiben wie nebenbei hier hängen, angezogen und festgehalten vom völligen Mangel an Pathos. Wenn einem jemand sagt, er zöge nach München, Berlin oder auch Hamburg, gibt er damit eine Programmänderung seines Lebens bekannt – mit Ausrufezeichen. Frankfurt? Nein. Jedem ist sein eigenes Programm überlassen. Noch einmal: Immer wieder wird es solche optischen Standortbestimmungen geben müssen, denn auch so eine unpathetische und spröde Stadt wie Frankfurt hat sich verloren und verliert sich noch. Stück für Stück … Gerade in Zeiten, wo noch keiner genau zu wissen scheint, ob es sich um Einbrüche, Umbrüche, Zusammenbrüche oder Durchbrüche handelt, gilt es genau hinzusehen, damit nicht das Falsche zum Verschwinden gebracht wird. Nein, ich meine das jetzt nicht so linksstarkfarbig gestrickt à la: eine Europäische Zentralbank kriegen wir, und das TAT (Theater am Turm) macht dicht – so einfach werden Fronten nie mehr zu ziehen sein – schade eigentlich, denn als das noch ging, war das Leben leichter. Vielleicht aber war man auch bloß jünger … So also meine ich das mit der Wachsamkeit nicht. Es ist ein so fragiles Gefüge, diese Mischung aus *Armut, Reichtum, Mensch und Tier*, wie ein Stück von Hans Henny Jahnn heißt – und dieser Titel scheint mir persönlich sinnlicher und wahrhaftiger auf diese Stadt zu passen als die Sache mit dem Müll und dem Tod.

Ja, es ist fragil, das Gefüge. Das Regellose und Widerständige darf nicht verschwinden, es darf aber nicht noch heftiger und schwärzer werden, als es schon ist. Die Erfolgsorientiertheit und Geschwindigkeit soll auch nicht verschwinden, das zu wünschen wäre ebenso sinnlos wie fundamentalistisch. Aber mehr werden? *Was* schiebt da *was* vor sich her? Denn wo – nach alter Jesuitenweisheit – eben mehr gehobelt wird, fallen mehr Späne. Das kann man nicht wollen. Allzu heftige Bewegungen stören das Gefüge. Bewegungslosigkeit lähmt es. Und, sagt sich der Frankfurter, irgendwie wurschtelt man sich durch. 1200 Jahre ist ja auch schon eine überschaubare Epoche, und Frankfurt trägt wahrscheinlich nicht allzu schwer an der Pflege des Erbes aus größeren Zeiten.

Den Städten bei ihrer Veränderung zuzusehen machen allein diese bildlichen Haltepunkte möglich, denn: Der Städter vergißt seine Stadt, das macht ihn aus. Wer einmal im Stadtarchiv seine eigene Lebenszeit in Bildern überprüft, sich Orte zurückholt, wird erschrecken ob seines leichten Vergessens – allenfalls Phantomschmerzen bleiben zurück und melden sich manchmal. Wer weiß schon noch, daß die Bockenheimer Landstraße, jene indessen fein verglaste und versteinte Straße, einst, vor gar nicht zu vielen Jahren, wegen ihrer großen, uralten Magnolienbäume berühmt war? Von weither kamen die Leute, um sich die Magnolienblüte in der Bockenheimer Landstraße anzuschauen. Städter müssen vergeßlich sein, ebenso wie Architekten von außerhalb sein müssen.

Ignatz Bubis
I.

Das Tor zum Haus steht weit offen. Keine Sicherheitsbeamten. Die Eingangstür: Milchglas mit zartem Jugendstilmuster, wie es viele Häuser hier in der Gegend haben, wenn man ihnen nicht mit Modernisierung zu Leibe gerückt ist. Der hier wohnt und arbeitet, Fäden in der Hand hält und in dieser Zeit der leider immerzu notwendigen, schnellen und eindeutigen Reaktionen andauernd gefordert ist, gehört zu den am meisten gefährdeten Personen dieses Landes. Ignatz Bubis, Vorsitzender des Zentralrates der Juden in Deutschland und zu einer Zeit in das Amt gekommen, da alle Ängste wieder aufspringen, hat sich keine Festung errichtet. Sich abzusperren oder gar in der Fülle der Sicherungsmaßnahmen einen Beweis für die eigene Wichtigkeit zu sehen ist ihm fremd. Natürlich ist das schöne alte Türglas diskret verstärkt, natürlich gibt es Kameras und Gitter, und auch Sicherheitsbeamte mußte er in sein Leben integrieren; das tut er wie vieles: knapp, einsichtig, ohne Enthusiasmus – und fürsorglich. Bei allfälligen Terminen, zu denen ihn seine Beschützer fahren, ist für deren leibliches Wohl gesorgt, da ruft er an, kümmert sich um Kaffee und Essen. Ich weiß das, weil ich es mitbekommen habe. Erzählt hätte er es mir nicht, wahrscheinlich wäre es ihm gar nicht eingefallen, daß jemand sich anders verhalten könnte.

Seine Termine jagen einander, seine Anwesenheit ist notwendig – und trotz seiner intensiven Bildschirmpräsenz kommt, auch bei seinen Gegnern, nie das Gefühl des Überdrusses auf, den man bei Politikern so schnell empfindet, jenes Gefühl, mit dem man Wortstanzen und Empfindungstalmi wahrnimmt. Bubis macht es sich nicht leicht. Deswegen sind seine Zuhörer bereit, seine Sätze anzunehmen.

Vor dem Beginn seiner Amtszeit, dieser Krönung seines Lebens, ist ihm zum Vorwurf gemacht worden, er habe sich allzu schnell nach dem Tod seines Vorgängers anheischig gemacht, diese Aufgabe übernehmen zu wollen. Wahrscheinlich hat er das getan, weil er davon überzeugt war, es am besten ausfüllen zu können, dieses schwierige Amt mit den tausend Fronten und den vielen Einsamkeiten. Es sieht so aus, als habe Bubis recht gehabt. In seinem scheinbar normalbürgerlichen Haus, in einer stillen Straße (die so still nicht immer war, vor zwanzig Jahren tobten da die studentischen Kämpfe, und Bubis war einer ihrer – unserer – Hauptfeinde, aber davon später), hat er alles zusammen, Familie, Geschäft und Zentrale für seine vielfältigen Ämter.

Wir sprechen miteinander in seinem Büro, das zurückhaltend mit schönen alten Möbeln eingerichtet ist, die Bilder und Plastiken, die schmücken und auflockern, aber nicht einschüchtern, sind fürs erste nicht ohne weiteres zu entschlüsseln. Was sollen sie beweisen? Schon beim ersten Gespräch spüre ich, wie ich sachte aufhöre, hinter den Sätzen die anderen, wirklichen zu suchen oder die Haltung hinter der Attitüde aufspüren zu wollen: Das ist hier nicht nötig. Bubis sitzt ruhig da, schaut gerade ins Gesicht des Gegenübers und antwortet. Ob er Angst habe? Nein, sagt er und: Es gibt völlig verschwundene Stellen in meinem Gedächtnis. Leere. Da ist nichts mehr. Er könne vergessen, vollkommen vergessen. Seine Frau habe das oft aufgeregt, aber es sei eben, wie es sei.

Dinge, die er nicht wissen wolle, habe er wegwischen können. Irgendwo seien die schon noch, sage ich. Und wie zum Beweis erzählt Bubis über seine Kindheit. Deren erste Zeit nennt er »erinnerungslos«. Sechs Geschwister hatte er, von denen er drei nicht kannte. Ein Bruder ist 1935 mit einundzwanzig Jahren gestorben. Sein ältester Bruder war einundzwanzig Jahre älter, seine Schwester neun Jahre älter als er. 1939 sind die Geschwister in den russischen Teil Polens geflohen, er hat nie mehr etwas von ihnen gehört. In Breslau ist er geboren, aber er war acht, als er nach Deblin kam, und als er nach tausend Jahren als Achtzehnjähriger Breslau wiedersah, war ihm alles fremd. Da sind sie wieder, diese Erinnerungskrater, die ein wenig unheimlich scheinen und vielleicht das Überleben möglich gemacht haben.

Ignatz Bubis erzählt farbig, aber nicht leicht. Er will, man spürt das, immer die ganze mögliche Antwort geben, er ist nicht daran interessiert, »ein Bild von sich« zu entwerfen. Wenn er zögert, tut er es nicht aus diplomatischen Gründen. Sein Blick ist von etwas berührt, für das ich bisher noch keinen Namen habe. Wir reden an Sonntagen miteinander, aber immer wieder läutet das Telefon, mit Anfragen von begreiflicher Aufgeregtheit, mit Bitten um Vermittlung und Hilfe in persönlichen Dingen. Er steht im Telefonbuch, er ist erreichbar.

Ob das nicht alles zuviel sei, frage ich. Er gibt es zu, mit echter Bekümmerung, Rundfunkratsvorsitzender ist er ja auch noch, die Jüdische Gemeinde Frankfurt nicht zu vergessen, und all das in wahrhaftig schwierigen Zeiten.

Als er dreizehn ist, kurz vor seiner Bar-Mizwa, stirbt seine Mutter an Krebs. Er hat keine Bar-Mizwa gehabt, aber er hätte nicht vorbereitet werden müssen darauf; was die Jungen heute in langen Unterrichtsstunden lernen, habe er einfach durch die häusliche Erziehung mitbekommen, durch seine orthodoxe Mutter und den der Mutter zuliebe orthodoxen Vater. Und er macht sich sanft lustig über die prunkvollen und kostspieligen Feste, die da veranstaltet werden, gar nicht so anders als die nicht in erster Linie gottwohlgefälligen Kommunionen und Konfirmationen der nichtjüdischen Mitbürger mit ihren Geschenklisten und Diners. Schnaps, Hering und Eierkuchen, das war es damals.

Ihm ist der Überfluß fremd, und er begründet seine Arbeitskraft und Arbeitslust damit, daß er gesund lebe, nicht rauche, keinen Alkohol trinke, nur mit dem Schlaf sei es seit seinem Amtsantritt nicht mehr, wie es sein solle. Er schiebt das weg. Es ist notwendig, auf den täglichen Angriff täglich zu reagieren. Fest, unbeirrbar zu reagieren, aber jede Art von Panik zu vermeiden. Die Panik ist seine Sache nicht, er vermittelt, auch durch seine Gestalt, eher Beharrlichkeit und ein mit vielem »Trotzdem« behaftetes Vertrauen auf die Möglichkeiten der menschlichen Vernunft.

Mit knapp sechzehn Jahren arbeitet er als Postbote im Ghetto, es ist 1942, die Mordmaschine läuft, sein Vater war auf einer Baustelle, deren es drei gab, Fliegerhorst, Zitadelle und Bahnhof. In der Zitadelle hat sein Vater gearbeitet. Wer soll, der es nicht erlebt hat, verstehen, wie aussichtslos die Rettungsversuche waren, die man unternehmen konnte, wie trügerisch die vermeintlichen Sicherheiten? Der Briefträger Ignatz Bubis macht sich eines todeswürdigen Verbrechens schuldig, wenn er Briefe mit Geldscheinen darin ihren Empfängern zustellt. Fast alles Menschliche war ein todeswürdiges Verbrechen. Im Lager war es sicherer als draußen. Man flieht ins Lager, auch er. Hinter ihm her wird geschossen. Es gibt jüdische Polizei, jüdische Lagerführer. Verachtet er sie? Nein, sagt Bubis, ohne zu überlegen.

Wahrscheinlich machen die Nachgeborenen immer den Fehler, in all dem finsteren Wahnsinn, in der organisierten Vernichtung etwas Begreifbares zu erkennen, einen Trost, eine Hoffnung. Immer wieder, wenn die von einer Logik, die nur jene, die es wirklich erlebt haben, nachvollziehen können, getragenen Geschichten erzählt werden, setzt die Hilflosigkeit ein, und hartnäckig bohrt der Gedanke, wie man selber sich verhalten hätte, auf der einen oder der anderen Seite. Der Vater wartete auf eine Arbeitsbescheinigung. Bubis sah, wie er an ihm vorbeigeführt wurde, zur Deportation. Das war 1942.

Haben Sie geahnt, frage ich. Ich wollte nicht ahnen, antwortet er.

Sechs Monate später habe einer aus dem Inneren der Hölle berichtet, sagt er. Aber sie hätten ihm nicht geglaubt. Und das Bild seines in den Tod geführten Vaters hat er nicht verdrängt. Immer wieder unterbrechen Geschichten und Gedanken zu heute die Erzählung von damals, das kann gar nicht anders sein. In Deutschland gibt es heute mehr jüdische Friedhöfe als Juden. Und selbst wenn es keine mehr gäbe, würde im Geleit des Fremdenhasses auch wieder der Antisemitismus dasein.

Unermüdlich stellt Bubis sich den Medien, antwortet, bezieht Stellung, gelassen, schwer, auf seltsame Weise in sich ruhend. Das Geheimnis dieser Ruhe zu lösen ist nicht leicht. Wo viele ihr schlechtes Gewissen unter Aufgeregtheit und Sehnsucht nach starken Worten erleichtern wollen, setzt Bubis ihnen Worte von anderer Art entgegen.

Manchmal denke ich an die Aggressionen, die allein sein Name in den sechziger und siebziger Jahren ausgelöst hat. Spekulant findet er keinen ehrenrührigen Begriff, sagt er so unaufgeregt, wie es seine Art ist. Aber jüdischer Spekulant. Da trete das Ressentiment zutage.

Er hat eine ganz eigene Art, mit dem Begriff »Pflicht« umzugehen. Von anderen, sagt er, erwarte er keineswegs die gleiche Bedingungslosigkeit wie von sich selber. Die Ruhe, die er auch in den Zeiten der Demonstrationen, die ihn ja als Inbegriff des zu Bekämpfenden persönlich angingen, empfunden habe, komme daher, daß er sich selber darin, in diesem Bild des Spekulanten, nicht erkannte. Ich habe nichts Ungesetzliches getan, nie, sagt er. Ich habe keinen einzigen Prozeß gegen mich wegen Mietwuchers gehabt. Daß ich Menschen mit Mitteln des Terrors aus ihren Wohnungen gedrängt hätte – ich wäre auf solche Ideen nicht gekommen. Das Immobiliengeschäft ist erlaubt. Das Geheimnis meines Erfolges, sagt er, war: Ich habe immer getan, was der Staat – die Stadt – wollte, und bin gut damit gefahren.

Sein Zutrauen zur Weisheit kommunaler Ratschlüsse schien damals sehr groß gewesen zu sein, und die Traurigkeit und der Zorn, mit dem viele auf Verschandelungen reagiert haben, sind ihm vielleicht fremd. Hochhäuser waren damals modern, also habe ich Antrag auf sechzehn Geschosse gestellt. Auf eine Serviette beginnt er die Häuser der damals umkämpften Ecke zu zeichnen, Kästchen neben Kästchen, die Nummern bekommen und, seiner Beschreibung der verschiedenen Erwerbsarten folgend, durchgekreuzt werden. Monopoly, die nächstliegende Assoziation, ist zu einfach. Die Stadt hat es gewollt, sagt er. Sieben kleine Kästchen an zwei Straßen.

Mein unbehagliches Gefühl, ich könnte meine vielleicht sentimentalen, fortschrittskritischen und nostalgischen, sicher aber von ferner Kapitalismusschelte beeinflußten Argumente nicht scharf und logisch genug an seine Adresse bringen, wächst.

Immer wieder unterbricht das Telefon die ruhigen Erörterungen seiner Buhmannrolle in der damaligen Frankfurter Baupolitik, und er nimmt Nachrichten von neuen Friedhofsschändungen, neuen Gewalttaten entgegen. Seine Stimme verändert sich nicht, wenn er nachfragt. In der Folge wird er überall sein, an allen Tatorten, in allen Sendern, fast jeden Abend wird man seine Stimme hören, aber nie kommt das Gefühl auf, da spreche einer Formeln. Gerade seine Unaufgeregtheit macht ihn so eindringlich.

Natürlich, sagt er, ist diese ganze Arbeit nicht gut für die Familie. Seine Frau Ida, höre ich – nicht von ihm –, habe neulich gesagt, so oft wie jetzt habe sie früher ihren Mann nie gesehen – im Fernsehen.

Seine Großmutter und die Großmutter seiner Frau waren

Schwestern, und Ida Bubis ist in Dachau befreit worden. Sie hätten vor Jahren im Filmmuseum gesessen, neben Hilmar Hoffmann, da habe sie sich in dem Film von der Befreiung des Lagers plötzlich selbst gesehen. In dieser kurzen Geschichte wird etwas deutlich, an das wir viel zu selten denken – diese wichtigen, einflußreichen Männer, diese schönen, souveränen Frauen wie Ida Bubis: sie haben das alles erlebt. Sie waren mitten in den Kratern. Sie haben rings um sich ihr Leben verbrennen und versinken sehen. Wie soll man noch auf etwas vertrauen, wenn man das erlebt hat? Und wenn jemand nicht das Geschenk der Verdrängung mitbekommen hat, das Bubis offenbar in Kraft und Beharrlichkeit umgestalten konnte?

Als Achtzehnjähriger geht er nach Berlin, das fremdgewordene Breslau, Lublin und Lodz hinter sich lassend. Er nennt Lodz Litzmannstadt, er benutzt Worte wie »judenrein«, aber nicht, wie ich es oft von anderen gehört habe, mit begreiflicher und bebender Empörung in der Stimme, sondern ganz sachlich. Nach Berlin sei er gegangen mit dem Gedanken an Auswanderung im Hinterkopf. Palästina. Aber in Berlin waren Geschäfte zu machen, Schwarzmarkt, sagt er, aber legal. In Ost-Berlin hatten die Russen eine Tauschzentrale aufgemacht, auch in Dresden, Schmuck und Antiquitäten gegen Lebensmittel. Geschäfte und Erfolg, denke ich, ist auch ein Lebensmittel, ein Überlebensmittel. Die Anarchie der Nachkriegsjahre, die Zigarettenwährung, das Ungeregelte, der schnell sichtbare Gewinn, die Chance für die eigene Cleverness – ganz andere als Bubis erzählen mit leuchtenden Augen davon, meine Mutter hat mir die Zeit immer wieder begeistert geschildert. Ein bißchen Russisch, sagt er, habe er ja gekonnt, und plötzlich: Meine Eltern waren ja auch immer irgendwie Flüchtlinge, sprachen Russisch oder Jiddisch.

Es gibt Menschen, die mit dem Losgetrenntsein von allem

umgehen können. Zu denen scheint er zu gehören. In seiner Stimme ist viel Amüsiertheit, als er vom Pendeln zwischen Dresden und Berlin erzählt, von seiner Beziehung zum Stadtkommandanten, dem der achtzehnjährige Sohn gefallen war und der ihm, dem anderen Achtzehnjährigen, ein wenig den Vater ersetzt habe. 1948 wurde Israel gegründet, im selben Jahr wurde Bubis zwei Wochen eingesperrt, weil er Auswanderungswillige nach West-Berlin geschleust hatte. Er, der eigentlich zum Auswandern entschlossen war, verhalf anderen dazu. Ein Held sei er nicht gewesen, er habe sich einfach nichts dabei gedacht, und Politik habe ihn nicht interessiert. Immerhin hätten, Kommunismus hin oder her, die Russen ihn befreit.

Die allerdings bestehen von Staats wegen auf seiner Verdrängungsfähigkeit und untersagen die Erwähnung der Gefängniszeit. Es war dann wohl Zeit zu gehen. Über Leipzig, kurzzeitig untergeschlüpft bei Helmut Schön, mit dem er früher Fußball gespielt hat, treibt es ihn nach West-Berlin. Ob er in der damaligen »Zone« jemals Antisemitismus gespürt habe, frage ich. Nein, sagt er. Nichts weiter, keine Begründung, keine Wertung.

Zu Beginn unserer Gespräche sind wir uns einig, daß Panik nichts bringt, daß es nötig ist, weit härter und konsequenter als bisher Gesetze anzuwenden, daß es für manche Brutalitäten andere als politisch zu definierende Gründe gibt und daß eben diese Gründe durch falsche und desinteressierte Politik entstanden seien.

Am Anfang der Gespräche scheint es, als glaubten wir beide an die Kraft der Vernunft. Es hat sich etwas geändert; durch die dauernde Wiederholung dieser Taten, jeden Tag aufs neue in konsequenter und böswilliger Dumpfheit, auch durch die Erkenntnis, daß da in aller Stille eine wenn auch noch so löcherige und verquaste »intellektuelle« rechte Ecke eingerichtet worden ist, kriechen Ängste und Besorgnis näher. Es gibt Juden, die auswandern wollen. Andere wollen sich bewaffnen. Die Reaktionen sind begreiflich, und Bubis, der noch immer zur Besonnenheit mahnt und auf die Verantwortung aller hinweist, versteht wahrscheinlich auch irrationale Reaktionen jetzt besser als zuvor. Jeden Tag, wahrscheinlich, etwas besser. Und das ist furchtbar – für uns.

Einmal hat er das, bei sich, auch erlebt – eigentlich pralle vieles an ihm ab, und er nehme nicht übel, aber die Fassbinder-Geschichte damals, die sei an den gemeinsamen inneren Nerv gegangen. Da habe er zum erstenmal überlegt, ob er noch in Deutschland bleiben wolle. Nicht so sehr seine Ausgesetztheit als »böser Jude« habe ihn gestört, sondern der »linke Faschismus« in dem Stück – da sei nicht nur der persönliche, sondern der kollektive Nerv getroffen worden. Zur selben Zeit sei dieses SS-Treffen in Bayern gewesen, Zeit zu gehen, habe er gedacht. Die Fassbinder-Geschichte, dieses grob zusammengenagelte Stück, hat die Jüdische Gemeinde in Frankfurt gleichzeitig geeint und in Meinungsunvereinbarkeiten zersplittert. Das Stück war weit weniger wichtig als die Diskussionen, die sich in jenen Tagen fast ohne Pause ereigneten, ohne Schonung. Eindeutigkeit war für andere weit mühsamer zu erzielen als für Bubis.

Was die andere große Auseinandersetzung in Frankfurt angeht, den leidenschaftlichen Streit um die Bebauung der ehemaligen Judengasse, gibt Bubis Versäumnisse der Jüdischen Gemeinde zu, ohne lang zu fackeln und zu erklären. Das würde heute anders laufen, sagt er. Was die religiösen Fragen betrifft, kann man ihn sicher als liberal bezeichnen. Er lebe in der Tradition, sagt er. Ob er die Feiertage einhalte? Im Rahmen des Möglichen, sagt er und lacht. Sein Vater sei irgendwann zur Zeit des Laubhüttenfestes umgekommen. Dessen letzter Tag gelte ihm. Er, sagt er, müsse die Gemeinde zusammenhalten, die verschiedenen Richtungen, und er nennt Orthodoxe, Liberale und Kulturjuden – aber eine jüdische Gemeinde sei keine Folkloregemeinschaft. Das eben bedeute Judentum nicht. Es sei nötig, der Jugend in der Gemeinde all das zu geben, was sie brauche, auch um orthodox zu sein. Was davon sie letztlich annehme, stehe bei ihr. Aber es müsse alles Notwendige dasein.

Die Jüdische Gemeinde Frankfurt ist wichtig, für einen neugierigen und lernwilligen Nichtjuden immer wieder spannend und anregend. Bubis weiß, wie wichtig es ist, daß die Jüdische Gemeinde kulturell sichtbar anwesend ist. Das große Gemeindezentrum in der Savignystraße ist bei Veranstaltungen fast immer überfüllt – aber es geht nie ohne starken Polizeischutz. Auch der Kindergarten und die Schule müssen geschützt werden. An manchen Tagen könnte man verzweifeln, wenn man das bedenkt, das und alles, was sich tagtäglich abspielt. Es bedarf also einer Sorte Menschen an der Spitze von Institutionen, die sich durch Hysterie nicht hysterisieren lassen und die einem anonymen antisemitischen Anrufer schon mal ein kräftiges »Leck mich!«, aber natürlich voll zitiert, mit auf den Weg geben.

Wie er das eigentlich macht, diese tausend Termine in immer gleicher Ruhe und Präsenz durchzustehen, dabei durchaus leidenschaftlich in der Sache, habe ich nicht ganz herausfinden können. Er sei nie krank, sagt er. In vierzehn Jahren Rundfunkrat habe er in genau zwei Sitzungen gefehlt. Er kann es bei anderen nicht ausstehen, wenn sie sich in ein Gremium wählen lassen – egal, in welches – und dann nicht kommen. Urlaub? Ja, da sei er vierzehn Tage in Israel, aber da gebe es auch Geschäfte, sein Hotel in Tel Aviv – ob es ihm nicht weh tue, frage ich, wie diese wunderschöne Bucht, an der Tel Aviv liegt, mit diesen grausamen Betonklötzen und Straßen kaputtgemacht sei? Er schaut mich überrascht an, sagt, daß ihm nur eines von denen gehöre, und kann offenbar wirklich nicht verstehen, daß ich das so sehe. Er lehnt meinen Blickwinkel nicht ab – er hat nur einen anderen. Ja, das sei also die Sache mit dem Urlaub, auch das ist sicher nicht zur Freude seiner Familie so: Und einmal im Jahr geht er vierzehn Tage in den Jägerwinkel. Inspektion und Ölwechsel, sage ich. Ja, antwortet er und lacht. Mehr brauche ich nicht.

Zum Müßiggang, zum Zweckfreien hat er überhaupt keine Beziehung. Bilder – einige davon sind in seinem Büro zu sehen – kauft er, weil er sie mag. Alles, was ich an Bildern bei ihm sehe, hat auf irgendeine Weise mit Ordnung zu tun. Da ist nichts Erzählendes, aber auch nichts Ungestümes, Ruhe, Klarheit, Übersichtlichkeit. Alte Karten, Stahlstiche, die mit der Geschichte der Juden zu tun haben – er zeigt mir die Darstellung des Sanhedrins, des alten jüdischen Gerichts, und beginnt nachzuzählen, ob er recht hat mit der Anzahl der Mitglieder. Er berührt die kleinen Figuren auf dem Bild, dreiundsiebzig müssen es sein, sagt er, und dreiundsiebzig sind es. Die Ordnung: Mir scheint das ein wichtiger Begriff für ihn, einer, an dem er sich bewußt oder unbewußt immer wieder orientiert.

Das oft behauptete, oft auch nur als pathetischer Begriff mißbrauchte kreative Chaos kann ich mir bei ihm nicht vorstellen. Vor Jahren habe ich ihn einmal in der Oper beobachtet und mir, weil ich über das Bild, das er bot, so erstaunt war, den Eindruck notiert. Nach einem gewissen Zögern lese ich ihm vor, daß er mir damals wie einer vorkam, der sich verzweifelt fragt, was all die Töne sollen, warum zum Teufel alle Leute um ihn herum so begeistert sind und um was er denn da betrogen werde. So habe er dreingeschaut, sage ich. Er ist überhaupt nicht beleidigt und lacht. Das stimme, sagt er. Wenn überhaupt Musik, dann Bach. Da ist sie wieder, die Ordnung, das Helle, Klare, weit entfernt von den nie ganz ungefährlichen deutschen Düsternissen, ohne die unsere Kunst nicht auskommen kann. Von der manchmal sehr verführerischen, immer etwas gewissensbelastenden Süße von Wagner bis Wenders weiß er wahrscheinlich gar nichts. Dafür hat er kein Wahrnehmungsorgan, glaube ich. Ordnung, wenn jemand das überlebt hat, was er überlebt hat, ist sicher ein Halt. Es ist die Struktur eines Lebens, das man »preußisch« im literarischen Sinn nennen könnte. Pflichterfüllung, aber auch Lust an der Herausforderung.

Fast mitleidig ist er in den letzten Monaten immer wieder gefragt worden, ob er die Last seines Amtes, wenn er gewußt hätte, was auf ihn zukomme, noch einmal auf sich nehmen würde. Man sah ihm manchmal an, daß er das eine läppische Art zu fragen fand, wenn er auch zu höflich ist, es deutlich zu sagen – denn gerade der Kampf und die Schwierigkeiten reizen ihn, der unermüdliche Versuch, das Licht der Vernunft in die Schmutzwinkel der Gesellschaft leuchten zu lassen – jener einfachen Vernunft, die so schwer durchzusetzen scheint.

Respekt voreinander, Toleranz, Hilfsbereitschaft, Zivilcourage – lauter ganz einfache, schwer erreichbare Tugenden. Daß es eine Sisyphosarbeit ist, scheint Bubis nicht zu stören. Dafür hat er seine geheimnisvolle Fähigkeit des »Wegwischens«. Wie oft hat man den Satz, daß Gott dem, dem er ein Amt gebe, auch den Verstand dazu gebe, schon anzweifeln müssen – aber hier stimmt er. Hier stimmt er ganz genau.

II.

Da saß er, zusammengesunken, und sein ganzer Leib drückte aus: Es hat ja alles keinen Sinn. Hinter ihm hatten sie sich zur *standing ovation* aufgebaut, auch solche, von denen man es nicht erwartet hätte, aber da vorn kauerte er, in der ersten Reihe, wie immer bei solchen Veranstaltungen, man konnte sein Gesicht nicht sehen, aber es war nicht schwer, es sich vorzustellen: Wozu die ganze Mühe all die Jahre? Paulskirche, Walserrede. Das Bild des Ignatz Bubis an diesem Tag kann ich nicht vergessen.

Später war er dann im *stern* zu sehen, schon im Rollstuhl und zerbrechlich geworden, und seine Bilanz klang bitter: Wenig habe er bewirkt.

Das ist nicht wahr. Mehr als er konnte keiner bewirken. Die Frage ist, ob je begriffen werden wird, worum es geht. Das war während Walsers furchtbarer Rede klargeworden, daß in Wirklichkeit noch nichts begriffen worden ist.

Ein paar Jahre zuvor hatte Bubis mir seinen Terminkalender gezeigt, eine altmodisch verkritzelte Kladde, jeder einzelne Tag verplant, und da waren die bitteren aktuellen Anlässe noch gar nicht dabei: Die geschändeten Friedhöfe, die er besuchte, all die Übergriffe, die ihn zuverlässig auf den Plan riefen. Er mache zu viel, sagte ich. Jemand müsse ihn vor sich selber schützen, ein Assistent, ein Organisator. Es könne doch nicht angehen, daß einer wie er in jeder Dorfschule spräche, nur weil das einem Lehrer in den Sinn gekommen sei.

Doch, sagte er. Wenn das einem Lehrer in den Sinn gekommen ist, will ich da auch sprechen.

Es schien ihm zu dem Zeitpunkt noch gutzugehen. Auf seine Kraft könne er sich verlassen, sagte er. Nie krank, nie gerauscht, nie getrunken, abnehmen müsse er vielleicht ein bißchen. Er wirkte tatsächlich wie ein kleines, kompaktes Kraftwerk, immer in Eile, niemals zögerlich oder skeptisch.

Ihm gelang es, ob bewußt oder nicht, gleichzeitig eilig und bedächtig zu erscheinen. Als ich mein Elternhaus verkaufen wollte und unsicher war, bat ich ihn um einen Rat. Zählbares: Er quetschte mich gelassen in das Gestrüpp seiner Termine und zu seinen *bodyguards* ins Auto, durchschritt eilig und bedächtig das Haus vom Dachboden bis zum Keller und sagte eine Zahl: Gehen Sie nicht drunter, warten Sie lieber. Ich folgte seinem Rat. Er war richtig. Der Vielbeschäftigte war ziemlich gut im Sorgenabnehmen, so am Wegesrand, nebenbei.

Es gab eine Rechnung, die nicht aufging, bei der blieb immer ein Rest: Deutscher jüdischen Glaubens zu sein. Sein kritischer Freund Reich-Ranicki hatte es ihm oft gesagt: Er werde an dieser Anstrengung scheitern. Bubis mag sich gedacht haben: Wenn ich schon diesen Weg, der für mich so unendlich viel weiter ist, zurücklege, warum sollten dann die anderen die paar Schritte nicht gehen? Die, zu denen er sich gehörig fühlte und denen er es leicht machen wollte.

Es gibt eine Menge Fotos von ihm, auf denen er mit allerlei Berühmtheiten zu sehen ist: Oft ist etwas Verlorenes um ihn. Mir schien er immer eine dünne, aber undurchdringliche Aura von Einsamkeit um sich zu haben. Dabei vermittelte er, bis seine Krankheit ihn besiegte, einen Eindruck von unerschütterlicher Kraft, auch von Furchtlosigkeit.

Als er schon krank war, trafen wir uns bei einer Einladung im Odenwald, im schönen Fürstenlager. Er war im Rollstuhl, ich auf Krücken, und während die Gesellschaft vergnügt einen kleinen Hügel hinaufspazierte, um einen restaurierten Pavillon anzuschauen, lud er mich in seinen Wagen ein, damit wir auch dort hinaufkämen.

Bald laufen wir beide auch wieder, sagte ich.

Sie schon, antwortete er ruhig. Ich nicht.

Das hat mich sehr erschreckt, ich wußte so wenig wie die meisten anderen, was ihm fehlte, und traute mich nicht zu fragen. Genausowenig hatte ich ihm die Frage nach dem Glauben je gestellt. Ich konnte mir nicht vorstellen, daß einer wie er sich irgendeinem Transzendenten unterwerfen würde.

Bald danach starb er. Es war zu hören, daß der Tote noch eine Nacht in Frankfurt auf dem jüdischen Friedhof sei, bis er am nächsten Tag in seine letzte Heimat, nach Tel Aviv, gebracht würde. Es war später Abend und ich fuhr mit einer Freundin dorthin. Wir hatten irgendwelche armseligen Blumen aus einer Vase geklaubt. Das Gefühl, irgend etwas tun oder zeigen zu wollen, war ebenso stark wie hilflos. Viel Polizei war auf der breiten, leeren, hell erleuchteten Straße zu sehen. Sonst niemand. Das Gitter vor dem jüdischen Friedhof war verschlossen. Ein freundlicher junger Mann nahm uns durch das Gitter hindurch unsere kläglichen Blumen ab. Er werde sie neben den Sarg legen, sagte er. Wir könnten uns auf ihn verlassen.

Vom Glück der Vergänglichkeit

Liebe Kolleginnen und Kollegen, meine sehr verehrten Damen und Herren,

ich gratuliere dem Presseclub und wünsche ihm von Herzen eine lange, friedliche Existenz. Möge er nie lebensnotwendig werden müssen, ein Hort des Widerstands gegen eingeschränkte Freiheit des Wortes. Möge er nie: Aber man muß glauben dürfen, daß er es sein könnte. Ich denke, Wissen um die *Möglichkeiten* einer Institution wie dieser bedingt die Zuneigung zu ihr.

Da aber die Zeiten, in denen wir leben, noch Nachdenken über die Freiheit und ihre Bedingungen und Möglichkeiten erlauben, möchte ich heute nicht das Lieblingsinstrument unserer Zunft, die Posaune, spielen. Eher das melancholische Flötchen des Rattenfängers, der sich umguckt und sich wundert, warum ihm eigentlich so wenige nachlaufen. Denn wir schreiben doch jeden Tag das Richtige und trotzdem passierts nicht und unsere Ratschläge verhallen oft ungehört! Hier ist heute ein Geburtstag, und ich habe keine Lust, über Stellenstreichungen, Anzeigenverluste, allfällige Verblödung der Fernsehprogramme, Verlagskonzentration und Bildungsresistenz der jungen Kollegenschaft zu reden, Pisa gedenke ich heute nicht zu bereisen, und der Neigungswinkel dieses Turms interessiert mich zwar, aber nicht hier. Auch über Korruption, gräßliche Kolumnenkeiler, naive und sentimentalische Dichtung des Boulevard wie der sogenannten seriösen Presse wird mein Gratulationssprüchlein heute hinwegsehen. Ich habe mir vorgenommen, über die Vergänglichkeit unseres Tuns zu reden. Über die Sehnsucht nach Dauerhaftigkeit und ihre Gefahren und über alles, was mit dem Beruf, dessen Rückzugs-Vergewisserungs-und-Geselligkeitsort wir heute feiern, zu tun hat. Ich warne. Was den Journalismus betrifft, neige ich zu »romantischem Glotzen«. Ich finde den Beruf gräßlich, und ich liebe ihn. Ich habe ihn verlassen und halte mich mit einer Hand krampfhaft an ihm fest.

Im achten Buch der *Odyssee* lesen wir – sagt Jorge Luis Borges, wie ich freimütig zugebe, denn ich lese nicht gar so oft in der *Odyssee*, aber es macht sich doch ziemlich gut, wenn man das so lässig hinschreibt, dieses »im achten Buch der Odyssee lesen wir«, also eigentlich Borges, »daß die Götter unselige Geschichten weben, damit es künftigen Geschlechtern nicht an Stoff zum Singen fehle«.

Über diesen Stoff zum Singen möchte ich heute ein bißchen mit Ihnen zusammen grübeln, und warum wir immer neuen Stoff brauchen, ob wir die alten Gesänge in den neuen erkennen können, warum es glücklich machen müßte, daß man in unsere Gesänge am nächsten Tag Fisch einwickelt (ein altmodisches Bild, denn nur noch in England gibt's diese Zeitungstüten für fish'n chips mit Essig drauf und auch nicht mehr überall). Ja, es müßte glücklich machen, immer von neuem anzufangen und jeden Tag die Wahrheit mit Schuhen zu versehen, auf daß sie weit laufen lerne. Macht es aber nicht. Nicht jeder Sisyphos ist glücklich.

Journalisten, wir wissen es alle, sind merkwürdig wenig angesehen. Der Beruf, der sich als Vierte Gewalt mitten im Leben aller installiert und sich anmaßt, die Welt, die Zeit und die Menschen in begreifbare Portionen zu packen, taucht mit zwanzig bei vielen als Wunschtraum auf.

Das fängt mit der Schülerzeitung an, ich sehe es mit Vergnügen in den Jugend-schreibt-Seiten, daß das nicht nachgelassen hat, dann kommen Praktika, Henri-Nannen-Schule, Studium der Kommunikationswissenschaften, Hiwi beim Fernsehen, und irgendwann fragen, das kennen Sie alle, branchenfremde Eltern besorgt, ob das denn das Richtige sei? Und wie man diese zweifelhafte Karriere sanft in die richtige Richtung schubsen könnte? Denn die Kinder werden seltsam, die Tochter verschreibt sich einem Beobachtungsprojekt in den Dschungeln Borneos und keine Rede ist mehr von der stundenlangen Blockade des Badezimmers zwecks Gesichtsgestaltung. Der gedankenschwere und hochintellektuelle Sohn wirft seinen Benjamin und seinen Baudrillard weg und jobbt selig bei der *Gala*. Und wir, die wir das Vergängliche tagtäglich zurechthämmern, schauen uns um: Wird das gutgehen? Werden sie glücklich werden?

Ich treffe zur Zeit auf viel Mißmut, auf Traurigkeit, der ein Mützchen aus Zynismus aufgesetzt worden ist, auf Jobangst, auf grantige Hilflosigkeit der älteren und andererseits, wie zum Trost, auf eine fröhliche Mischung aus Erfahrung und Gelassenheit – auch bei den Älteren. Wenn einem die Sprache endgültig zur verläßlichen Freundin geworden ist und man sich in ihr wiedererkennt, sind wir in den miserabel beleumdeten Beruf verliebt, wie die Landfahrer, die ja schließlich auch nicht anders leben wollen – sage die Gesellschaft, was sie wolle. Vielleicht ist die fundamentale Veränderung unserer Berufswelt, längst ins Leben eingebaut, im journalistischen Stammhirn noch nicht wirklich angekommen: Ich meine das Netz, natürlich. Gewiß ist jedes Wort übers Internet unnütz, seiner Wirkung auf die journalistische Seele und der Einsicht in die Vergänglichkeit allen Tuns lassen Sie mich aber bitte ein paar Worte widmen.

Vor einiger Zeit war mir aufgefallen, daß ich in Artikeln von Kollegen, die ich, nun ja, eher als schlicht kenne, unglaublich schlaue und erlesen ausgewählte Zitate auftauchten. Dieser Schatz liegt nun also jedem zu Füßen, er braucht nicht mal mehr danach zu graben, eine CD-ROM hat das längst für ihn erledigt. Überhaupt hat das Netz, erlauben Sie mir das simple Bild, viel Verborgenes ans Licht gehoben. Man braucht sich nicht mehr selber auf Expeditionen zu begeben. Echte Funde und das Beschreiten unberührten Geländes sind fast ausgeschlossen.

Ich beklage das nicht, es ist, wie es ist, aber was macht es mit uns? Und mit denen, die es nicht anders kennen? Und wie gewinnt man Gewißheit darüber, daß es wirklich das ist, was man tun will, dieses Jeden-Tag-Neu und in Wirklichkeit Nicht-Neu und dazu ein immer explosionsbereites Empörungspotential? Diesem Troß der Jäger angehören, in dem man sich je nach Position, die einem zugestanden wird, wie eine Mikrobe fühlt? Und deshalb andauernd seine Wichtigkeit unter Beweis stellen muß?

Und wie ist das mit dem Vergänglichen und dem vermeintlich Bleibenden? Denn Journalisten sind auch Künstler, das lasse ich mir nicht ausreden, auch der testosterongesättigte Sportreporter – grade bei denen sind die Poeten gar nicht so dünn gesät.

Was immer am Anfang dieses Berufswunsches stand: der Welt die Wahrheit um die Ohren zu hauen, Robbie Williams aus der Nähe sehen zu können, dem Kapitalismus tierische Namen zu geben oder endlich zu allen Rockkonzerten oder Formel-1-Rennen eingeladen zu werden – der Lust, dieser Lust, wird Ewigkeit nicht beschieden sein. Darauf, werden unsere frisch geschlüpften Kolleginnen und Kollegen sagen, täten sie pfeifen und werfen sich in die nächste Magistratssitzung oder Aktionärsversammlung. (Und es sei angemerkt, daß sie grade da beweisen können, ob der liebe Gott ihnen den schrägen Blick mitgegeben hat, diesen Blick, der in der langweiligsten Veranstaltung das Goldkörnchen Tragik oder Komik oder am besten beides zu entdecken vermag. Aber davon später.)

Dennoch wird ihnen eins Tages eine Weggabelung nicht erspart bleiben, sie kommt fast immer, zu unterschiedlichen

Zeiten, und sogar die von *Auto, Motor und Sport* stehen da eines Tages, eines grauen Tages und murmeln in sich hinein, während die gestrige Ausgabe matt in ihrer Tasche raschelt – das kann nicht alles gewesen sein!

Tausende haben das schon vor ihnen gemurmelt, und Tausende werden es noch tun, Virtualität hin oder her – denn vor dem inneren Auge, an dieser Wegkreuzung, erscheinen Seiten, nicht Spalten, mit einem festen Deckel drum herum – EIN BUCH! Damit man endlich etwas hat, womit man gegen die Pforten der Unsterblichkeit hauen kann!

Da lachen die jungen Kollegen und halten einen für bescheuert, klar, daß die Alte kurz vor der Grablegung mal selber im Feuilleton stehen will!

Und sie gehen zurück in das, was sie für ihr unsichtbares Fürstentum halten, ganz cool, aber so cool wie sie tun, sind sie gar nicht, denn ich lese in ihren Geschichten den alten Journalistentraum als Subtext: Der Wahrheit Beine machen zu wollen.

Das geht den Weg alles Irdischen, die Beine werden manchmal lahm, um die Wahrheit geht's nicht immer, sondern um Politik verschiedener Art: Warum hatten WIR das nicht vorher? Wäre das nicht unser Thema? Was heißt, Sie interessieren sich nicht für Genome? Mit dem X werden wir es uns grade jetzt nicht verderben! Und die jungen Ritter und Ritterinnen schütteln sich unter dem Gewitter der Tagesrealität und tappen im Nebel der sogenannten Interessen herum und warten auf den neuen Tag. Die neue Story. Den göttlich brauchbaren Skandal, der ihnen direkt vor die Füße fällt. Und daß der Chefredakteur damit aufhört, sie auf dem Kieker zu haben. Und daß der Entlassungskelch an ihnen vorübergehen möge. Nein, so furchtbar cool, wie sie tun, sind sie nicht, das funktioniert dummerweise in dem Beruf auch nur in den ganz hohen Etagen, das Coole. Dafür ist es dort, denke ich, langweilig.

Scheiße, eine Woche zu früh! sagte eine junge Kollegin im vollen Ernst zu mir. Sie war zu ihrem Bedauern schon eine Woche vor Weihnachten 2004 aus ihrem Urlaub in Khao Lak zurückgekommen. Tsunami, das wärs gewesen! Meine Chance! Ich hab aber auch immer so ein Saupech. Und ich kann sie verstehen.

Woran soll man sich denn halten außer an Sensationen? Das Karussell, auf das man sich heute setzt, hat kein links und kein rechts, es ist rund. Der Gesinnungsjournalismus meiner jungen Jahre ist tot, mausetot. Unbetrauert verschieden, als Präparat noch im Formalin weniger Gewerkschaftszeitungen zu bestaunen.

Mag man Gesinnung? Braucht man sie? Moral?

Ich glaube nicht. Ich glaube nur an den vorhin genannten schrägen Blick, der auf die Dinge schaut wie keiner zuvor, der das Funkenschlagende im scheinbar Statischen wittert, ein zuhörender Blick, wenn Sie mir das quere Bild erlauben – und der im besten Fall macht, daß wir, die Leser der schräg gesehenen Geschichte, das Beschriebene nie mehr anders wahrnehmen können, als der Beschreiber es tat. Ein Beispiel von tausenden: Vor zig Jahren beschrieb Marieluise Scherer einen Berliner Rentner mit seinem Hund. Im *Spiegel*. Ich habe nie mehr einen Rentner mit Hund anders als mit ihren Augen sehen können. So zu schreiben hat mit Moral, Gesinnung oder Mission nichts zu tun. Nur mit Liebe. Aber das wissen Sie ja alle selber.

Noch immer sind unsere jungen Kollegen vom Kreuzweg, von der Lebensgabelung, ziemlich weit entfernt. Vorbilder? Ich weiß nicht, ob es noch welche gibt, ich nehme es an. Ich jedenfalls hatte welche, und immer waren sie solche, die ihre eigene Art hatten, mit der Gabelung zwischen Vergänglichkeit und Dauerhaftigkeit umzugehen. Sie sprangen hin und her. Joseph Roth ganz vornedran, der Phänomenologe unter den Journalisten, der rationale Poet ohne jede Hoffnung. Wer wissen will, wie im Rußland der zwanziger Jahre aus Euphorie Verzweiflung wurde und was sich davon bis heute vererbt hat, der lese seine Geschichte über die Fliegenplage in Astrachan. Dann weiß man auch neunzig Jahre später die wirklich wichtigen Dinge. Oder Kerr: Seine Regel für Zeitungsherausgeber: »Er verbinde sich eine Handvoll Kerle, die für ein freiheitliches Wunschziel durch Feuer gehen. (Und keinen Schutzklüngel für eine ästhetische Richtung!)« leuchtet uns immer noch ein.

Die auf der Kanonenkugel Sitzenden habe ich genauso bewundert – und tu das bis heute, einer meiner Helden ist James Nachtwey – wie die beharrlichen Xenophone, die notierend hinter den Ereignissen hertappen (wie ihr Urvater hinter dem griechischen Heer), glanzlos, unsichtbar und wahrhaftig. Für die ersten wird mein ewiges Bild sein: Christoph Maria Fröhder, abgemagert, nach Wochen des Verschollenseins auf einem Fahrrad aus dem Dschungel kommend. Jahrzehnte danach immer noch ein Initialbild.

Die Xenophone sind oft Gruppen, oder nur Kürzel, sie bleiben dran, wenn die Scheinwerfer längst weitergeschleppt worden sind. Die schreiben dann Geschichtengeschichte. Möge der Gott der Journalisten ihnen auch künftig Platz, Zeit, Atem und Geld gewähren. Oder ihr Konzern, was leider dasselbe sein kann.

Ich habe Orianna Fallacci bewundert, die Henry Kissinger in ein unbedeutendes kleines Pfützchen verwandelte, und wenn es nach mir ginge, müßten gewisse Talkshow-Moderatorinnen, vor allem die blonden, sich sieben Tage und Nächte zwangsweise die Aufzeichnungen der Fallacci-Interviews anhören und -sehen.

Wie gesagt, ich weiß nicht, ob Vorbilder noch so genannt werden, ob es sie überhaupt noch gibt.

Aber mit ihnen oder ohne sie wird sich der junge Kollege, die junge Kollegin eines Tages mit unguten Gedanken herumschlagen. Das, was so grauenhaft und über die Maßen blöde EDELFEDER genannt wird, gerät als Ziel aus dem Blickfeld. Sie sinds nicht und wissen nicht, ob sies eigentlich werden wollen. Ihr Beruf erinnert sie mit einem Mal an die Herstellung von Weißwürsten. Die müssen bis mittag verzehrt, verdaut und vergessen sein. Es ist nichts gegen sie einzuwenden, aber sie sowie die Tageszeitung, egal welche, scheinen plötzlich ein allzu flüchtiges Produkt. Weiche, leicht zu essende Ware. Nichts Schweres, das allzulang im Magen liegt. Manchmal ein Pfefferkorn. Ein hervorgezupfter Gedanke, eine kleine Irritation, ein Sehnsüchtchen, ein kirschgroßes Ärgerlein, Menschenmaß und Leserwunsch, auch wenn die das wütend bestreiten würden.

Es keimt der Wunsch nach der Herstellung schwer verdaulicher Brocken. Jahrelang hatte es gehalten, das Glück der Vergänglichkeit und das damit einhergehende scheinbar immer neue Spiel. Es war stöhnend geliebter Spaß, geben wirs zu: Jene Premiere, dieses Porträt, eine ans Licht beförderte Missetat, eine Wohltätigkeit. Diese Mode, jene gräßliche Reise, eine herrliche danach, die Enttäuschung durch Idole, die Begeisterung durch jemand vorher gering Geschätzten: Alles erlebt, alles festgehalten, alles verweht.

Man hat Sparmaßnahmen, Relaunches und das eine oder andere hübsche Mobbing überlebt, Liebe in der Redaktion und Liebe in der Ferne und die Spannung, welche von beiden siegt –

Alles erlebt, alles verweht.

Und jetzt kommt diese Weggabelung, die so gern Sinnkrise genannt wird und darin begründet ist, daß man, wie Gottfried Benn so wunderbar gesagt hat, »hinterlassungsfähige Gebilde« schaffen möchte. Es wird uns klar, daß das Flüchtige uns unzufrieden läßt – schließlich sind wir keine Buddhisten.

Also gibt es ein paar andere Gratifikationen, auf daß wir uns an den Frösten der Vergänglichkeit keine Beulen holen möchten – eine ganze Industrie sorgt für Bedeutungssimulation, denn das Problem greift längst auch in anderen Bereichen um sich – eine Art Sterblichkeits-Allergie.

So werden Symposien und Kongresse erfunden, Jurys, und nicht zu vergessen Professuren! Was es nicht alles an Professuren gibt … Denn das Akademische hat bis heute, zu Recht oder zu Unrecht, so was Ewiges, Unzerstörbares, gleichsam in Marmor Gehauenes. Und es versöhnt mit dem Vergänglichen.

Daß man nun meinetwegen in St. Louis, Alabama, vergnügten amerikanischen Buben und Mädchen was über den Essay im neunzehnten Jahrhundert oder die Dramaturgie politischer Reportagen erzählt, bringt den Schmerz nicht zum Verschwinden, es betäubt ihn nur leicht. Man kann sich dort wichtig und ehrwürdig fühlen, wie ich höre, und verblüffenderweise sogar ein wenig sittenlos, als Europäer. Sexuell unberechenbar – und wenn man dann auch noch raucht, ist es bis zum angenehmen Gefühl, mephistophelisch zu sein, kein weiter Weg mehr.

Mit wachsendem Lebensalter und ebensolcher Erfahrung werden die Fluchtmöglichkeiten ins Ehrwürdige zahlreicher – und auch besser bezahlt –, große Consultingfirmen (über die wir noch vor wenigen Jahren bissig geschrieben haben) versichern sich jetzt unserer Kenntnisse und buchen Zimmer nicht unter fünfsternig. Bei über tausend Literaturpreisen, von den anderen gar nicht zu reden, sind Jurysitzungen eine schöne und vielseitige Abwechslung. An der Front arbeiten jetzt die Jüngeren, erfinden alles neu, wie seit Urzeiten, haben einen Haufen nie gehörte englische Nonsenseausdrücke eingeführt, wir finden, daß alles den Bach runtergeht, ungebildet, oberflächlich, kalt, kenntnislos und was weiß ich, aber ewig und gültig sind wir immer noch nicht.

Seltsamerweise gibt es in den ältesten Regionen des Gehirns einen Buchglauben, der sich von Verlagskonzentrationen, Wegwerfproduktion, Kenntnis von katastrophal hohen Remissionszahlen und ähnlich Kassandrösem überhaupt nicht beirren läßt. Wir glauben an die Pforten zur Ewigkeit, trotz allem. Auch wenn wir es nicht zugeben und nur nach richtig viel Brunello berühmte Kollegen sich zu dem Satz aufraffen – ich muß Ihnen mal was sagen, natürlich ganz albern, ich habe eigentlich gar keine Zeit dafür, man hat mich dringend gebeten … dann kommts, das Buch.

Die richtigen Cracks haben indessen keinem was erzählt, unhörbar den Laptop gefüttert und einen Seller gelandet, ja, das gibts auch. Und haben jetzt »den Garten, den man in der Tasche tragen kann«, ein persisches Wort, das merkwürdigerweise dem ehemaligen Bundeskanzler Helmut Kohl zugeschrieben worden ist.

Ganz ehrlich gesagt: Es ist ein unvergleichliches Gefühl. Aber bevor es soweit ist – furchtbar. Man geht als dem Vergänglichen, immer wieder Neuen verpflichtete Mensch plötzlich in ein Kloster, vom Wunsch nach Haltbarkeit bedrängt. Man sitzt in seinen Zweifeln wie in siedendem Öl und niemand heißt einen aus dem höllischen Kessel springen und sich schnell um etwas anderes zu kümmern.

Kollegen, mit denen man spricht, benutzen aus ihrer Alltagsgeschäftigkeit heraus einen Gesprächston zwischen verlogenem Respekt und barer Häme. Es fühlt sich an wie der unfreiwillige Wechsel vom Harem des Lebens mit all seinen Verlockungen und Kränkungen in die Öde des Zölibats.

Und die Vergänglichkeit, unsere verlassene Geliebte, hebt ihr zartes Köpfchen und fängt laut an zu lachen.

Die Pforten zur Ewigkeit sind unsichtbar geworden. Vielleicht gibt es sie gar nicht. Vielleicht stehen sie wie in Kafkas Geschichte vom Türhüter offen. Keiner ruft an, denn wir waren ja so blöd und anmaßend, der ganzen Welt mitzuteilen, nicht gestört werden zu wollen. Also stört keiner.

Wie schön wäre es, jetzt von Frau Y angerufen zu werden, die wir eigentlich nicht leiden können, und ihre Grenadiersstimme mit dem Satz zu hören: Sie müssen dringend für uns nach Somalia – oder so. Ja, auch wenn man schnell nach Fulda oder Dinslaken müßte, wäre es schön! Sogar ein Interview mit Wolfgang Gerhardt oder Paris Hilton wäre eine freudige Aussicht.

Alles wäre besser. Das Leben! Das vergängliche Leben!

Und aus dem sehr langsam wachsenden Manuskript glotzen uns tote, papierene Augen an! Warum hat man es sich nicht erspart? Die Pforten zur Ewigkeit sind doch längst eine Lachnummer und die Buchläden voller Hervorbringungen von Leuten, die nie eins gelesen haben!

Wie dauerhaft letztlich unser Platz in der Geschichte sein wird, können wir nicht voraussagen – da müssen wir bis zur Zeit nach unserem Ableben warten. Diese den Dichtern vorbehaltene Tröstung ist bei näherem Hinsehen ziemlich schwächlich und lohnt das ganze Gestrampel nicht.

So gehen wir zurück in die täglichen, wöchentlichen oder filmischen Aufregungen, genießen die Seebeben in sämtlichen Dorfteichen und sammeln die Krümel des Glamours auf, die von der Stars Tischen fallen. Haltbarer als die sind wir allemal.

Neben ihnen fotografiert wirken wir zwar manchmal ein bißchen tramplig, dafür verläßlicher. Wenn unsere Kampagnen, Debatten, Enthüllungen oder Pamphlete, unsere Reflexionen, Erkenntnisse, Sachverhaltsklärungen und Standortbestimmungen ein paar Wochen alt sind, gedenken wir ihrer mit Nachsicht, Ungläubigkeit, Liebe oder Gelächter. Das macht den Glanz des Vergänglichen aus. Und zum Schluß, als Ermunterung, die nächsten 25 Jahre zuversichtlich in Angriff zu nehmen, wage ich eine Prognose. Die sterbliche Zeitung, das unsterbliche Buch – es wird sie weiter geben. Wie ehedem. Aus Papier. Mit gedruckten Buchstaben drin.

Zum allmorgendlichen Aufregen und Vergessen, zum Entzücken, zum Ärgern, und zum samt Marmeladenbrot Mit-ins-Bett-Nehmen. Schließlich hat die Sache mit dem Cybersex auch nicht hingehauen. Die alte Methode hat sich souverän behauptet. Man hat von der virtuellen Variante nie wieder gehört.

Alles Gute, Frankfurter Presseclub – ad multos annos un bleib senkrescht ...

»Vergnügt wie eine Göttin ...«

Die Frau Rath Goethe

Nie wird entschieden werden, welcher Mensch glücklicher dran ist – der Wanderer oder jener, der bleibt, der Makrokosmiker oder der Mikrokosmiker, jener, der seine Abenteuer am Küchentisch erlebt, oder der, der Meere überquert und Wüsten durchmißt. Soll man in die Welt gehen oder sie zu sich befehlen in aller Freundlichkeit? Jedermann weiß, daß Goethes Mutter, Catharina Elisabeth, geborene Textor, ein schönes Beispiel für jenes weltläufige Auf-dem Fleck-Bleiben abgibt, das in unserem Jahrhundert so verhängnisvoll abhanden gekommen ist. Daß ein Großteil des Menschenelends vermieden werden könnte, lernten diese, ruhig auf ihrem Hintern sitzenzubleiben: Der philosophischen Erkenntnis hätte die Frau Rath sich nicht verschlossen. Vielleicht hat sie sie sogar gekannt. Es gehören aber ein paar Voraussetzungen dazu, dieser Lebensweise Glanz und Fülle abzugewinnen und sie nicht in Langeweile und Spießertum erstarren zu lassen: Neugier, ein glückliches Temperament und ein Sendbote, ein Teil seiner selbst, den man in die Welt schickt. Mit achtzehn Jahren hat sie ihn geboren, diesen Sendboten, der in die Welt gehen sollte mehr als andere, mehr sehend, als andere je sehen würden, und sie hat ihn vom ersten Augenblick an geliebt. Er wird einmal von seiner Mutter sagen, daß diese alles ertragen könne, nur keine Sorgen. Das ist eine hinterlistige Bemerkung und sie bezeichnet, was beim ersten Anschauen der von Klischees wie von ihren Hauben bedeckten Frau Rath als leises Mißbehagen aufscheint: Es kann doch nicht angehen, daß ein Mensch immer nur gut gelaunt, heiter, menschenfreundlich, unerbittlich lebensklug wie sie, kurz gesagt, für einen Alltagsmenschen unausstehlich ist? »Es widerstrebt uns«, sagt Alfons Paquet in einem klugen Satz, »das Vergangene zu idealisieren, nur weil es uns nicht mehr weh tut.« Vielleicht trübt die Sehnsucht nach dem, was Frau Aja verkörpert, den Blick, vielleicht schaut man diese Frau nur an, nachdem sie sich des Frauseins begeben hat, eine Art Kachelofen geworden ist, familiäre Wärmequelle und ungefährliche Freundin. Ihr Sohn, jedenfalls, kommt ihr oft jahrelang, vor ihrem Tod mehr als zehn Jahre, nicht in die Quere. Sie drängt ihn nicht. Nicht einmal den Fehler macht sie. Was wissen wir über Catharina Elisabeth, die Frau Rath, die Frau und Mutter Aja, wie sie Freunde nach der Mutter der Haimonskinder nennen? Mit siebzehn Jahren wird sie mit dem einundzwanzig Jahre älteren kaiserlichen Rat Johann Caspar Goethe verheiratet. Ihr Vater Textor hatte ihr, das war ihr Glück, eine Erziehung »ohne Schnürbrust« angedeihen lassen. Denken kann sie und reden, und die Ehe mit Goethes Vater, der in der Literatur oft nicht gut wegkommt und als Knauser und Eigenbrötler dargestellt wird, war in Wirklichkeit sicher nicht unangenehm, die äußeren Bedingungen mehr als erträglich. Das Haus am Hirschgraben ist ja heute nur noch Erinnerung. Aber die Beschreibungen und Darstellungen sind zahlreich, mit Hilfe derer man dem wiederaufgebauten Haus Leben einhauchen kann. Siebenundvierzig Jahre wird sie darin verbringen und es im Alter ohne Bedauern zugunsten eines bequemeren Logis verlassen. Das Haus also: Das ist beschaubar, wenn auch nachgeahmt. Ihr Grab – heute auf einem Schulhof, nahe der Peterskirche. Ihr Frankfurt, in Resten. Die Werke ihres Sohnes, denen auf Augenhöhe sich zu nähern allerdings kaum jemand wagt.

Etwas über vierhundert Briefe, die von ihr erhalten sind, lassen sie nahekommen. In diesen Briefen, aber auch in den Erzählungen und Berichten ihrer Freundinnen und Freunde ist das Geheimnis ihrer Lebenskunst verborgen, wobei an Aja nichts Verfeinertes – in ihrer Lebenszeit üblich –, modisch Gestelztes zu finden ist. Sie hat, so scheint es, trotz mancher Schmerzen und vieler Begegnungen mit dem Tod, einfach gern gelebt. Sie wußte, daß man sich zunächst selber gut sein muß, um für andere eine Freude zu sein. Säuerliche Wohltätigkeit mit dem Schielauge auf himmlischen Lohn war nicht ihre Sache, wobei ihr Glaube durchaus ein Zentrum ihres Lebens war. Aber über einen Pfarrer in der nahen Kirche sagte sie, seine Predigten seien es nicht wert, ein warmes Bett am Sonntagmorgen dafür einzutauschen. Elisabeth Goethe bekommt nach ihrem Hätschelhans noch fünf Kinder, aber nur Cornelia erreicht ein unglückliches Erwachsenenalter, die anderen vier sterben ganz klein. Auf einem Porträt, das die Familie hübsch gravitätisch, aber auch stolz zeigt, stehen im Bildhintergrund die toten Kinder als Genien. Obwohl die Kindersterblichkeit damals hoch war und fast jede Familie es erlebt hat, ein oder mehrere Kinder früh zu verlieren, wäre es falsch anzunehmen, das sei damals kein ebenso entsetzlicher Schmerz wie heute gewesen. Der Glaube allein sorgte für die Ergebenheit ins Unabänderliche.

»Wer wird sich grämen, daß nicht immer Vollmond ist, und daß die Sonne jetzt nicht so warm macht wie im Julius – nur das gegenwärtige gut gebraucht und gar nicht dran gedacht, daß es anders seyn könnte; so komt mann am besten durch – und das durchkommen ist doch/ alles wohl überlegt/ die Hauptsache …«

Als sie das an ihre geliebte Herzogin Anna Amalia schrieb, war sie schon über fünfzig – aber sie scheint von Anfang an in dieser gelassenen Bescheidung gelebt zu haben. Von Stürmen in ihren jungen Jahren wissen wir nichts, das heißt aber nicht, daß es keine gegeben hat. Eine leidenschaftliche und sinnliche Natur wie sie, dazu schon früh in einer unangefochtenen gesellschaftlichen Position, ohne den Konkurrenzkampf um die

»besseren Partien« und ohne Angst, überhaupt keine Partie zu machen, dazu mit dem Glück einer liberalen Erziehung – es ist eigentlich undenkbar, daß ihr nicht irgendein Prinz von den Wanderbühnen und Gemütsstücken, die sie so gern hat, in die Augen oder ins Herz geraten ist – aber wir wissen es nicht, das heißt, die einzige Seelenverwirrung die uns bekannt ist, widerfährt ihr in viel späteren Jahren. Die vergehende Zeit hat ihre eigene Diskretion. Eine junge Frau, die einem großen Haus vorsteht, die gern Kleider und Putz kauft und einen etwas lehrhaften Gatten zu ertragen hat, die ihr Frankfurt liebt und den gekrönten Häuptern zuschaut, die Besuche macht und empfängt und deren Leben sich erweitert und anders zu blühen beginnt, als die Karriere des Sohnes auch sie mit auf die Planetenbahn nimmt. Freunde waren ihr immer wichtig, auch die Freunde der Kinder. Mit ihnen korrespondiert sie, schickt Geschenke und Süßigkeiten, und je berühmter der Sohn wird, desto mehr schreibt sie gleichsam »um ihn herum«. Goethe hat die Briefe seiner Mutter aus der frühen Zeit nicht aufgehoben, warum, ist nicht bekannt. Jenes tausendfach untersuchte und interpretierte, ausgeleuchtete und umgewendete Leben Goethes birgt, was das Verhältnis zur Mutter betrifft, Geheimnisse. Warum hat er sie so selten besucht, warum eigentlich sich nie ihr direkt zugewendet, sondern immer nur verbunden mit anderen Pflichten, die ihn nach Frankfurt führten? Sie beklagt sich nicht. Sie macht keinen der bekannten Mütterfehler und Klammerszenen, soweit wir wissen, sie ist diejenige, die selbst seine unverständlichsten Entschlüsse klug und energisch verteidigt. Dennoch muß sie die meiste Zeit ihres Lebens mit seinem Abglanz zufrieden sein. Aber sie weiß wohl, daß dieser Abglanz mehr ist und wärmer macht als die unmittelbare Nähe durchschnittlicher Menschen. »Mir ist nur immer vor dem Verrosten bange, wenn man genöthigt ist mit lauter schlechten Leuten umzugehen, so ist 1000 zu 1 zu wetten, daß wenn mann nicht genau auf sich acht gibt – auch schlecht wird.« Darüber hatte sie nicht zu klagen. Ihr Mann wurde zwar älter und pflegebedürftig, aber das nimmt sie auf sich, und Lavater, Wieland, Merck, Seidel und wen der Kreis auch enthält, lenken sie ab. Frau Aja hat ein wunderbares Talent, sich zu freuen. Auch kleine und größere Koketterien sind ihr nicht fremd, so, wenn sie Lavater in einem Postscriptum ganz beiläufig bittet: »Wan es Euch möglich uns von des Docters seinem in kupper gestochenem gesicht noch einige Abdrücke zu kommen zu lassen; so würden wir hertzlichen Danck davor sagen, die Leute plagen uns beständig und wollen so was zum Andencken haben« – oder wenn sie sich der Madame de Staël, die sie nicht leiden kann, mit den Worten vorstellt »Je suis la mère de Goethe«.

Was wissen wir über die Frau Rath? Und was wollen wir wissen? Ihre jungen Jahre sind vorbei, und sie scheint das überhaupt nicht zu bedauern. Der erste erhaltene Brief datiert von 1774, da ist sie immerhin schon 43 Jahre alt, eine Matrone, hineingewachsen in die Rolle der Mutter, die sie, schenkt man ihr Glauben, mit dem ersten Schrei ihres Sohnes und selbst noch ein Kind, voller Begeisterung angenommen hat. Es gibt Frauen, die erst in den späteren Jahren ganz sie selbst werden und die erst dann ihre Geschenke an die Gesellschaft verteilen: Witz, Unbestechlichkeit des Urteils, Stärke und Selbstironie – von alldem hat die Frau Rath eine Menge und kann als reife Frau sich und anderen ein Vergnügen sein. »Ich befinde mich Gott sey Danck gesund, vergnügt und fröligen Hertzens – suche mir mein bisgen Leben noch so angenehm zu machen als möglich – Doch liebe ich keine Freude, die mit unruhe, wirrwar und beschwerlichkeit verknüpft ist – den die Ruhe liebte ich von jeher – und meinem leichnam thue ich gar gern seine ihm gebührrende Ehre …« Die Orthographie der Frau Rath ist eine eigene Sache, und das hat weniger mit der noch nicht so reglementierten Rechtschreibung der damaligen Zeit zu tun als mit ihrem Temperament, das sie fröhlich alles so hinschreiben heißt, wie es ihr grade am besten klingt. Zu verstehen ist es allemal. Sie sei tintenscheu, sagt sie zwar, aber in ihren späteren Jahren ist davon nichts zu spüren. Sie platzt förmlich heraus, vor allem in ihren Briefen an Anna Amalia, die ihr wegen der Nähe zum vergötterten »Docter« mit zusätzlichem Glanz umgeben scheint.

Aja hat ein Talent, Erinnerungen als Schatztruhen zu begreifen, als Vorrat für ereignislose Tage – auch das ist ein Schlüssel zu ihrem glücklichen Gemüt. Die Erinnerungen an die Besuche der Durchlauchten sind besondere Juwelen in diesem Schatz, und sie nimmt sie immer wieder heraus, betrachtet und poliert sie, »mann kan hernach immer wieder was auf den Rücken nehmen und durch diese Werckeltag Welt durchtraben und sein Tagewerck mit Freuden tun, wenn einem solche Erquickungsstunden zuteil worden sind«. Sie vergißt nie, immer wieder einen Dank an Gott in ihre Briefe zu flechten, aber, trotz ihrer Verbindung zu pietistischen Kreisen, niemals bigott oder mit jener ranzigen Frömmigkeit, die damals im Schwange war und die Sinnenangst verdecken sollte, sondern mit einer Art von erstaunter Fröhlichkeit. Den Fehler, über das Wesen des Glaubens nachzugrübeln und sich »ein Bild zu machen«, begeht sie nicht. »… so habe ich heilig geschworren, mich mit meinem Maulwurfs Gesicht in gar nichts mehr zu meliren, und zu mengen, es immer einen Tag dem andern sagen laßen, alle kleinen Freuden aufzuhaschen, aber sie ja nicht zu anatomiren – Mit einem Wort – täglich mehr in den Kindersinn hineinzugehn, denn das ist Summa Summarum doch das wahre, wozu mir dann Gott seine gnade verleihen wolle A m e n .«

1786 verschwindet der Sohn, zum Erstaunen aller, zum Unwillen des Hofs in Weimar, zur Bestürzung und Fassungslosigkeit der Freunde. Keiner weiß, wo er ist, keiner weiß, was er plant. So jung er ist, so bekannt und gesucht ist er auch schon. Als die Räthin endlich durch einen Brief von ihm erfährt, daß er sich auf die Reise nach Italien begeben hat – der Wirklichkeit jener Kupferstiche nach, die ihm schon als Kind im Haus am Hirschgraben den allergrößten Eindruck gemacht haben –, da ist es seine Mutter, die ihn von allen am besten versteht, ganz naiv, direkt und freundlich. Sie räsonniert nicht wie die Stein, sie begreift instinktiv, daß er, vom Ruhm auch bedrängt, sich die italienische Luft hat verschaffen müssen. »Einen Menschen wie du bist, mit deinen Kentnüßen, mit dem reinen großen Blick vor alles was gut, groß und schön ist, der so ein Adlerauge hat, muß so eine Reiße auf sein gantzes übriges Leben vergnügt und glücklich machen – und nicht allein dich sondern alle die das Glück haben in deinem Wirckungs kreiß zu Leben.« Später im gleichen Brief setzt sie ruhevoll und selbstbewußt ihre Art zu leben dagegen: »Tausend würde so ein Leben zu einförmig vorkommen mir nicht, so ruhig mein Cörpper ist; so thätig ist das was in mir denckt da kan ich so einen gantzen geschlagenen Tag gantz alleine zubringen, erstaune daß es Abend ist, und bin vergnügt wie eine Göttin –«

Einmal, Ende der achtziger Jahre, ist es für ein paar Monate mit ihrer schönen inneren Ruhe vorbei. Sie, die große Verehrerin des Theaters, die sich am liebsten jeden Tag eine Vorstellung angeschaut hätte, verliebt sich in den Schauspieler Karl Wilhelm Unzelmann, der mit der Großmannschen Truppe nach Frankfurt gekommen war. Unzelmann war zwanzig Jahre jünger als seine Verehrerin, aus deren Briefen hervorgeht, daß sie nicht wußte, wie ihr geschah. Daß ihr ruhiges und fröhliches Lebensschiff so ins Schlingern gekommen ist, kann sie nicht fassen, und sie reagiert mit jenem ungeschützten

Schmerz, wie ihn Kinder haben. Wir wissen nicht, wieviel Kraft es sie gekostet hat, von diesen Gefühlen zu lassen. Wir wissen nichts über ihre Sexualität, wir haben jene Bilder vor Augen, auf denen sie, wie Alfons Paquat verzweifelt schreibt, immer »diesen fatalen Turban« aufhat. Er meint natürlich jene Hauben, die alle Frauengesichter so gleichmütig und geschlechtslos, eben mütterlich aussehen ließen. Aber der Ton ihrer Briefe an Unzelmann, als dieser, wegen seiner Unzufriedenheit mit den Frankfurter Bedingungen, nach Berlin gegangen war, ohne sich von seiner Freundin und Gönnerin zu verabschieden, zeigt, daß sie diesem Mann mehr von sich preisgegeben hatte, als sie vielleicht selber wußte. »Ich weiß warrlich nicht, ob ich nach so vielen vorangegangenen Täuschungen, fehlgeschlagenen Erwartungen, mein Hertz der Hoffnung, die mich so offte, so unendlich offte hintergangen hat, ob ich dieser Betrügerin es je wieder öffnen soll: oder ob es nicht beßer ist sie gantz zurück zu weißen, keinen strahl mehr davon in die Seele kommen laßen – und mein voriges Pflanzenleben wieder anzufangen – ich sage es noch einmahl – ich weiß es nicht. Die Quall die ich jetzt leide ist unaussprechlich –«

Sie hat es sich, so scheint es, aus dem Herzen gerissen. Die zwanzig Lebensjahre, die ihr noch beschieden sind, verbringt sie mit Gelassenheit, klaren Blicks älter und schließlich alt werdend.

Mitte der neunziger Jahre verkauft die Frau Rath das Haus im Hirschgraben, in dem sie siebenundvierzig Jahre verbracht hat. Die Auflösung des Haushalts, die Katalogisierung der Bücher, die Suche nach einem Käufer einerseits und nach einer neuen Wohnung andererseits ziehen sich hin, denn wenn auch das Haus im Hirschgraben als eines der schönsten in Frankfurt gegolten hatte – die Zeiten hatten sich geändert und der Anspruch auf Luxus oder zumindest Bequemlichkeit war gestiegen. Diesen Anspruch an ihr neues Zuhause hat die Räthin auch, denn: »Im fünften Akt«, so sagt sie über ihr Alter, »soll applaudiert und nicht gepfiffen werden.« Sie nimmt schließlich Wohnung im Haus zum Goldenen Brunnen am Roßmarkt, schickt Briefe, »Bissquittger«, Eßkastanien, Handschuhe und Tand in alle Welt, freut sich über die wachsende Zelebrität des Sohnes und hütet sich, irgendwelche Zwänge auszuüben oder Forderungen an die nachfolgenden Generationen zu stellen. Schon früher war sie dem Geheimnis des Glücks auf der Spur gewesen – an Frau von Stein hatte sie 1785 geschrieben: »Zwar habe ich die Gnade von Gott, daß noch keine Menschenseele mißvergnügt von mir weggegangen ist – weß Standes, alters und Geschlecht sie auch geweßen ist. Ich habe die Menschen sehr lieb.« Ihr Tod kam sanft, am 13. September 1808. Alle Quellen berichten, einem Boten, der ihr eine Einladung habe überbringen sollen, sei von der Räthin ausgerichtet worden, sie lasse sich entschuldigen, sie müsse alleweil sterben. Auf dem Peterskirchhof wurde sie begraben, und ihr Grab ist heute an einer Schulwand, in einem abgesperrten Schulhof. Hier »ruhet sie« nun – Goethes Mutter. Kein schlechter Platz, trotz allem.

Frankfurter Stadtreinigung

Ein kommunalpolitischer Bekehrungsversuch

Zweck und Auswirkung der geplanten Sperrgebietsverordnung

Mehr als eine Viertelmillion Menschen passieren täglich den Frankfurter Hauptbahnhof, das »Eingangstor« unserer Stadt. Vor dem Bahnhof werden sie mit Zuständen konfrontiert, die dem Ruf der Mainmetropole seit Jahren schwer schaden. Bordelle, Saunabetriebe, Dirnenabsteigen, Bars, Peep-Shows und Spielhallen haben sich dort in einem Maße breitgemacht, das nicht länger mehr hingenommen werden kann.

Ein wesentlicher Schritt zur Sanierung des Bahnhofsviertels soll die jetzt vorgeschlagene Sperrgebietsverordnung sein. Mit ihrer Durchsetzung sollen zugleich drei Ziele erreicht werden:

1. Die Prostitution darf nicht mehr überall in Frankfurt ausgeübt werden.

2. Die Prostitution wird aus Wohngebieten herausgehalten.

3. Die Zusammenballung von Prostitution und Kriminalität wird zerschlagen.

(aus den *Materialien zum Vorschlag einer Sperrgebietsverordnung für die Stadt Frankfurt am Main*)

7. 9. 83 – Ich wünschte, ich wäre tot. Ich glaube, heute nacht nehme ich mir das Leben. Ich mag noch nicht mal Leben groß schreiben. Es war bei mir nur mies u. klein.

(aus dem Tagebuch der Prostituierten Margie)

Bevor wir uns dem jüngsten Versuch zuwenden, aus dem westdeutschen Chicago Frankfurt ein Schmuckkästchen zu machen, kurz die Situation dieser Stadt vor der Wende – vor ihrer Wende, denn die geschah ja um einiges früher als die in der ganzen Republik; eine kurze Beschreibung des Schmutzes also, in den die Stadt geraten war und der jetzt mit einem neuen, kühnen Schwung des politischen Besens ausgekehrt werden soll.

Zur Zeit der sozialdemokratischen Machthaber hatte Frankfurt, das wird jeder bestätigen, einen ganz schlechten Ruf. Kein Gemüt auf der einen Seite, keine wirkliche Manhattan-Härte auf der anderen. Irgendwo dazwischen, was bekanntlich das Schlimmste ist. Der Regierungswechsel war notwendig, überfällig, das Frankfurter Selbstbewußtsein – sonst eine recht haltbare Ware – schien auf den Hund gekommen. Der Nachfolger, sollte man denken, muß es schwer gehabt haben, damals: ein Augiasstall – aber es kam ganz anders. Der Nachfolger setzte auf die Ästhetik, und wir werden im folgenden sehen, wie recht er damit hatte und wie gut es den Bürgern tut, wenn sie etwas Schönes zu sehen bekommen, wenn sie auch die klaren, sauberen Seiten der Gesellschaft wieder wahrnehmen können, wo jahrelang nur Dumpfes, Bedrohliches auszumachen war.

Die Stadtverschönerung schritt vehement voran, begleitet von einer zunächst verdutzten Presse, die sich dann doch, verführt durch das unerschütterlich vorgetragene Selbstbewußtsein des Stadtoberhauptes, zu einer respektvollen Diskussion der Neuen Stadtgründung bequemte. Den Bürgern gefiel es auch. Von der Verschuldung merkt der Normalverbraucher, dem ja keiner Zinsen und Tilgung abverlangt, nichts, und was da für irgendwelches Geld entstand, erinnerte an Kelkheimer Barock oder Knicke im Kissen, jedenfalls brauchte man sich nicht davor zu fürchten. Die Oper strahlte in altem Glanz, sie brachte sogar Geld und Renommee ein, die Brunnen ließen sich sehen, wo immer es möglich war, hatte man die Stadt mit marmornen Häuten überzogen, es war sogar gelungen, eine Baumsorte zu entwickeln, die aus Hundepisse Blätter machen kann. Die Ordnung war eingezogen, der Prunk der Straßen und öffentlichen Gebäude bot eine würdige, selbstbewußte Ergänzung zu den Bankhochhäusern, denen jetzt endlich auch eine gewisse Ästhetik zugestanden wurde, sie dehnten sich ordentlich, denn nun hießen sie Skyline, und das Geschäftemachen war ja endlich vom Ruch des Ausbeuterischen, Unzulässigen befreit.

In sanftem Schwung führt die Zeil willige Verbraucher von Kaufhaus zu Kaufhaus, Straßensänger, Tierdresseure und Feuerschlucker demonstrieren Heiterkeit und Urbanität, und auf der Bronzemonstrosität vor dem Kaufhof spielen Scharen von Kindern und bedecken gnädig das Kunstwerk. Auch sie, die Kunst, hat in ihre Ordnung gefunden, alle zweihundert Meter kauert irgendein steinernes Werk, als sei es für die Ewigkeit. So könnte man denken, daß dieses übelbeleumdete Pseudo-Chicago endlich Ruhe gefunden hat, daß der Strand tief, tief unter sehr viel Pflaster liegt. Man könnte denken, daß die Stadt endlich wagt, sich ihrer selbst und ihrer Bedeutung innezuwerden und zu freuen. Aber das ist ein Irrtum. Schon einmal war dem Stadtoberhaupt einer seiner Befriedungs- und Verschönerungsfeldzüge mißlungen. Das zweite Waterloo steht wahrscheinlich bevor.

Es ist notwendig, sich an die erste Niederlage zu erinnern. Es ging um die sogenannte Säuberung der sogenannten Haschwiese: ein Park in der Innenstadt, in dem für jeden, auch für die Polizei, sichtbar gedealt und gefixt wurde. Es war ein Treffpunkt, der empörte Distanzierung, aber auch Kontrolle möglich machte. Aber das Ordnungsdenken des Oberhaupts ließ ein offenes Fenster zum Elend nicht zu: Das Elend selbst wurde nicht angetastet, nicht einmal wahrgenommen und durchdacht. Es wurde lediglich zur Kenntnis genommen und dann zu einer vermeintlichen Unsichtbarkeit gebracht, das heißt: Der Topf mit dem stinkenden Inhalt wurde über einer möglichst großen Fläche ausgegossen und dünn verstrichen, bis er kaum noch zu riechen war. So wie die Firma Hoechst denkt, ein Fluß sei groß genug, um jedes Gift zum Verschwinden zu bringen, so dachte das Oberhaupt über die Verteilung des Elends in seiner Stadt.

Das mit der Haschwiese, man erinnert sich, ist nicht recht gelungen. Diese finstere Angelegenheit – es geht auch längst nicht mehr nur um Hasch – hat Inseln in der ganzen Stadt gebildet, die Standorte ändern sich, die Mobilität ist größer, die Überwachung, wenn sie denn einen Sinn hat, schwieriger geworden. Unsichtbar ist nichts. Auf Schulhöfen werden Spritzen gefunden. Die Rekrutierung des Konsumentennachwuchses ist straff organisiert. Aber in dem Park, in dem einst der Schandfleck zu finden war, »kann man wieder ruhig spazierengehen«. Hunde und normale Menschen finden hier lärmumtoste Erholung. Um den See ist noch immer ein Gitter.

Nun rüstet das Oberhaupt zur Hauptschlacht, die da heißt: Sperrgebietsverordnung/Säuberung des Bahnhofsviertels! Wiederherstellung der Würde der Frau! (Dieser letzte Schlachtruf wurde relativ spät ausgestoßen, verhallte kläglich und ließ nichts als Erstaunen zurück.)

Zunächst sind die Beteiligten vorzustellen: das Oberhaupt und seine Helfer. Die Prostituierte Margie. Die Tycoons, unsichtbar. Die Tycoons, sichtbar. Ein Oppositionspolitiker. Als Statisterie: Kinder, Kellner, Passanten, Asylanten u. v. a. Die Bühne ist das besagte Viertel. Alle Beteiligten kennen zumindest Teile davon gut, manche kennen das Ganze. Das Oberhaupt kennt gar nichts davon. Deshalb gibt es die Pläne. Den Plänen fehlt die Dimension des Lebens, welches gerade hier der gewünschten Ordnung im Wege steht. Deshalb haben sich Politiker ja seit langem entschlossen, den Auswüchsen und Eruptionen des Lebens tapfere Nichtbeachtung entgegenzusetzen.

Zugleich mit der Auflösung der Szene im Bahnhofsviertel wird die Stadt mit allen rechtlichen Mitteln (Baurecht, Zweckentfremdungsverbot, Gewerberecht, Ordnungsrecht u. a.) verhindern, daß es erneut zu einer Zusammenballung wie im Bahnhofsviertel kommt. Die Sperrgebietsverordnung ist also kein Instrument zur »Verlagerung des Milieus«, sondern ein bedeutender Schritt zum Abbau und zur Verhinderung der Auswüchse. Damit wird auch die heutige Verflechtung von Prostitution, Drogenszene und Kriminalität zerschlagen.

(aus den *Materialien zum Vorschlag …*)

Es geht um Ordnung. Die ordentlichste Form ist das Viereck. Hochhäuser sind viereckig, Computerbildschirme sind es, Anmeldeformulare, Strafzettel. Im Bahnhofsviertel ist, trotz des unaufhaltsamen Vormarsches der Technik, noch zuviel Kurviges, Beunruhigendes, Ausuferndes. Das stört. Aus Margies Tagebuch: »25. 11. 80 – Ich sitze immer noch hier und warte. Die Fl. Sekt ist auch schon alle. Ich überlege, was ich sonst noch machen könnte. Ich will nicht hart arbeiten und trotzdem viel Geld verdienen. Mir ist eins klar. Ich muß etwas erfinden, was alle brauchen können. Das ist nicht einfach. Aber ich bin überzeugt, daß es so was gibt.«

Dies ist das Programm des Viertels, das Programm der Unteren. Die Tycoons dagegen arbeiten hart. Es gibt etwa dreißig Bordellbetriebe im Viertel. Da und bei den Peep-Shows hat das Oberhaupt angesetzt, die Sperrgebietsverordnung kam ins Gespräch. Zuerst war die Opposition ein wenig verschlafen, sie hat es mit der Beurteilung nicht leicht gehabt. Vom Sozialen her darf man Peep-Shows und Puffs natürlich nicht gut finden, und während noch gegrübelt wurde, was man denn dazu denken solle, kam wieder die Sache mit dem stinkenden Topf ins Spiel. Denn wenn die Häuser aus dem Viertel weg sollen, wo sollen sie dann hin? Das Elend

(und es handelt sich hier auch darum, selbst wenn unterfor-
derte Jungdichter in gerade diesem Viertel das Gefühl hatten,
endlich an den Brüsten des echten Lasters zu liegen, und an-
schließend vor Freude die Wörter nicht mehr halten konnten), das Elend also sollte wieder weiträumig verstrichen werden.

Sieben Prozent einer Stadt, heißt es, müßten für »solche Sachen« als Toleranzzonen zur Verfügung stehen. Von den in
Frankfurt als Toleranzzone ausgewiesenen Gebieten sind etwa
70-90 Prozent nicht nutzbar. Das weiß jeder, auch das Oberhaupt. Es ist also eine Scheinalternative, auf den Gleisanlagen
der Bundesbahn soll das Laster einen Platz finden oder in den
überlasteten ärmlichen Gassen hinter dem Bahnhof – denn
das Schönheitsbedürfnis des Oberhaupts endet am Bahnhof,
gerade da. Dahinter aber geht die Stadt weiter. Da gäbe es auch
einiges zu tun – nur wäre es schwer, Glanz hineinzubringen.
So wollen wir die Gegend hinter dem Bahnhof erst einmal vergessen.

Ich kann verstehen, wenn Menschen, die in der Nähe der neu-
en Toleranzzonen wohnen oder zur Arbeit gehen, Besorgnisse
haben. Besorgnisse, daß bei ihnen genau das entsteht, was wir
im Bahnhofsviertel beseitigen wollen und werden: nämlich
jene Mischung aus Drogenhandel, Kriminalität und Prostitution, die das Frankfurter Bahnhofsviertel inzwischen weltweit
zu einer negativen Adresse in Frankfurt gemacht hat. Und ich
möchte an dieser Stelle deutlich sagen, was ich schon anläßlich der Vorstellung der Sperrgebietsverordnung wie auch in
meinem Kommunalpolitischen Situationsbericht ausgeführt
habe, daß wir eine derartige Entwicklung auch an anderen
Stellen nicht zulassen werden und daß wir alle rechtlichen
Möglichkeiten auf dem Gebiet des Bau-, des Gewerbe- und
des Gaststättenrechts nutzen werden, damit die neuen Tole-

ranzzonen nicht zu neuen städtischen Problemgebieten werden.

(aus der Neujahrsansprache des Oberbürgermeisters der
Stadt Frankfurt am Main)

Wegen der plötzlich entdeckten Würde der Frau, auch um die
Muskeln in allen Ehren spielen zu lassen, wurden erst einmal
ein paar Peep-Shows geschlossen. Das hat nicht lange funktioniert, denn das Instant-Sex-Geschäft ist für die Tycoons denn
doch zu wichtig. Einer von ihnen hat seine Bank allwöchent-
lich mit sechzigtausend Markstücken erfreut, brachte sie selbst,
ließ sie zählen. Da wiegt Geld doch noch. Die Peep-Shows waren bald wieder geöffnet, und die aufrechtstehenden Särge für
die Armen waren wieder in Betrieb. Die Frauen ringelten sich
auf ihren roten Kuchentellern (wieder etwas für den jungen
Dichter), und ihre Würde war kein Thema mehr. Sie haben
es sich auch zu Recht verbeten, für diesen unverschämten Be-
gründungsunsinn moralisch herhalten zu sollen. Da Juristin-
nen und Soziologinnen unter ihnen zu finden sind, waren sehr
harsche Entgegnungen zu hören. Eine Zeitlang ist das eine
ganz lukrative Möglichkeit, sagt eine. Scheußlich? Büro ist
auch scheußlich. Schaust du halt nicht hin.

Aus Margies Tagebuch: »15. 12. 80 – Boh, heute war wieder
ein langweiliger Tag. Ich saß tatsächlich 9 Std. umsonst in der
Absteige. Nur die Susi und die Dicke haben angerufen. Es ist
zum Kotzen. Morgen hole ich mir 200 DM ab. Mir ist jetzt
alles egal. Nie habe ich Geld in der Tasche. Ich will mir auch
neuen Schmuck von der Bank holen. Mein Rücken tut auch
schon wieder weh. Ich bin im wahren Sinn des Wortes ein armes Schwein. Außer das Apartment, ab u. zu ein Freier und
Fernsehn hab ich keine Abwechslung mehr. Dabei soll man
nicht verrückt werden.«

Unübersehbar ist, daß das entstandene »Milieu« eine erhebliche Anziehungskraft auf Jugendliche ausübt. Außerdem beginnt sich das »Milieu« in benachbarte Wohngebiete auszudehnen, z. B. durch Straßenprostitution im Westend. Schon aus diesen Gründen muß gehandelt werden.

Außerdem wird die Verflechtung von Prostitution, Drogenhandel und anderer Kriminalität immer dichter und unerträglicher. Das sogenannte Vergnügungsviertel ist zu einem Kriminalitäts »viertel« geworden. Ein derartiger Zustand inmitten der Stadt, sozusagen am »Eingangstor« Frankfurts, kann nicht hingenommen werden.

(aus den *Materialien zum Vorschlag …*)

Die Visitenkarte einer Stadt, das Eingangstor, es ist wesentlich, daß diese Strecke gestaltet wird wie das übrige, selbstbewußt, repräsentativ. Außerdem gibt es gerade dort die schönen alten Gründerzeitfassaden, sie sollen doch nicht durch die aufdringlichen Reklamen verschandelt werden. Auch in den Seitenstraßen ist noch mancher schöne alte Bau zu finden. Es ist ganz unverständlich, daß nicht jeder Bürger diesen mutigen Versuch der Schmutzbeseitigung begrüßt.

Auf Bürgerversammlungen in den sogenannten Toleranzzonen haben sie dem Oberhaupt und seinen Stellvertretern das Leben sauer gemacht. Dabei ist das Oberhaupt überzeugt, daß die Menschen einfach zu egoistisch sind, zu sehr auf ihr eigenes Wohl oder Wehe bezogen. Es fehlt die soziale Leistungsfähigkeit. Und gerade im Gallus – hinter dem Bahnhof nämlich – ist ja eigentlich gar nicht mehr viel zu verderben. Außerdem steigt kein Reisender auf der Rückseite des Bahnhofs aus. Die Kirchen haben sich auch eingemischt. Es existiert eben, sagt ein Pfarrer. Da ist es besser, alles bleibt so, wie es war.

Ich habe eingangs gesagt, ich kann die Besorgnisse verstehen, und ich war und bin bereit, über alle Vorschläge nachzudenken und zu diskutieren. Nur Vorschläge, die allein nach dem St.-Florians-Prinzip: »Bitte überall, nur nicht hier« gemacht werden, kann und werde ich nicht ernst nehmen.

(aus der Neujahrsansprache des Oberbürgermeisters ...)

Hinter dem Bahnhof sind Asylantenabsteigen. In todmüden, fast unbewohnbaren Häusern sehr viele Menschen, die auch todmüde, still, manchmal in Wut ausbrechend dort warten. Es sind schöne Gründerzeitfassaden. Die Kinder arbeiten vor dem Bahnhof, in der Glitzerstraße, in den matteren Nebenstraßen. Manche von ihnen gehen auf den Strich. Man kann es sehen. Man muß sich nur tagsüber hinstellen und hinsehen. Ich mache das für meine Schwester, sagt einer, der zwölf ist, vielleicht jünger. Es ist nachmittags. Die will keiner mehr, sagt er. Sie fixt. Dann geht er weg. Es gibt in Frankfurt keinen Babystrich, sagt mir ein Beamter. Natürlich gibt es das, sagt ein anderer. Das gibt es nur in Berlin, sagt der eine. Es sind viele Ausländer, sagt der andere, da sind die Kinder früher reif. Sie haben auch eine andere Mentalität. Seine Schwester sei sechzehn, sagt der Junge, und süchtig. An manchen Abenden ist das Durchschnittsalter derer, die man ganz oben auf der Prachtstraße, gegenüber vom Bahnhof, herumstehen sieht, um die sechzehn. Das muß weg. Wohin? Aber offiziell geht es ja nur um die Bordelle.

Zwei Jungen halten einen dritten an den Oberarmen fest. Es ist zehn Uhr abends. Ein dritter gibt ihm eine Injektion. Touristen lärmen vorbei. Der Junge hängt zwischen seinen Freunden wie eine vertrocknete Pflanze. Etwas später sehe ich ihn lachend weitergehen. Das muß weg. Früher war es auf der Wiese, früher, da wurde auch noch nicht so viel gespritzt. Wen immer man im Viertel fragt, wem immer man begegnet, vorausgesetzt, die Betreffenden haben grade eine redselige Stunde, kommt auf Drogen, auf H, auf Schnee, auf Tabletten. Von Hasch habe ich gar nichts mehr gehört. Die Drogen sind nicht, wie der Fast-food-Sex, mit Markstükken zu bezahlen. Die Tycoons wissen nichts von Drogen. Sie haben große Liegenschaften im Viertel, in manchen sind Bordellbetriebe, warum auch nicht. Eines ist jetzt geschlossen worden, das ging ganz schnell. Nun, sagt der Anwalt des Tycoons, man kann da dreißigtausend Mark rausholen. Also muß man etwas finden, wo man wieder dreißigtausend – oder dreimal zehntausend – Mark rausholen kann. Die Summe ist lächerlich. Für dreißigtausend würde ein Tycoon nicht mal einen Schlüssel rumdrehen. Aber egal: Es geht im ganzen Viertel, auch im Umgang der Politiker damit, sowieso um Symbole.

Im Gegensatz zu den Verhältnissen in den meisten anderen Städten sind im Frankfurter Bahnhofsviertel die allein der Gewerbsunzucht dienenden Betriebe und sonstige Vergnügungsstätten (Barbetriebe, Peep-Shows, Spielhallen, Sexkinos, Sexläden) eng konzentriert und miteinander verflochten. Dadurch werden wiederum die Außenwirkungen und damit die Sichtbarkeit der Prostitution ganz erheblich gesteigert. Dies zieht nicht nur in besonderem Maße Jugendliche an, sondern beeinträchtigt vor allem auch die Schüler zweier in unmittelbarer Nähe gelegener Schulen (Karmeliterschule, Moselstraße 11; August-Henze-Schule, Gutleutstraße 38). Schließlich erreichen täglich 250 000-300 000 Schüler, Auszubildende und Berufspendler die Stadt Frankfurt am Main über den Hauptbahnhof. Sehr viele davon müssen ihren Weg zum Ausbildungs- oder Arbeitsplatz durch das Bahnhofsviertel nehmen und werden deshalb ständig ungewollt mit dem dortigen Milieu konfrontiert. Die angeregte Sperrgebietsverordnung nimmt die Prostitution aus diesem Bereich heraus und schützt künftig die beschriebenen Personenkreise. Daß zugleich die sonstigen hinreichend bekannten und nicht länger hinnehmbaren Zustände im Bahnhofsviertel allein durch die Aufhebung des engen Verbundes von Vergnügungsstätten gebessert würden, sei nur am Rande erwähnt.

(aus einem Brief des Oberbürgermeisters an den Regierungspräsidenten in Darmstadt vom 5. 4. 1984)

Es kann gelingen, sagt das Oberhaupt. Außerdem soll neuer Wohnraum im Viertel entstehen, wirklich guter, neuer Wohnraum. Es sind ja auch so schöne Gründerzeitfassaden. Gewerbliche Nutzung wird genehmigt, sagt einer vom Bauamt, also gewerbliche Nutzung werden wir genehmigen. Dafür kommt man uns dann in anderen Dingen entgegen. Das Oberhaupt träumt weiter, zäh, beharrlich und stark, weil es nicht weiß, wie das Stück Stadt aussieht, um das seine Träume kreisen: Wahrscheinlich träumt er von der Zürcher Bahnhofstraße, es wäre doch gelacht, wenn wir so was hier nicht zustande brächten. Die Atomisierung des Lasters führt zu dessen Beseitigung. Und es werden Banken und Anwälte, Gesellschaften und Repräsentanten rechts und links die Prachtstraße säumen. Warum nur hat die Zuhälterei einen so schlechten Ruf? Waffenhändler und -produzenten, deren Banker und Berater sind hochgeachtete Leute. Die sollen dahin, hinter die schönen Gründerzeitfassaden.

Das Bordell ist geschlossen, die Leuchtschrift abmontiert. Was ist mit den Frauen? Das geht doch uns nichts an! sagt der Anwalt des Tycoons. Schon wegen der scheußlichen Ausbeutung der armen Ausländerinnen, sagt ein Stellvertreter des Oberhaupts, müßte dem Bordellunwesen ein Ende gemacht werden. Die Atomisierung führt zur Beseitigung? Aber wovon sollen sie leben, die ausgebeuteten, armen Ausländerinnen? Es wird den Straßenstrich wieder geben, das ist ein beachtlicher Fortschritt in der Vermenschlichung des Lasters.

Beim Regierungspräsidenten in Darmstadt liegt die Entscheidung. Der Regierungspräsident macht es sich sicher nicht leicht. Allerdings wird er nicht durch Detailkenntnis gestört, die Pläne sind, wie gesagt, viereckig und sowohl geruchals auch geräuschlos.

Der vorgelegte Entwurf steht bezüglich des Verbots der Prostitutionsausübung im Bahnhofsviertel nicht in rechtlichem Widerspruch zur bisherigen Rechtsprechung des Hessischen Verwaltungsgerichtshofes. Zwar hat dieser in seinem Urteil vom 03. 03. 1983 – VIII N 5/81 – auf Seite 19 ausgeführt, daß besondere Anforderungen an die Ausweisungen von Toleranzzonen zu stellen seien, wenn es sich bei einem künftig für die Prostitution gesperrten Bereich »um ein seit Jahren gewachsenes, ausgedehntes Vergnügungsviertel mit zahlreichen Dirnenunterkünften handeln würde«. Diese tatsächlichen Voraussetzungen erfüllt das Bahnhofsviertel jedoch nicht. Zwar waren dort schon seit langem Vergnügungsstätten wie Bars usw. angesiedelt, das erste Bordell wurde jedoch erst 1969 eingerichtet und die übrigen kamen sogar erst in den siebziger Jahren hinzu. Im übrigen kann im Hinblick auf die inzwischen eingetretenen Ausuferungen und den großen Anteil von ständig wechselnden Betroffenen (Schüler, Auszubildende) nicht von dem in dem o. a. Urteil dargestellten Gewöhnungsprozeß bei diesen die Rede sein.

(aus einem Brief des Oberbürgermeisters ...)

Morgens um halb vier steht eine sehr alte, freundliche Prostituierte in einer Kittelschürze vor Maier-Gustls Oberbayern. Na, sagt sie, alles Gute! Kommt gut heim! Und zu sich selber sagt sie leise: Ich hab ja Zeit. Mann, hab ich viel Zeit!

Im Frankfurter Bahnhofsviertel leben viele Ausländer. Im Frankfurter Bahnhofsviertel gibt es schöne, kleine Läden, Gemüse leuchtet aus Körben, es riecht nach türkischem Kaffee und scharfem griechischem Käse. Es gibt viele gute Friseure im Frankfurter Bahnhofsviertel, und noch haben sie zu tun. Ein großer Fleischspieß läßt einen den Wunsch haben, morgens um fünf noch mal zu Abend zu essen. Ganz hinten, in einem Hinterhof, liegt das Gaycenter. Jetzt hat es geschlossen. Es stehen auch keine Jungen im Hof. Daneben ist ein Lohnsteuerbüro für Ausländer. Sie werden dort betrogen, mit den viereckigen Formularen. Es gibt auch bei ihnen Tycoons. Das Lohnsteuergeschäft ist eine kleinere Sache. Hehlerei, Spiel, Prostitution, Drogenhandel. Die Mafia hat Dependancen. Bei bestimmten Schickeria-Wirten kann man sie anschauen. Sie sind von Bankern aus den Partnerstädten nicht ohne weiteres zu unterscheiden. Aber wer würde das alles schon aufstechen wollen, je höher, je ehrbarer? Irgendwann machen sie dann Stiftungen, vielleicht für die Universität. Geld wäscht sich selbst.

Aus Margies Tagebuch: »15. 12. 80 – Bis jetzt war noch kein Freier da. Aber gleich kommt der alte Werner und die E. Wenigstens etwas. Habe ich den Friseur für morgen raus. Es ist kurz nach 7 in der Früh. Gestern war dann noch der blöde K. da. So hatte ich wenigstens 200 DM. Ist aber auch lächerlich für diese Woche.«

Die Mehrzahl aller Bewohner des Viertels haben es ähnlich schwer wie Margie, an Geld zu kommen. Dieser Dschungel, dieses Gestrüpp von Halblegalem, Illegalem, von Unübersichtlichem und Düsterem muß einem Stadtoberhaupt zuwider sein, schon weil er es nicht kennt und nicht versteht. Jede Art der Anarchie ist eine Gefahr, eine Herausforderung, ein Sumpf. Man muß das Laster, da der Teufel es ja in die Welt gesetzt hat, in ordentliche, möglichst lukrative Bahnen lenken. Es soll unauffällig sein, gemütlich wie der teuerste Puff des Viertels, der ganz und gar eingerichtet ist wie ein Wohnzimmer der oberen Mittelschicht: Dann hat man nichts dagegen. Nur grell, nur wild, nur laut darf es nicht sein, das verschreckt den Bürger, auch wenn er sich insgeheim danach sehr sehnt. Die strengen Dominas mit Studio, die Damen, die bizarre Dienste anbieten, werden immer mehr. So sucht sich der Teufel doch immer wieder einen Eingang. Aber nicht in die schönen Gründerzeitfassaden, da will man für ein »gehobenes Einkaufen« sorgen. So steht es jedenfalls in den Zeitungen, bei denen im übrigen eine deutliche Distanz zu den Plänen des Oberhaupts zu spüren ist. Selbst die deutsche Regierungszeitung *Bild* ist nicht ganz überzeugt von der Richtigkeit des Reinigungsprogramms. Aber das Oberhaupt weiß: Auch bei der Alten Oper haben sie erst über das viele Geld gemault, und jetzt stehen sie doch geblendet davor und fühlen sich miterhoben von der Pracht des Hauses. Und auch die Schmähungen über die Lebkuchenhäuschen auf dem Römerberg wurden leiser, als zum erstenmal die Lichter des Weihnachtsmarktes schienen und man sich zurückversetzen durfte in Goethes Zeit. Der Bürger gewöhnt sich unter einem strengen Herrscher an Schönheit, ja, er beginnt sie sogar zu lieben, ihrer zu bedürfen. Der Herrscher muß nur weitblickend und charakterfest genug sein. Und genauso wird es mit der Kaiserstraße, mit ihren Nebenflußstraßen sein. Eines Tages werden sie ihm danken, die, die dann »gehoben einkaufen« können, die von ihren Büros aus auf elegante Menschen schauen und nicht mehr auf kotzende Säufer und verkrümmte Jugendliche, zahnlos und mit zerstochenen Venen. Die eine oder andere Bar wird es natürlich geben, Amüsement muß ja sein, aber der Menschendreck wird weggewischt werden: Wohin?

... außerhalb des Bahnhofsviertels gibt es Bordelle ohne entsprechendes Umfeld, von denen praktisch keine Störungen ausgehen (z. B. Oskar-von-Miller-Straße; Breite Gasse). Diese Feststellung deckt sich mit den Erfahrungen der Polizei, wonach die »isolierte« Bordellprostitution so gut wie problemlos ist und auch wesentlich weniger Anziehungskraft ausstrahlt. Auflagen im Hinblick auf Gestaltung und Außenwerbung von Bordellen und ähnlichen Betrieben werden ein weiteres tun. Es muß auch ganz besonders hervorgehoben werden, daß die angestrebte Dezentralisierung naturgemäß zu einer Verteilung der Besucher, die sich im Bahnhofsviertel insbesondere wegen der Ballung von Vergnügungsstätten derzeit konzentrieren, führen und damit zur weiteren Beruhigung beitragen wird. Außerdem zieht das Bahnhofsviertel schon wegen seiner zentralen Lage und günstigen Erreichbarkeit mit Bundes- und S-Bahn nicht unerhebliche Besuchermengen aus dem Umland Frankfurts an, von denen später viele ausbleiben werden; gemäß einem Urteil des Kasseler Verwaltungsgerichtshofes vom 25. 4. 1983 (NJW 1984, S. 505 ff.) muß die Verordnung Bedürfnissen des Umlands nicht Rechnung tragen.

Letztendlich wird das Verbot für das Bahnhofsviertel nicht zu einem neuen Verstoß gegen das Kasernierungsverbot durch Zusammendrängung von Dirnen an anderer Stelle führen. Im Bahnhofsviertel hielten sich bei einer Zählung vom 14. 3. 1984 ca. 500 Dirnen auf. Diese Zahl wird sich im Falle der Dezentralisierung schon wegen der vorgeschilderten verringerten Nachfrage aus dem Umland wesentlich reduzieren. Für die verbleibenden Prostituierten ist genügendes Raumangebot vorhanden, zumal in den angeregten Toleranzzonen zum vorgenannten Zeitpunkt nur rund 50 Dirnen gezählt wurden.

(aus einem Brief des Oberbürgermeisters ...)

Die Tycoons, hört man, haben gar nicht so viel gegen diese Pläne. Sie haben mit der Nutzung ihrer Liegenschaften sehr viel Geld gemacht. Nun sind sie ruhiger geworden, wollen auch den Zugang zu anderen Kreisen. Kurz, auch mit dem Seriösen läßt sich Geld machen, es kostet weniger Aufregung, es braucht das Zwielicht nicht. Was ist das Seriöse? Es ist das, was mit dem Sexuellen nichts zu tun hat. Import-Export, beispielsweise, ist seriös. Oder das Warentermingeschäft. Die Vermittlung von militärischem Know-how an Länder der Dritten Welt. Der Verkauf unbrauchbarer Bewässerungsanlagen, vorfinanziert von der Regierung, an ein afrikanisches Land. Es lassen sich viele Beispiele seriöser Nutzung des Bahnhofsviertels nennen.

Aus Margies Tagebuch: »27. 3. 81 – Bin in letzter Zeit immer so müde. Dabei habe ich gestern abend nur Tee mit der Dicken getrunken. Der Mario war wieder da. Er wollte eigentlich was machen, aber die Dicke war ihm zu fett. Der H. hat zu spät angerufen. Ich habe schon geschlafen. Es sieht wieder schlecht aus mit meinem Geld. Diese Woche war ganz mies 400 M. Scheiße. Aber vielleicht ist heute was. Bin schon wieder hier. War natürlich nichts los. War mit der I. heute abend noch im Wald. Es hat dort ganz toll gerochen. Vielleicht kommt heute nacht der H. Es stinkt mir zwar, aber ich habe kein Geld mehr.«

Dieses Viertel kennt nur Bewohner, Blutsauger und Voyeure. Die – selbsternannte Kenner – gibt es wie Sand am Meer. Solche, die ihre Pubertätsromantik austoben, wie solche, die sich mit der innigen Freundschaft der Zuhälter brüsten. Es gibt Anwälte, Polizisten, Pfarrer, die das Viertel »wie ihre Westentasche« kennen. Aber das ist schwer zu glauben. Sie entgehen alle den Klischees nicht, die sich an jeder Ecke in den Weg stellen. In jede Wildnis kann man die eigene Phantasie, die eigenen Ängste oder Wünsche schicken. Die Zürcher Bahnhofstraße erscheint wohl niemandem so anregend, so die Neugier beflügelnd. Das gehobene Einkaufen ersetzt eben doch nicht alles, sosehr dies im Interesse des Oberhaupts wäre.

Der Schnellimbiß an der Kaiserstraßenecke müßte dann auch weg. Denn er ist ganz und gar nicht gehoben, wenn auch umsatzträchtig, und das macht den Stadtoberen sicher Kopfzerbrechen, denn das wissen sie auch: Man kann natürlich nicht nur mit dem Gehobenen Geld verdienen und Steuern einnehmen, gerade das Niedere erweist sich oft als lukrativer. Der Schnellimbiß ist eine Krippe, das Wasserloch, an dem sich die wilden Tiere nachts drängen. Das Bild zu kühn? Stimmt schon, sie stehen Schlange, gegen zwei, halb drei Uhr nachts manchmal bis auf die Straße. Oft aber begegnen sich zwei Arten, die sich nicht mögen – dann gibt es schnelle, schrille Kämpfe, richtige Beißereien, die allerdings von den Köchen und Kellnern genauso schnell beendet werden. Es gibt riesige Schnitzel, Pommes frites. Viele trinken Kaffee, die Frauen stehen stumm mit Pikkofläschchen am Tresen, bevor sie wieder hinausgehen. An vielen Tischen sitzen sich Männer gegenüber, die intensiv in ganz verschiedenen Sprachen aufeinander einreden. Einer erzählt seinem Gegenüber (und der antwortet freundlich in irgendeiner afrikanischen Sprache und versteht kein Wort) die schlimmen Dinge, die ihm widerfahren sind, als er nach Kanada ausgewandert war und ausgerechnet die Polizei ihm seine ersten selbstverdienten Dollars gestohlen habe, und wie sie ihn dann mit seinem Kumpel abgeschoben hätten, zurück nach Deutschland, wer wolle denn da schon hin? Er bestimmt nicht, aber da sei er nun, und jeder könne sehen, was aus ihm geworden sei. Er regt sich auf, wird ein bißchen lauter, und der Afrikaner hört auf zu essen und legt tröstend seine Hand auf die des Kanada-Fahrers. Aber da kommt einer von den Kellnern, nimmt ihm das halbvolle Bierglas weg, sagt leise: Das reicht. Geh jetzt heim. Ich hab das bezahlt, sagt der andere störrisch, ich habe alles bezahlt. Macht nichts, sagt der Kellner, das war genug. Geh. Der Mann läßt die Schultern nach vorn fallen, gehorcht. Er zieht ein paar Tüten unter seinem Sitz hervor und geht. Der Kellner wischt den Tisch ab. Der Afrikaner ist verdutzt und ißt weiter. Allnächtlich werden hier Gefühle ausgetobt, aber es muß leise bleiben. Die Kellner sorgen dafür, daß die Gefühle nur geflüstert werden. Über die älteren Frauen, die hereinkommen, wird viel gelacht. Eine, die jede Nacht da ist, wie die Kellner sagen, sieht aus, wie man sich Maupassants »Fettklößchen« vorstellt, die Hure mit Herz, die vor hundert Jahren in einer Kutsche ihr Essen mit den sie verachtenden Spießern teilte. Genau so sieht diese Frau aus, ganz rund, ohne Hals, fest gepanzert unter einem violetten Seidenkleid. Sie teilt ihr Essen mit niemandem, denn sie spürt, wie sie belächelt wird, und schaut schnell hin und her, wie um jemanden beim Lachen zu erwischen. Später steht sie nicht weit von der Freßecke entfernt auf der Straße und schaut vor sich hin.

Man kann sich ihre Kundschaft gar nicht vorstellen, denn an der gleichen Ecke staksen ganz junge Mädchen in Minis herum, Beine bis zum Hals, und machen mürrisch Männer an, sie brauchen nicht kokett zu sein, so jung sind sie. Wenn ein Polizeiauto herbeischleicht, sieht man keine mehr. Fettklößchen aber steht, tapfer und gepanzert, und schaut in den braunen Himmel, die Lichter machen ihn braun. Ganz früh morgens wird er dann blau, und wenn man den Kopf in den Nacken legt und die Giebel der Straßen entlangschaut, ist man wirklich in einer ganz anderen Stadt. Die Karyatiden halten kleine Balkons, und die Kupferdächer der Türmchen schimmern grün gegen den Morgenhimmel. Jetzt müßten noch die sanften Besenstriche der Straßenkehrer ins Bild kommen, aber dann wird's zuviel, obwohl es sie gibt, natürlich. Nie käme jemand auf die Idee, ein Lied »Francfort s'eveille«

zu komponieren, immer nur bei Paris darf man das. Und dabei ist es doch ganz schön schön. Was nutzt es, die Standardisierung, die Brutalisierung der Begierden zu beklagen? Es hat immer seine Zeit gedauert, bis aus den »Vierteln« endlich die Romantik gekeltert wurde. Singapore zur Jahrhundertwende, Berlin in den Zwanzigern, Paris in mehreren Epochen, aber jetzt auch nicht mehr. Wenn hier die Austreibung erst erfolgt ist, wird man sich erinnern. Vielleicht sehnsüchtig. Ganz sicher falsch.

Insbesondere wird entgegen anderslautenden Mutmaßungen und Befürchtungen die Herausnahme der Prostitution aus dem Bahnhofsviertel nicht zu einer »Verlagerung« des genannten Milieus mit allen dort jetzt anzutreffenden Begleiterscheinungen führen. Während im Bahnhofsviertel die Prostitution in ein bereits bestehendes, zudem zentral am Hauptbahnhof gelegenes Vergnügungsviertel hineingedrängt wurde, wird sie künftig nur in Gebieten zulässig bleiben, in denen diese Grundvoraussetzungen für entsprechende Ausuferungen nicht vorhanden sind. Außerdem wird die Stadt Frankfurt am Main mit allen zu Gebote stehenden rechtlichen Mitteln auch die nachträgliche Ansiedlung von Begleitbetrieben in der Umgebung künftiger Bordelle oder bordellähnlicher Betriebe verhindern. Zu diesem Zwecke werden derzeit Bebauungspläne erarbeitet, die in diesen Bereichen die Errichtung von Nachtbars mit sexbezogenen Darstellungen, Sexläden und -kinos sowie Spielhallen verbieten werden.

(aus den »Materialien zum Vorschlag …«)

Aus Margies Tagebuch: »21. 9. 83 – Der blöde Wixer W. aus G. war da. Er hat mich doch glatt um 50 DM beschissen. So ein Schwein. Wenn er glaubt, er könnte mit mir Schlitten fahren, nur weil es mir im Moment dreckig geht, hat er sich aber schwer geirrt. Ich nehme ihn sowieso nicht mehr. Er ist mir zu alt, und er riecht auch alt. Außerdem hat der Mundgeruch. Aber viel mieser ist sein Charakter. Aber ich werde es ihm schon heimzahlen.«

Wenn man an die Möglichkeit glaubt, eine Stadt durchzuplanen, keimfrei zu machen, zu kontrollieren, wenn man daran glaubt, daß es moralische und unmoralische Arten des Geldmachens gibt und nicht nur ein und dieselbe, wenn man sicher ist, daß die harten Marmorhäute, die über die Stadt gezogen worden sind, das Aufkeimen von Unkraut dauerhaft verhindern können – dann ist das Konzept ganz richtig. Vielleicht gelingt es mit der Zeit, den dazu passenden Bürger zu züchten. Der Oppositionspolitiker sagt ja auch, daß hinter diesem ganzen unsinnigen Plan eindeutig ein moralischer, kein wirtschaftlicher Gedanke stehe. Und ein ästhetischer. Das Menschliche ist einfach nicht hübsch genug, nicht sauber genug.

Dem Oberhaupt ist nie der Gedanke gekommen, es müßte bei der Veränderung eines Viertels um die Leute gehen, die es bewohnen und benutzen. An die wird nicht gedacht. Sie sollen evakuiert werden, und ansprechenderes, funktionableres Menschenmaterial soll an ihre Stelle treten.

Wenns ihn nicht gäb, man müßte ihn erfinden

Spätestens jetzt, da er seit Monaten die Bestsellerlisten anführt – und selbst seine erbittertsten Feinde keinen rechten
Ansatz finden, um diese Tatsache zu schmähen –, spätestens
jetzt also wird jedem klar, daß er die Scharen seiner Gegner,
Spötter und Verächter irgendwie erschöpft und ausgebrannt
hinter sich gelassen hat. Die sattsam bekannten Parodien klingen mau. Die Schreie, daß an ihm die deutsche Literatur zu
leiden habe, werden leiser und verhallen schließlich ganz. Eigentlich fällt niemandem mehr so recht ein, wie man die Gegnerschaft zu ihm saftig und reich instrumentiert vorführen
könnte. Er hat sein Publikum, ein für allemal. Und es ist so
merkwürdig zusammengesetzt, dieses Publikum, daß er sich
einer Schar von Bewunderern immer sicher sein kann. Wenns
grade jene nicht sind, nimmt man eben diese. Einmal hat er
mir erzählt, in Hamburg habe ein Taxifahrer (und er scheut
sich gar nicht, einen Taxifahrer in einer Erzählung auftreten
zu lassen, was man doch schon lang nicht mehr darf!) – also
ein Taxifahrer habe sich zu ihm umgedreht und gesagt: Sie
sind doch der Kritiker? Das hat ihm gefallen. DER KRITI
KER – viel schöner als Papst. Der klerikale Geruch ist nichts
für ihn. Jüngst hat man ihn eingeladen zu einem Gespräch mit
Bischof Lehmann, natürlich die Letzten Dinge betreffend. Da
gehe er nicht hin, hat er verkündet. Denn er könne nur sagen:
Daran glaube ich nicht! und das sei für ein Gespräch doch ein
bißchen wenig. Wenn man ihn in den letzten Monaten hörte
oder auch nur am Rande das Pensum mitbekam, das er zu bewältigen, nein, das er sich lustvoll aufgeladen hat! – mit Auftritten, Lesungen, Vorträgen, Drehterminen, Interviews –,
dann wurde auch einem zwanzig Jahre jüngeren Menschen
schwindelig. Jetzt, jetzt erst, nach so vielen Karrieren, das

ist mein Eindruck, hält er Ernte. Jedes einzelne Stück Aufmerksamkeit nimmt er wahr, sammelt, ordnet ein, vergißt nicht. Er registriert jetzt, nach dem Erfolg seiner Autobiographie, auch das Schweigen. Das Schweigen derer, denen er leidenschaftlich zugehört hat, einen großen Teil seines Lebens. Denen er Aufmerksamkeit, Arbeit, Begeisterung und Kummer hat angedeihen lassen. Jetzt, da er sich ihnen ebenbürtig erwiesen hat, kein Dienender, keiner, der »verhungern müßte, wenn es sie, die Schriftsteller, nicht gäbe« – wie Grass das einmal sagen zu müssen glaubte –, jetzt schweigen sie, natürlich. Keiner hat ihn willkommen geheißen auf dem geliebten Papierschiff Literatur. Das kränkt ihn. Bei allen öffentlichen Gratifikationen, die ihm jetzt, nicht nur anläßlich seines achtzigsten Geburtstags, in so reichem Maße zuteil werden, vergißt er seine unerfüllten und vielleicht auch seine unerfüllbaren Wünsche nicht. Die unerfüllten: Das ist die Liebe derer, denen er sein Leben gewidmet hat – natürlich war das für die von ihm Wahrgenommenen und Beurteilten nicht immer ein Vergnügen. Manche Wunden, die er geschlagen hat, sind zu seinem größten Erstaunen noch ein Vierteljahrhundert später nicht verheilt. Wobei auch sein Schweigen Wunden verursachen kann, wie mir scheint, noch schlimmere: Eiternde Schürfwunden. Nach einer gräßlichen Philippika, die ein recht bekannter Kollege mal auf ihn gehalten hatte, lieferte der Betreffende mit verzerrter Miene den Grund nach: Er hat nie über mich geschrieben!!! Meine Bemerkung, da könne er doch eigentlich froh sein, wurde nicht freundlich aufgenommen. Auch so ein Phänomen: Man kann in welcher Gesellschaft auch immer sein, in gänzlich literaturfernen, man kann, einen Banker als Tischherrn, verzweifelt nach einem Thema suchen: Er ist eins. Überall. Immer. Manchmal hatte ich den Eindruck, es gäbe Menschen, die nur darum gelegentlich in ein Buch schauen, um über ihn mitreden zu können. Jeder glaubt, seine Sprache nachmachen zu können. Manche können es auch, sogar erstaunlich gut. Reich-Ranicki selber liebt es, parodiert zu werden, und lacht sich sogar über die noch kaputt, die bestenfalls Kreisklasse sind. Wir sind, Sie merken es, immer noch bei der Beschreibung eines Phänomens, und ich fürchte, die Beschreibung wird allemal die Analyse einholen und überwältigen. Er trägt Anekdoten mit der gleichen Selbstverständlichkeit wie ein Baum Blätter. Jeder kann sich bedienen, und jeder tut es. Und dabei – man darf das nicht vergessen – geht es ihm um Literatur, die seltsam haltbare, papierene Mauer, die vor der Barbarei und dem MENSCHENMÖGLICHEN schützt. Er hat das Menschenmögliche kennengelernt und es jetzt, mehr als ein halbes Jahrhundert später, aufgeschrieben. Seine und seiner Frau Tosias Geschichte, die im Warschauer Ghetto ineinanderkommt und bis auf den heutigen Tag ineinander geblieben ist. Mit dem Ghetto ist es eine schwierige Sache: Einerseits ist es ihm zu verdanken, Reich-Ranicki, daß jetzt zumindest seine Leser, und das sind viele, wissen, was das Ghetto war. Eine Achtzehnjährige sagte mir, sie könne sich alles ganz genau vorstellen – und ich habe ihr, die im Leben nicht den Schatten von Demütigung oder Verfolgung erfahren hat, geglaubt. Andererseits war das Ghetto für ihn ein aufgezwungener Ort, nicht, wie er immer wieder seinen gutmeinenden Interpreten zornig versichert, der Ort seiner Sozialisation, der Ort, aus dem sich alles Spätere begründen läßt. Ihn verband und verbindet nichts mit der jüdischen Religion – die Orthodoxie ist ihm ein Greuel. Stetl-Romantik, eine besonders haltbare, weil folkloristische Variante des deutschen Philosemitismus, verabscheut er zutiefst. Ihn interessieren die Juden der Schrift, der Kultur, der Musik, der Aufklärung. Und so ist der Ort, von dem aus er sich anschauen läßt, das Berlin seiner Jugendjahre, mit seinen Theatern und den preußischen Gestirnen der Literatur, Kleist und Fontane. Seine Schauspieler hießen Gründgens, Käthe Gold, Paula Wessely, Werner Krauß. Das Abitur konnte er am Fichte-Gymnasium noch machen – dann, kurz vor der sogenannten Reichskristallnacht (er benutzt das Wort auch) wurde er deportiert. Ich möchte hier nicht seine Biographie nacherzählen, denn die kann und sollte man lesen. Aber es gibt ein paar Erlebnisse, wo mein eigener Augenschein, der Versuch, dieser Vergangenheit auch bildlich habhaft zu werden, eine Rolle spielen. Zum Beispiel die Suche nach seinem Geburtshaus in Włocławek. Es war ein ziemlich scheußlicher, nasser Tag im Frühjahr, Włocławek liegt an der Weichsel, das erste, was ich sah, war eine kleinere Kirche, ein hübsches, gepflegtes altes Bauwerk. Die Kirchen sind in Polen immer tipptopp in Schuß, gestrichen und geputzt, sie heben sich dadurch von ihrer Umgebung ziemlich ab. Reich-Ranicki hatte mir vorher von der »großen Kathedrale« erzählt, auch in seinem Buch kommt sie vor. Der Kinderblick, die Kindererinnerung, wie immer. An sein Geburtshaus – ein ehemals schönes, großbürgerliches Haus – konnte er sich als Bild gar nicht erinnern. Auch nicht an das Bild eines wirklich todtraurigen Steinengels, der an der rechten Eingangsseite angebracht ist und dreinschaut, als wüßte er alles, was kommen würde. Spurensuche: manche haben mich wahrscheinlich mehr beeindruckt als ihn. Natürlich haben der grade mal Mittzwanziger Reich und seine Frau Tosia nach der fürchterlichen Zeit im Ghetto und der nicht minder schwierigen Zeit im Versteck in Warschau und nach ihrer Befreiung nicht der Erinnerung gelebt – niemand, der einer Hölle entkommen ist, tut das. Die völlig zerstörte Warschauer Altstadt wurde sofort nach dem Krieg rekonstruiert, man konnte das, weil Canalettos Stadtbilder gerettet worden waren. Warschau – das war eine unglaubliche Leistung – gab sich sein Herz zurück. Stalin fügte seine architektonischen Geschenke, so den monströsen Kulturpalast, für das Brudervolk hinzu. Noch mehr als zehn

Jahre wird das Ehepaar in Warschau bleiben, mit einer Zwischenzeit in London, wo Reich-Ranicki als polnischer Konsul arbeitet, eine Zeit, der viele Jahre später deutsche Journalisten eine Menge Aufmerksamkeit widmen – zu verführerisch war die Möglichkeit, dem Papst mit den Recherchen über seine Geheimdiensttätigkeit beizukommen. Das Ungute an all diesen Berichten, Spekulationen, Zeugenbefragungen – unter diesen »Zeugen« ziemlich zwielichtige Figuren – erschien mir, daß keiner sich die Mühe gemacht hat, den Bedingungen dieser Zeit wirklich nachspüren zu wollen. Da wurden ex post Dinge be- und verurteilt, über deren Zustandekommen sich keiner verstehende Gedanken machen wollte. Er hat dann in seinem Buch drüber berichtet, knapp, und jetzt mag er nicht mehr drüber reden, mit jenem resignierten Ausdruck, der besagt: Ihr wißt nicht, wie es damals war. Sein Weg nach Westen, mit wenig mehr im Gepäck als seiner Kenntnis der deutschen Literatur, geriet zu einem unaufhaltsamen Aufstieg. Er ist von Beginn an jener Typ des Kritikers gewesen, dessen Polarisierungslust und -fähigkeit seine Vorbilder – Börne, Kerr, Polgar und noch manche andere – nie verleugnet hat. Aber dadurch war er von Beginn an ein Außenseiter, ein Außenseiter mitten im Geschehen, überall, wie er sagt, ein wenig fremd. Aber ohne Umwege einer, der seine Sichtbarkeit und Unverwechselbarkeit annahm und mit ihr spielte. Subjektiv, schnell, apodiktisch. Die zögerlich-betuliche Art, mit der manche seiner Kollegen das Publikum am Prozeß der Urteilsfindung, am Schärferstellen der Linse beteiligen, konnte er noch nie leiden. Sich und seine Präferenzen als Maß der literarischen Dinge zu nehmen, hat ihm sattsam bekannte Feinde eingebracht, aber auch Bewunderer und kritische Freunde. Man regte sich über ihn auf, aber man langweilte sich nicht mit ihm. Die Langweile ist seine Todfeindin. Das gab und gibt ihm eine gewisse Unruhe, eine produktive Unruhe, die für viele den Umgang mit ihm etwas anstrengend macht. Immer will er wissen, was es Neues gibt. Soviel Neues, wie er sich wünscht und verkraften könnte, gibt es aber nicht. Der Dorfteich Literatur soll immerfort Wellen schlagen, und wenn er es nicht tut, muß man eben dafür sorgen. Was hat er nicht alles installiert, initiiert, mit seinem Jargon, seiner Farbigkeit, seinem Stempel versehen! In der Gruppe 47, im frühen Fernsehen – oh selige Zeiten, in denen zum Beispiel er mit Hans Mayer und Fritz Kortner fast achtzig Minuten einfach reden konnte, in denen einem Zwiegespräch mit Ludwig Marcuse einfach zwei Stunden zugehört und vor allem zugesehen werden durfte! Nie hat er beim beliebtesten Intellektuellenspiel »Das Fernsehen ist der Tod der Literatur, des geistigen Lebens, wir persönlich haben gar keinen Fernseher!« mitgetan. Da war ein Potential, das hat er früh erkannt und genutzt – und es dann in seiner langen Zeit als Literaturchef der *FAZ* genommen wie eine Option auf die Zukunft NACH der Zeitung! In hundert Jurys hat er gesessen, von intern bis sehr öffentlich, Klagenfurt, der Ingeborg-Bachmann-Wettbewerb, war ohne ihn gar nicht denkbar. Keiner, der es je gesehen hat, wird jenes ferne Grollen vergessen, jene Pumpbewegungen, die dramatischen Griffe ans Haupt und dann die Gewitter, als Segen oder Fluch. Ich erinnere mich an einen bedauernswerten Menschen, vergessen längst sein Name, dem er mitteilte, in seiner Prosa regne es – dagegen sei nichts zu sagen, es regne häufig, auch in guter Prosa, aber SEIN Regen, der täte etwas, das der Regen nie, nie nie nie dürfe, ER TROMMLE!!! Das Trommeln muß man sich jetzt mit gewittermäßig vielen R-Lauten vorstellen, und der Mensch mit dem falschen Verb saß da, als trommle ihm sein erfundener Regen direkt aufs Haupt. Ich glaube nicht, daß ihm solche Attacken leichtgefallen sind oder sadistische Freude bereitet haben. Er ist nämlich überhaupt nicht grausam, ganz im Gegenteil. Vielleicht kann man sein Verhältnis zur Literatur chirurgisch nennen – was nicht in Ordnung, weitschweifig, wolkig oder raunend ist, MUSS WEG. Damit ist er natürlich für eine ganz bestimmte Abteilung deutscher zeitgenössischer Literatur verloren. Der Name Handke ist da ein stellvertretender, sagen wir, das monumentalste Beispiel für eine Abneigung. Welch lustvolle Lektüre, dieses *Lauter Verrisse*! Es schmerzt ihn, aber vielleicht tut er auch nur so, daß sein *Lauter Lobreden* nicht so populät geworden ist. Natürlich weiß er, daß die Branche samt ihren zahlreichen Nebenfiguren jenes *Lauter Verrisse* so genießen kann, weil andere getroffen sind und der kundige Leser nur den Luftzug des Geschosses wahrnehmen muß. Viele tun im übrigen jetzt so, als sei *Mein Leben* sein erstes Buch, das sind die Ahnunglosen, für die er nur Quartett und sonst nichts heißt. Seine Bücher füllen ein ziemlich geräumiges Regal. Also, es wird Zeit zu fragen: Was hält ihn in Gang und das Publikum an seinen Lippen? Denn immer wenn man dachte, seine Zeit sei nun vielleicht passé, immer wenn man den Ruhestörer ruhiger zu wissen glaubte, ereignete sich etwas Neues, etwas anderes, etwas, das man ihm nicht zugetraut hatte. In der *FAZ* konnten unter seiner Ägide Menschen jeder Couleur schreiben, noch heute erzählt er begeistert, daß er in seiner *Frankfurter Anthologie* den Peter Paul Zahl habe würdigen lassen. Von Erich Fried! Ha! Auch diese *Frankfurter Anthologie* ist etwas, dem nicht ein Bruchteil der Zähigkeit, Verbreitung und Lebensdauer zugetraut worden ist, die sie hat, noch immer ungebrochen. Das Quartett, Quote hin oder her, ist Kult. Wirtschaftsfaktor. Last but not least seine bisher vorletzte Karriere. Ein Showman sei er geworden, sagten die lieben Herren Kollegen mit deutlich hängenden Mundwinkeln. Na und, sagt er ziemlich vergnügt darauf. Und die fürs erste neue Karriere als Bestsellerautor eines Buchs, für das sich bisher kein auch nur einigermaßen satisfaktionsfähiger Gegner gefunden hat. Es klingt vielleicht banal – aber eine ständige Quelle der Kraft ist sein Olymp, der papierene Götterberg, auf dem Goethe, Shakespeare und Heine, Lessing, Kleist, Fontane und noch viele andere leben, auf einem besonders goldenen Stühlchen natürlich Thomas Mann. Nur an diesen Olymp glaubt er, nicht an jenes andere Jenseits, das die Menschen gelegentlich ein bißchen faul und langsam macht, weil sie denken, es käme noch was besseres nach. Er hingegen hat gar keine Zeit zu verlieren, denn wenn sich vielleicht noch einer – sehr selten EINE! – aufmacht, den Weg in diese Art der Unsterblichkeit anzutreten, dann kann er es nur jetzt und hier mitkriegen, das will er auch! Und besser noch, dabei auch helfen und hinaufschubsen, so gut und stark es eben geht. Einmal ist es ihm in einer ganz albernen Sendung gelungen, alles zu versammeln: Erst unter einem Baldachin als Papst, jeder andere hätte peinlich gewirkt, er nur amüsiert und unverklemmt. In der gleichen Sendung, später, wies er auf seine Frau hin, die im Publikum saß und berichtete knapp und schlagend, daß sie ihn gerettet habe in der Zeit der Verfolgung, am Todesort Ghetto. Und noch ein bißchen später ließ er seinem Unmut darüber, daß der Mensch überhaupt sterblich ist, freien Lauf. Noch nie habe ich jemanden so viele Facetten, so viele Unvereinbarkeiten so frei und natürlich herzeigen sehen. Goethes Wort vom Lyrischen, das im Ganzen sehr vernünftig und im Einzelnen ein bißchen unvernüftig sein müsse, paßt auf ihn eigentlich sehr schön. Natürlich, er wird immerhin achtzig. Um ihn herum wächst die Anzahl derer, die sich nicht mehr auf das Spannende, Neue, auf das geliebte Papier einlassen können und mögen, die statt dessen mit ihrer Hinfälligkeit und Endlichkeit sich befassen müssen. Er ist ein unglaublich mitleidiger Mensch und für lautlose, praktische Hilfe sehr geeignet.

Aber es freut ihn, wenn nach düsteren Nachrichten irgendein schöner Skandal, ein literarischer Insider-Klatsch, eine Unsäglichkeit von Autoren, Journalisten, Verlegern oder anderen Tätern zu bewundern ist. Kannst du, können Sie mir nichts Neues sagen? Wer ihn auch nur ein bißchen kennt, fürchtet diese Frage und freut sich an ihr. Daß es eben immer noch was Neues gibt in der grade jetzt wieder mit dem Sterbeglöckchen bebimmelten Bücherwelt. Seine Autobiographie hat er auf dem Computer geschrieben. Das Telefon ist sein virtuelles Caféhaus. Internet würde mich bei ihm auch nicht wundern. Von seiner Schwester erzählt er, die habe mal gesagt: Seit der Tod erfunden worden ist, kommt man nicht mehr zur Ruhe. Die ist indessen zweiundneunzig.

Aber jetzt feiert die Nation erst mal seinen Achtzigsten.

Für Überraschungen bleibt er gut!

Apfelwein

So nennt den Frankfurter Nationaltreibstoff (Stöffche) kein Mensch, sondern Ebbelwei, Äppelwei oder auch Äppler, was besonders blöde klingt und deshalb von einer einschlägigen Kelterei eifersüchtig geschützt wird.

Das Gefäß, aus dem er ausgeschenkt wird, ist durch eine ehrwürdige Unterhaltungssendung des ortsansässigen Hessischen Rundfunks bundesweit bekanntgeworden. An warmen Sommerabenden weitet sich die Seele des Frankfurters und der Frankfurterin, man legt sich ein Kißchen auf die Äppelweibank und ein Holzdeckelchen übers Glas, damit keine Tiere reinfallen. Auswärtige sind gerührt, weil sie uns solche Beschaulichkeit nicht zutrauen, und wundern sich, wie besoffen sie von dem harmlos wirkenden Getränk werden können.

Das Paradiesgärtlein

Das Paradies? Offenbar überfüllt! Ist es wirklich der Traum vom ewigen Glück, in einer ummauerten Gartenecke, ohne Blick nach draußen, inmitten überquellender Natur und heftiger Geselligkeit zu sitzen? Das kostbare kleine Bild eines unbekannten Meisters, das im Frankfurter Städel hängt, gibt nicht wenige Rätsel auf und bringt seine Betrachter ebenso ins Grübeln wie manchen Kunsthistoriker. Zwischen 1400 und 1440 sei es entstanden, heißt es. Eines der schönsten und vieldeutigsten Beispiele des *hortus conclusus*, jenes ummauerten Gartens, der Sündenlosigkeit und Unversehrtheit symbolisiert. Der ummauerte Garten: Das Paradies. Keiner kann ohne weiteres hinein, keiner will hinaus. Kein weiter Horizont. Fauna und Flora leben auf engstem Raum und nehmen sich gegenseitig die Luft, was den paradiesischen Eindruck von Fülle, ja, Überfülle unterstreicht. Es darf nirgendwo Mangel oder Leere herrschen. Der Phantasie bleibt nichts zu tun übrig.

Bis in die heutige Zeit hat sich diese Gartensehnsucht erhalten und wird von der Industrie bedient. Weite wird durch Überfluß ersetzt, Hecken, Kletterndes, Teilungselemente verbergen die reale Enge. Es ist gemütlich. Für mehrere Generationen gleichzeitig, ob es sich um Menschen oder Pflanzen handelt. Von Januar bis Dezember soll es blühen, und zwar überall. Verblühen, welken, kurz, das Absterben wird nicht gestattet.

Im *Paradiesgärtlein* des unbekannten oberrheinischen Meisters halten sich acht – Menschen? Heilige, Engel, Maria und das Jesuskind auf, Vögel sitzen auf der Zinnenmauer, alles blüht gleichzeitig, und das Böse streckt in Gestalt eines bedauernswerten winzigen toten Drachens alle viere gen Himmel.

Es dominieren die Farben Rot und Blau, Mariens Mantel wie immer blau, rechts und links leuchten blau das Gewand einer Jungfrau und eines Erzengels. Rot sind Cäcilia, die mit dem Jesuskind Zither spielt, und die Ärmel des Drachentöters.

Aber wir wollen uns den Garten ansehen und herausfinden, ob man an ihm das Paradiesmachen lernen kann. Der unbekannte Meister hat einen wunderbar genauen Plan gemalt, wir müssen ihn nur lesen lernen, auf die Gefahr hin, irgendwann zu sagen: Das geht nicht! Das will nur die himmlische Natur uns schenken, nicht die irdische. Die gemalten Blumen nämlich lassen, präzise dargestellt, wie sie sind, keine Trugschlüsse zu: Da blühen Maiglöckchen, Rosen, Schwertlilien, Madonnenlilien und Pfingstrosen in makelloser Schönheit gleichzeitig, und zwischenheraus leuchten ebenso makellose Erdbeeren mit Blüten und Früchten. Ach, wenn wir es einmal in fünfzehn Jahren geschafft hätten, daß die Schwertlilien bereit gewesen wären, einen leuchtenden Hintergrund für die ersten Rosen zu bilden! Irgendwie haut das im irdischen Gärtnerleben wegen Regens, Sternrußtaus oder sonstiger Widrigkeiten nicht so hin, wie man sichs vorstellt, und mir scheint, daß der arme kleine tote Drachen auf dem Bild Unkraut, schlechtes Wetter und Pilzbefall symbolisiert. Man hätte im vorliegenden Fall den heiligen Georg vielleicht mit einer toten Schnecke darstellen sollen …

Von der Einrichtung des himmlischen Gärtchens allerdings kann man profitieren, ein sechseckiger Steintisch zum Beispiel schmückt jeden Hausgarten. Das gleiche gilt für das schön angelegte Hochbeet und das Wasserbecken. Auf der Abflußrinne des steinernen Beckens – dessen Wasser übrigens köstlich in seiner leichten Trübung gemalt ist – sitzt ein Vogel, im ganzen Garten sind sie verteilt, mehr als ein Dutzend gut erkennbarer Arten. Sie und die vielen Falter zeigen: Ein Garten ohne Tiere kann niemals paradiesisch sein.

Wir nehmen uns das zu Herzen, lassen Brennesseln stehen, damit der Eulenspinner was zu essen findet, bauen den Igeln Blätter- und Zweigechaos und pflanzen Holunder für die Vögel, auch wenn die dann blau auf die Terrasse kacken. Gerührt reißen wir Nußbaumschößlinge raus, weil die Eichhörnchen ihr Vorratslager vergessen haben, und freuen uns, wenn ein Frosch zu Besuch kommt und was vorsingt. Wahrscheinlich sind wir großzügiger mit der Fauna als der Meister des Paradiesgärtleins, einen Drachen dieser Größe ließen wir unter allen Umständen leben und geben sowieso nicht nur tierischen Himmelsbewohnern, sondern auch kriechendem Gewürm bereitwillig eine Heimat.

Wenn man im Paradiesgärtlein spazierenschaut und das Paradiesische ein bißchen beiseite läßt, fällt einem auf, daß sich die Pflanzen eigentlich ähnlich benehmen wie im eigenen eher unheiligen Garten. Die Akeleien zum Beispiel machen sich breit wie in der Wirklichkeit. Man buhlt lange um sie, sie benehmen sich ein bißchen zickig, und da, wo sie wachsen sollen, wollen sie partout nicht. Dann aber beschließen sie, bei uns heimisch zu werden, und zwar überall da, wo sie stören. Im Paradiesgärtlein haben sie den Vordergrund fest im Griff, die Maiglöckchen machen ihnen auch in diesem idealischen Garten, in dem sie gleichzeitig blühen dürfen, keine Konkurrenz.

Madonnenlilien, oh je. Die Jungfrau Maria im Bild, deren wichtigste Blumen sie doch sind, würdigt sie keines Blicks, denn sie liest. Auch ihren Sohn beachtet sie nicht, obwohl er auf Cäciliens Zither wahrscheinlich einen ziemlichen Radau veranstaltet.

Die Lilien also, um die es jetzt bei dieser Gartenkunde gehen soll, kommen auch hier hochmütig und sparsam daher. Ganze zwei Stück! Es ist anzunehmen, daß die himmlischen Heerscharen viel mehr Zwiebeln gesetzt haben, genau wie wir es immer tun. Manchmal sieht man aber in irgendwelchen Bauerngärten zwischen Porree und Rüben ganze Wälder von ihnen stehen. Madonnenlilien sind Perlen, die sich gern vor die Säue begeben. In aristokratischer Umgebung, die ihnen zu bereiten man sich bemüht, fühlen sie sich nicht wohl. Auch im Paradiesgärtlein ist es ihnen offenbar zu fein, deswegen tun sie grade mal ihre ikonologische Pflicht, aber nicht mehr.

Im Mittelpunkt des Bildes wohnt der Frühling, bescheiden, aber unübersehbar. Schneeglöckchen, Mehlprimel und Gänseblümchen halten ihm die Stellung, was kümmern sie die Rosen nebenan? Würden wir das in unserem Garten haben wollen, wenn wir könnten, das erste Weiß und Gelb und Grün ganzjährig?

Man ist auf dem Gebiet schon weit vorangekommen, dauerblühende Rosen, ewige Enziane, verfügbare Erdbeeren. Die frühen Frühlingsblumen allerdings haben bisher auf ihrer Vergänglichkeit bestanden. Was den Unterschied zwischen irdischem und himmlischem Garten ganz gut bezeichnet: Der himmlische lebt vom Glück der Gleichzeitigkeit – der irdische vom Vertrauen darauf, daß alles wiederkommt.

Wahrscheinlich kann die Jungfrau, die am linken Bildrand Kirschen in ihr Gewand sammelt, bis in alle Ewigkeit Kirschen ernten, und die zerschnittenen Äpfel auf dem sechseckigen Tisch werden nie braun und faul. Niemals bekommen die Schwertlilien so viel Regen ab, daß sie alten Putzlappen ähneln, und die Rosen machen keine Bekanntschaft mit Pilz und Raupen. Aber: Da ist was. Im Paradiesgärtlein, mitten in der heiligen Gesellschaft, sitzt was und ist etwas unheimlich. Im Original kann man das Wesen kaum erkennen, man geht nah an das kostbare kleine Bildchen, man versucht, andere Neugierige mit bösen Blicken zu verscheuchen, um herauszufinden, was das kleine düstere Ding da neben dem Baum in der unteren Bildhälfte sein könnte. Es berührt den Saum des blauen Engelsgewandes, ja, fast das nackte Engelsbein. Ein Hund? Ein Affe? Die Vergrößerung macht das Wesen deutlicher, aber nicht begreifbarer. Ein Affe ist es nicht, es hat zwar ein äffisches, mißtrauisches Gesicht, aber es sitzt wie ein Mensch da, schaut fragend hinauf zum Engel, der seinerseits zur Seite blickt.

Keine Deutung, scheint mir, hat sich auf das unheimliche Zwerglein wirklich eingelassen. Vielleicht zeigt es, daß überall Gefahren lauern, sogar im Paradies. Und daß wir uns mit unseren vergänglichen Gärten zufriedengeben sollen, bis dereinst das Lamm neben dem Löwen und die Schwertlilie neben dem Schneeglöckchen Platz nehmen.

Wir werden nicht untergehen

Meine sehr geehrten Damen und Herren, liebe Freunde,

heute vor einundsechzig Jahren wurde bei der Wannseekonferenz beschlossen, die Juden in Europa auszurotten. Die Keimzellen zum Holocaust gab es schon vorher, und es waren viele. Die Konferenz aber gab den Weg zu dem frei, was dann Endlösung genannt wurde.

Ich glaube nicht, daß das Buch, um dessentwillen wir heute hierhergekommen sind, geeignet ist, eine der üblichen Gedenkveranstaltungen zu schmücken. Sein Autor auch nicht: Dazu sind beide, Buch und Autor, zu unfeierlich, zu eigenständig, und Gott sei Dank auch manchmal zu respektlos. Man hat nach der Lektüre des Buchs *Wir werden nicht untergehen* nicht jenes angenehme Gefühl, etwas zur Beruhigung des eigenen Gewissens getan zu haben. Im Gegenteil: Manches reibt einen innerlich und wirkt noch lang nach.

Seit Arno Lustiger und ich uns kennen, wissen wir, daß wir beim Thema Geschichte die gleichen Dinge suchen und lieben: Das Unmögliche. Das Aussichtslose, das letztendlich doch über die Barbarei siegt. Den Heldenmut, wenn er nicht als solcher daherkommt, sondern als listenreiche Tapferkeit. Unser gemeinsamer Freund Valentin Senger war ein Beispiel für diese Eigenschaft mitten im Inferno. Arno Lustiger war begeistert von Valis verrückter Geschichte – die in der durch ihn zur Legende gewordenen Kaiserhofstraße hier in Frankfurt spielte – und blieb ihm bis zu seinem Lebensende ein treuer Gefährte.

Wir beide mochten und mögen, denke ich, die Anarchisten, weil sie nicht um den Preis des Lebens anderer recht behalten wollten. Der Spanische Bürgerkrieg hat uns beide fasziniert – wenn auch vielleicht mit unterschiedlichen Wertungen. Arno war der erste Mensch nach dem Tod meines Mannes, mit dem ich über die wunderbare Unterschiedlichkeit der jüdischen und anderen Libertärsozialisten reden konnte, er kannte alle Namen und Hunderte von Geschichten.

In seinem Buch sind viele dieser Geschichten versammelt, viele Themen, denen sich die etablierte Historik nur sehr zögernd, gleichsam mit spitzen Fingern, nähert: Arbeiterbewegung, Sozialismus, antifaschistischer Kampf und Widerstand – all das eingebettet in die Geschichte der Juden. Arno Lustiger hat sich durch die Beharrlichkeit, mit der er diese Dinge immer wieder dem Vergessen zu entreißen sucht, nicht nur Freunde gemacht. Er paßt keinesfalls ins Bild, weltläufig, elegant, ungebrochen – und das Trauma des Schuldbewußtseins, das die Überlebenden, ausgerechnet sie, peinigt, in keiner Weise vor sich hertragend. Natürlich hat er es. Auch davon ist die Rede, karg, gleichsam beiläufig, und gleich wieder hinter die Geschichten über die anderen Widerständigen zurückgezogen.

Dieses Buch schreitet nicht die Masse der Opfer ab, es lähmt nicht durch die Monstrosität der Ereignisse: Also erlaubt es keine Distanz, selbst nicht diese gewohnte, die wir alle dem Unvorstellbaren gegenüber haben. Es zeigt Menschen, Menschen mit Namen, und es klagt die liebevolle Beschäftigung mit ihren Zeugnissen ein. Die Mörder haben viel Material hinterlassen, und mit dem befaßt sich die Wissenschaft intensiver als mit den geretteten Spuren der Ermordeten. Das ist eine der Thesen des Buchs, und ich glaube, daß sie stimmt.

Man kommt aus Arnos Lustigers Sammlung von Texten klüger heraus, als man hineingegangen ist, unsicherer vielleicht auch. Aber eins sagt es, ohne es zu sagen: Wer danach ruft, es möge doch aufhören mit alldem, muß unter vielem anderen ziemlich dumm sein. Es hat doch eigentlich erst angefangen, daß Stimmen wieder hörbar geworden sind, hinter dem abstrakten Gebirge des Todes.

Dazu trägt das Buch bei. Hören Sie nur zu!

Der Seehofpark in Sachsenhausen

Wir gehen den Sachsenhäuser Wendelsweg entlang: Hier irgendwo soll er sein, der Seehofpark, einer der unberühmteren Teile des Frankfurter Grüngürtels. Man muß nach ihm suchen, zwischen wohlgehaltenen Einfamilienhäusern und ehrgeizig angelegten Vorgärten, Polizeiwache und Wasserhäuschen ist er dann: etwa in der Mitte des Wendelswegs zwischen Wendelsplatz und Goetheturm gelegen, hat er eine eher prosaische Vergangenheit. Parks sind ja oft das schöne Erbe versunkener Gesellschaften, in denen es ungerecht, aber dafür anmutig zugegangen ist. Dieser hier ist kein Überbleibsel aus Feudalzeiten: Kein Portalsrest, keine hübsch geschwungene Brücke oder falsche Burgruine weist auf aristokratische Herkunft hin.

Der Seehofpark ist in einem Quellgebiet entstanden. Zu Beginn des neunzehnten Jahrhunderts gab es hier Fischteiche, dann einen Gutshof und später ein Wasserwerk, das die Versorgung der wachsenden Stadt speiste: Brauereien, Gärtnereien und den Schlachthof. Heute versorgen die Quellen, nach denen wir sofort zu suchen beginnen, das Deutschherrnviertel. Gleichsam ein berufstätiger Park also, kein Ort des Müßiggangs und des Luxus. Aber sein Wasser finden wir nicht, fürs erste. Statt dessen die schönsten blauen Wegwarten und gelbe Arnika, Kindheitsblumen – und den Kindern gehört der Park, das sieht und hört man sofort. Vom Bolzplatz her dringen Stimmbruchstimmen, und ein kleiner Bub schaukelt verbissen auf einem Spiralpferdchen, weil er noch nicht mittun darf.

Es gibt Rentnerparks und Liebespaarparks, Krankenparks und Muttermitbabyparks – und eben welche, die ganz und gar den Kindern gehören, wobei der Übergang zum Liebespaarpark fließend ist. Wir finden nämlich die Quellen, zwei hermetisch verschlossene Stahldeckel auf einem kleinen Hügel, mit irgendeinem Meßgerät sind sie versehen, aber auch mit Graffiti: »*Nein, ich schlafe nicht mit anderen*«, steht da erstaunlicherweise geschrieben, »*ich schlafe nur mit dir*«. Es ist eine Kinderschrift.

Ein Kinderpark, mit einer friedlichen Geräuschkulisse. Hinter Hecken das Klick-Klick der Tischtennisbälle, Gelächter von den Gummihängematten her, ein paar Kleine quietschen an der Seilwinde, aber verhalten. Ein von der Klasse 2c der Mühlbergschule gestaltetes Schild mahnt: Keine Hunde!

2,7 Hektar groß ist der Park, so ist zu erfahren. Eine respektable Größe, er wirkt kleiner, intimer: ein Gebrauchspark ohne erkennbaren gärtnerischen Gestaltungswillen. So lenkt nichts von den herrlichen alten Bäumen ab, die ihm Gesicht und Atmosphäre geben: eine Gruppe großer Libanonzedern, Platanen wie Säulen, ernste, dunkle Eiben, Ahorn. (Ob sich die Kinder immer noch die auseinandergeklappten Ahornsamen als Nasen aufkleben?)

Die Spielgeräte, die sich fast überall im Park finden, sind von jener Art, die einen erwachsenen Menschen die Dämmerung herbeisehnen läßt, damit er auch mal rankann – viel Balanceförderndes ist dabei, nicht nur die schon erwähnten, von mir neidisch beäugten Gummimatten – auch Scheiben- und Seilspiele, die allesamt geeignet scheinen, dem allseits beklagten kindlichen Bewegungsmangel fröhlich abzuhelfen.

Schön ist es hier, nur daß man den Quellen keinen Auftritt gönnt, ist schade. Der dem Wasser geschuldete Park ist ohne sichtbare und fühlbare Wasserstelle. Die sollte man, schon um seines Namens und seiner Geschichte willen, einrichten. Ein Brunnen oder ein offenes Quellbecken würden ihm gut stehen!

Einstweilen bleiben nur die beiden metallenen Bodenplatten mit ihren Meßgeräten auf dem kleinen Hügel. Auf der viereckigen steht noch mehr zu lesen, nicht nur der freche Spruch von vorhin. Tiefe Einblicke in fremde Kindheit kann der Besucher tun: *Ich bin ein Versager / Dafür kann ich aber nichts / Bin doch ein armes Einzelkind* ... herzzerreißende Graffiti auf einem Quellendeckel, wenn das nicht poetisch ist!

Im Gras auf der Wiese liegen zwei Menschen und schlafen tief, ungestört von den Ballspielern und von Buchen beschattet.

Daß hier wächst, was will, ist nach der Fahrt an vielen hergerichteten Gärtchen vorbei entspannend. Keine botanischen Auftrumpfereien mit feinen Rosenrabatten und beschilderten Staudenbeeten, sondern das, was heute politisch korrekt *Spontanvegetation* heißt und früher Unkraut gescholten wurde. Wilde Möhre, ein roter Klecks Klatschmohn, den der späte Sommer schon hat erbleichen lassen, immer wieder das Zukkertütenblau der Zichorie und ein unglaublich großer Kermesbeerenstrauch. Die fetten schwarzblauen Beerenstände haben früher dazu gedient, dünnem Rotwein eine satte Burgunderfarbe zu geben. Ein Beet mit Johanniskraut: Das ist sicher der Hand eines Gärtners zu verdanken.

Und immer wieder bewundern wir die Bäume, alte, wunderbare Bäume, die genug Platz haben, um sich, jeder nach seiner Art, zu behaupten und auszubreiten.

Ich habe viele Frankfurter gefragt, ob sie den Seehofpark kennen. Keiner hatte ihn je gesehen oder von ihm gehört. Ich könnte mir denken, daß das seinen Besuchern, ob kleinen oder großen, gar nicht unrecht ist. Bei geliebten Parks geschieht es nämlich oft, daß ihre regelmäßigen Gäste sich im Lauf der Zeit für die Besitzer halten, Eigentümer eines Lieblingsschattenbaums, einer bestimmten Bank oder Schaukel. Ein eigenes Stück Welt, das zwar öffentlich, aber eben doch sehr privat ist. Und weil es weder Denkmal noch Schloß, weder Gräber noch sonstige Sehenswürdigkeiten beherbergt: Warum sollte es mehr Zulauf haben, als ihm bekommt? So machen wir noch einmal die Runde über die Wege, auf denen die Reste des letzten Sommerregens stehen. Er hat das Gras wieder saftig gemacht und den Wiesenblumen Farbe gegeben. Daß die kleine Säule mit dem Messingschild, auf dem die kurze Geschichte des Seehofparks eingraviert ist, zwischen blauen Müllsäcken fast verschwindet: Kann passieren. Wenn man nicht richtig berühmt ist, muß man sich die eine oder andere Nachlässigkeit gefallen lassen. Aber dafür hat man auch seine Ruhe.

Noch ein letztes Graffito für heute finde ich auf den Quelldeckeln: *War schön hier (allerdings nur für mich)* hat da jemand geschrieben. Aber das ist gar nicht wahr. Für mich auch!

Flohmarkt

Komm, geh mit mir über den Flohmarkt, laß uns nachsehen, was wir brauchen können, Trödel oder wertbeständige Antiquität. Laß uns aber auch hinbringen, was uns unnütz erscheint, die Erfahrung lehrt: Ein anderer hält es für das Neueste, und unser Abgelegtes wird ihm jeden Preis wert sein. Wieso ich dich duze? Du seist schließlich zweifacher Großvater und habest ein Diplom in Soziologie sowie ein gutgehendes Parfumeriegeschäft? Du mußt entschuldigen, aber dieses Problem werden wir auf unserem Weg noch oft haben! Mir ist es auch lieber, Sie zu siezen als dich zu duzen, mit Verlaub. Was verbindet uns denn auch anderes als jenes ominöse Jahr, in dem du angeblich »bei jeder Demo mitgelaufen« bist. Sind Sie wirklich so blöde gewesen? Ich bleibe jetzt beim Sie, verehrter Begleiter durch die Müllhalden der vergangenen Jahre, es macht alles einfacher. Sie sagen, Ihre Freundin sei dagegen gewesen, daß Sie mit mir gehen. Zweifellos weiß Ihre Freundin viel besser Bescheid als Sie, Frauen haben ja schon immer einen sichereren Geschmack gehabt. Was nützlich und was schädlich ist, ist ihnen viel klarer. Ich hätte diesen Spaziergang auch lieber mit Ihrer Freundin gemacht als mit Ihnen, entschuldigen Sie. Ich habe sie ja auf vielen Veranstaltungen getroffen, eine Frau von Grundsätzen und sicherem Urteil. Warum ist sie eigentlich mit Ihnen zusammen? Das wissen Sie auch nicht? Ich verspreche Ihnen, am Beziehungsstand werden wir als erstes vorbeigehen und nachsehen, da lassen sich sicher noch interessante Restposten finden. Bei den Textilien und der Schmuckabteilung werden wir nicht so viel Zeit brauchen. Oder? Erinnern Sie sich noch, was jene roten Sterne eigentlich bedeuteten?

Sie murmeln irgend etwas von der »siegreichen Sowjetunion« – und Che Guevara, oder was? Als uns Baskenmützen noch standen und wir mit ihnen nicht aussahen wie das, was wir jetzt sind, nämlich beamtete Studienräte, hat manche/r einen solchen Stern ans Mützchen gesteckt und so den leisen Geschmack exotischen, nicht ganz verständlichen Heldentums genossen. Genossinnen und Genossen! Aber da sind wir noch nicht, wir müssen uns doch ein wenig länger bei Kleidung und Schmuck aufhalten, wie ich sehe. Hatten Sie geahnt, wieviel davon noch übrig ist? All das nutzlose Fahnentuch, nicht einmal Bettwäsche kann man daraus machen, so steif ist es. Das sei der Staub in den Falten? Vielleicht sollte man doch ein paar Meter von dem schwarzen mitnehmen, nein, nicht das schwarzrot diagonal geteilte, wer weiß denn schon noch, was das heißen soll! Sie haber Ihre rote noch im Keller, über der Hausbar. Sehr geschmackvoll, vor allem mit den schönen Fotos von damals, an der Societätsdruckerei, nicht, und wie wir dann auf die PX an der Adickesallee geklettert sind, der ganze Innenhof voller Amibullen mit Gewehren. Und haben es trotzdem gehißt, das rote Tuch und später dann auch noch ein einsames schwarzes. Mein Gott, regen Sie sich nicht so auf, ich hätte doch besser Ihre Freundin mitnehmen sollen, wenn ich mich recht erinnere, hatte die ja schon damals den gnadenlosen Durchblick. Mackergehabe und Kriegsspielerei nannte sie unsere glorreichen Feldzüge!

Sie haben es indessen mit dem Kreislauf, nicht wahr? Da kann ich es eigentlich gar nicht verantworten, Ihr eingerostetes Gemüt so in Bewegung zu bringen! Ich habe ja nicht gewußt, wieviel Ihnen diese Zeit bedeutet.

Es ist das Schöne und das Schreckliche am Flohmarkt: Er führt uns vor Augen, wie die Zeit vergangen ist. Er zeigt uns, daß sie nicht vergangen ist. Er ist das Sieb über dem Abgrund. Und sehen Sie die Aufschriften auf den Hunderten von Buttons, die hier noch rumliegen? Was zum Teufel können wir damit gemeint haben, wenn wir »Sieg und power« mit uns herumtrugen? Sieg wogegen? Power wofür? Aber die bunten Knöpfe antworten brav: Ersterer soll im Volkskrieg sein, letztere to the people.

Erinnern Sie sich noch, wie das Devotionaliengeschäft richtig losging? Davor ist eben kein Gott und auch keine Revolution sicher!

Die vielen Heiligenbildchen und Talismane, die Bekenntnisknöpfe und die Bibeln, rot oder blau oder grau, lauter alleinseligmachende Bibeln. Ich bin sicher, sie werden hier auf dem Markt auch eine Bücherecke haben, da kommen wir schon noch hin. Von den Heiligenbildchen werden wir aber nicht so viele hier finden, die behalten die Leute oft, zur Erinnerung. Was haben Sie da für einen Knopf? Tod den Verrätern? Wenn ich nur eine Ahnung hätte, welche wir damals gemeint haben. Aber schauen Sie, da haben zwei junge Frauen grade Knöpfe gekauft, es kommt doch alles wieder! Fragen Sie mal, was draufsteht? Warum schauen Sie denn plötzlich so geschmerzt? Ach, das Doppelfrauenzeichen war drauf, na und? Das geht dich einen Scheiß an, blöder Macker, hat die eine gesagt? Nehmen Sie es nicht tragisch, Sie sind doch von Ihrer Freundin den herben Ton immerwährender Aufrichtigkeit gewöhnt, oder?

Steht ja auch alles auf den Knöpfen, sehen Sie nur, wie gern die gekauft werden! Es gibt kein Entrinnen, mein Freund, da steht es: Packt sie an den Schwänzen (da haben Sie ja noch Glück gehabt!) – oder ganz einfach ab damit, tja. Beruhigen Sie sich, alles kommt zwar wieder, aber es geht auch vorbei, und indessen wird man wohl gar keinen Schwanz zum Packen oder sonstwas bei Ihnen vorfinden können. Das soll unsere Sorge nicht sein, jedenfalls meine nicht. In die Frauenecke kommen wir erst später. Nein, keine Sorge, da brauchen

Sie nicht mitzugehen! Schade, daß diese Knopfkultur so ver-
ödet ist, nicht? Außer daß man die Atomkraft dankend ver-
neint oder für den Frieden ist, findet sich eigentlich nichts
mehr Erregendes. Das mit dem Frieden klebt auch an jenen
Autos, die kundtun, sie hätten ein »Baby an Bord«. Verstehen
Sie übrigens, warum das einer ans Auto schreibt? Ach, Sie haben das auch? Ich denke, Ihrer ist schon fünfzehn? Ah so, das
zweite. Nett. Glückwunsch. Hätte ich Ihrer Frau Freundin,
ehrlich gesagt, nicht zugetraut. Nein, nein, das soll beileibe
keine Kritik sein! Bringen Sie ihr doch was Hübsches mit
von hier!

Haben wir nicht damals schon – ohne es zu wissen – den
Grundstein zu einem Jungbrunnen gelegt, den Quell gewissermaßen gefaßt, der einen das Altern vergessen läßt? Sind
wir nicht die einzigen, die unangefochten in denselben Gewän-
dern und mit fast derselben Sprache einherzugehen vermögen
wie zwanzig Jahre zuvor? Wie wäre es als Mitbringsel für die
Frau Freundin mit jenem mißfarbenen Pullover aus der Textil-
abteilung unseres Flohmarktes? Zwanzig Jahre begleitet er
uns, so wie gewisse Mäntel, Schuhe und Redensarten uns nie
verlassen haben, seit wir aufgebrochen waren, dem Neuen
Zeitalter zum Beginn zu verhelfen. Natürlich sind ein paar
kurzlebige Verirrungen zu beklagen, Carmen oder die Yuppies,
aber auch sie werden hier landen, in der Abteilung der Raritä-
ten und Errata. Finden Sie nicht, lieber Begleiter, daß wir von
sehr beständiger Jugendlichkeit sind? Die Bärte und Haare,
die Mienen und Manieren (oder deren vollständige Abwesenheit), wir sind zwar dem Stück, das wir spielten, nicht treu geblieben, wohl aber der Bühne.

Gehen wir ein Stückchen weiter, diese vielen blauen Bände,
ein Gebirge von blauen Bänden. Erst stiegen sie die Ikea-Re-
galleiter immer höher, immer höher – bis sie an der Zimmer-

decke angestoßen waren, und nun sind sie hier. Kein besonderer Andrang! Haben Sie auch noch jenes unverständliche
Werk, für das der Herr Cohn-Bendit damals so herzbewegend
geworben hatte – wie hieß der Mann noch gleich: Kim-il-
Sung? Oder war das Luise Rinser? Ja, die Bibeln, hier liegen
sie auf einem Haufen, Frantz Fanon und Betty Friedan – die
erzählt jetzt auch ganz was anderes – und Malcolm X. Und
dann die vielen, vielen jung Verstorbenen, denen es erspart geblieben ist, den berühmten Schritt vom Erhabenen zum Lä-
cherlichen bei Lebzeiten vollziehen zu müssen. Zwischen
den Büchern liegen die Ikonen. Jeder Zuneigung ungeschützt
ausgeliefert, jeder Interpretation preisgegeben, ein Sack für
die unerfüllten Träume von uns allen, Dutschke und Krahl
und die vielen anderen. Hätten Sie alles grade kürzlich wieder
gelesen, behaupten Sie? Ich glaube Ihnen kein Wort. Sie müssen sich jetzt um Rabatte und Zollbestimmungen kümmern.
Sie haben sie so geliebt, die Revolution? Glaube ich Ihnen
aufs Wort. Was konnten wir schon viel anderes, als sie lieben.
    Was ist das für ein Zettel? Eine Versteigerung? Ein Quiz?
Können Sie irgendwo sehen, ob man was gewinnen kann?
Lassen Sie mich doch näher dran, ich sehe nicht mehr so
gut. KBW – KPD/KPD-AO/ML+MSB/SDS/KB/JUSO/STA-
MOKAP/MG/RAF/ ... lassen Sie uns ein wenig zur Seite gehen, es verschwimmt einem ja vor den Augen. Welche waren
noch die Maoisten? Das Gedächtnis wird nicht besser, lieber
Begleiter, nicht wahr? Wozu haben Sie eigentlich damals
gehört? SDS? Welcher? Ach, Freiburg. Na ja. Wo ich gewesen
bin? Ach, überall ein bißchen, wo man mich nicht eingeengt
hat. Ich mochte diese Schulungsabende nicht. Die Anarchisten hatte ich ziemlich gern, die waren überall und nirgends.
Außerdem haben die nicht so langweilige Bücher geschrieben.
Aber das ist lang her – warum nur mag dieser Zettel mit all den
Abkürzungen da hängen? Wer sie alle weiß, gewinnt einen Be-

such bei der Leipziger Buchmesse. Erinnern Sie sich noch, wie ratlos die Maoisten waren, als das mit der Viererbande aufkam? Und die Kulturrevolution? Und Pol Pot? Das ist die düsterste Ecke auf diesem Trödelmarkt, man darf gar nicht genau hinschauen. Schädel und blutige Hemden. Richtige Tote und falsche Tote. Eine Stalinistin? Aber immer. Solche kennen Sie heute noch, sagen Sie? Natürlich! Wir brauchten ihn ja nicht auszuhalten, da verehrt es sich leicht.

Sehen Sie diesen zerbrochenen Globus dahinten? Jemand hat irgendwas mit roter Farbe darauf eingezeichnet, grausig sieht das aus. Jemand hat da Schlachten geschlagen, Schlachten auf dem Globus, möglichst weit weg. Je weiter es weg war, um so klarer wurden die Konturen der Guten und der Bösen. Pol Pot ist immer noch wahrer Regent von Kambodscha. Wie sagen Sie? Kampuchea? Ich kann mich so schwer umgewöhnen. Wir wollen doch nicht schon wieder anfangen, auf einer Wirtshaustischdecke anderer Leute Kriege zu führen. Wo wir doch andererseits das Kriegsspielzeug immer bekämpft und geächtet haben. Ja, ich erinnere mich noch an die vorweihnachtliche Sammel- und Umtauschaktion der Frauengruppe. Hat nicht sehr viel geholfen, wie es scheint. Mein kleiner Neffe baut sogar aus Sofakissen Festungen, alle seine Monster sind schießwütig, ob mir das paßt oder nicht. Doch, meine Nichte macht das mit, begeistert. Das sei doch ein ganz fundamentaler Erfolg, sagen Sie? Ach so … Warum bleiben Sie denn hier so bocksteif stehen – ach, die Delikatessenabteilung. Ja, das war wirklich schön damals – hier gibts ja sogar noch den Grünen Nordendler-Eigenbau im Grobschnitt. Ja, so hats angefangen, was für wunderbare Erlebnisse! Von den Kneipen damals kannst du (oh, entschuldige, aber wenn man so tief in die Vergangenheit taucht, kann einem das Du schon mal durchrutschen) höchstens noch die Schilder irgendwo finden. Die süßen Wolken haben sich verzogen.

Ach, weißt du noch, wie Erika das Zeug in Haselnußplätzchen gebacken hat, das merkte man erst nach drei Stunden. Was? Wir wollen beim Du bleiben? Ja, vielleicht hast du recht. Ist auch wegen deiner Freundin besser. Wenn wir uns siezen, denkt sie vielleicht was Falsches. Das mit der offenen Beziehung liegt ja auch schon lang hier herum. Will komischerweise auch keiner wiederhaben, da regnet es jetzt schon ein paar Jahre drauf! Ach, du nimmst noch ab und zu Stoff? Besseren? Ziemlich teuer, nicht? Ja, ich habe schon gehört, daß man davon so gut draufkäme.

Du mußt es nötig haben, daß irgend etwas dich gut draufhebt, aufs Leben. Von allein scheinst du es nicht zu schaffen, du Armer, du schaust schon die ganze Zeit sehr trübe! Das sei meine Schuld mit meiner blöden Idee von diesem Flohmarktspaziergang? Tut mir leid, daß du das nicht aushalten kannst, ich bin immer wieder ganz begeistert darüber, was an längst Vergessenem sich hier noch findet. Es sei alles so vergammelt, man könne es nicht mehr benutzen? Was glaubst du, wie das alles glänzen würde, wenn man erst den Staub herunterpusten und mit Wasser und Seife drangehen würde! Aber zur Reinlichkeit hatten wir ja immer ein etwas gespaltenes Verhältnis, da siehst du, was aus den reinen Lehren werden kann. Ein Haufen Plunder. Schade drum. Du wirst jetzt endgültig melancholisch? Kann ich mir vorstellen, so ist es mir auch gegangen, als ich zum erstenmal hier war. Aber dann habe ich ein paar ganz spannende Sachen gefunden, fast umsonst, und, wie gesagt, ein bißchen drüberreiben: Da werden sie wie neu. Das Makarenko-Buch zum Beispiel oder das alte Emma-Goldmann-Bild, man kann's jetzt ganz anders würdigen, finde ich. Nein, von den Klamotten habe ich mir nichts mitgenommen, es miefte doch zu sehr, das kriegt man nicht raus. Aber bei den Knöpfen bin ich schwach geworden, ich werde sie dir gelegentlich zeigen. Sogar ein kleineres Transparent – es lag zusammengerollt in einer Ecke und war schon ziemlich zerschlissen – habe ich mitgenommen, der Verkäufer hat's mir geschenkt. Es gibt ein Leben vor dem Tod, steht drauf. Pathetisch und banal, aber wenn man älter wird, muß man sich das doch gelegentlich in Erinnerung rufen, findest du nicht? Du mußt ins Geschäft zurück? Schade, es hätte noch so viel zu sehen gegeben. Bis zum nächstenmal!

Skyline

Wenn man etwa zehn Minuten vor Sonnenuntergang auf dem Eisernen Steg verharrt, an einem schönen, klaren Tag selbstverständlich, und den Blick in einem kontrolliert langsamen Schwenk von zwei einander auf dem abendsonnengeröteten Fluß begegnenden Schiffen über die Platanen bis zu den Banken hinüberhebt, glaubt man daran. Die Wahrnehmung der Skyline benötigt eine gewisse Entfernung von der Stadt. In der Skyline drin zieht es furchtbar, es ist dunkel, und regelmäßig wird in der Tagespresse verbreitet, man wolle jetzt etwas zur Belebung der Innenstadt unternehmen. Da und dort lugen winzige Bars unter den Häusern hervor wie Mäuse und sind mit dieser Aufgabe sichtlich überfordert. Sie überleben am Fuß der Skyline. Diese komplettiert sich unangefochten, weil, wo schon eine ist, kann sie ja ruhig wachsen, damit man sie von weitem noch besser sieht.

Beckmann auf Papier

Bruder der Dichter

Vielleicht ist mir nie die Nähe von Zeichnen und Schreiben schöner deutlich gemacht worden als durch Beckmanns Arbeiten auf Papier. Vom Einfall, der einer bleibt und nicht weiter verfolgt wird, jedenfalls nicht gleich – bis zum Vollendeten, von dem der Maler Beckmann, wenn er anfängt, noch nichts weiß. Erst am Schluß kann klar sein: Mehr geht nicht. Das ist es.

Das ist wie Notieren, jedenfalls stelle ich es mir so vor: Etwas fliegt einen an, ganz leicht und sanft, oder es schlägt einem gegen das Hirn – es gibt tausend Arten der Annäherung einer Idee, eines Gesehenen, an das Instrument im Kopf! Bei Beckmann kann man sie ablesen, manchmal zarte Striche zwischen fast nichts und nichts, dann wieder die überbordenden, üppig erlebten, üppig wiedergegebenen Freuden der Sinne, womit nicht nur Sinnesfreuden gemeint sind. Ein riesiges Notizbuch, zusammenhängend nur durch das Material, auf dem es entstanden ist.

Es ist immer wieder ein seltsamer und schwieriger Balanceakt, dem Eindruck Angemessenheit im Ausdruck zu verleihen, das heißt, dem Flüchtigen, Zarten sein Maß zu geben, dem Schweren, Haltbaren sein anderes. Mit diesen Notizbucherinnerungen und -erfahrungen im Kopf mache ich mich Beckmanns Zeichnungen mit Vertrautem neu und anders vertraut: Mit Brücken, Katzen und Frauen voller Fülle, die ich schon aus den Bildern kenne: Aber nicht so intim.

Zeichnungen lassen einen beim Entstehen zuschauen. Manchmal beim Überwinden von Schwäche, bei der Beharrlichkeit, Verzweiflung und Triumph sind noch fast wehrlos. Das Schreiben ist noch ganz nah, jene andere Arbeit auf Papier.

Die Madonna verdreht die Augen. Vor ihr zittert die Luft, die starren Blumensträuße beben ein wenig in der aufsteigenden Hitze der vielen kleinen Kerzen. Kein freies Plätzchen findet sich auf dem Kerzengestell, um der Madonna noch einen brennenden Wunsch vor die Füße zu legen. Alle sind besetzt, eine kleine Warteschlange hat sich vor der kindsgroßen Maria gebildet, die ihre Hände aus dem Kerzendunst herauszuhalten scheint und ein Gesicht macht, als wollte sie sagen, ach du lieber Gott! Sie ist die Favoritin der Madonnen in der Stadt, und nicht nur gläubige Katholiken besuchen sie, um mit ihr Zwiesprache zu halten oder ihr eine Bitte vorzutragen. Wenigstens die hört einem zu! sagt eine junge Frau wütend zu niemand besonderem, hier, im Vorhof der Kirche, darf man sich schon hin und wieder ein wenig gehenlassen, Tränen sind hier nicht selten, leidenschaftliches Gemurmel nach oben, Zähneknirschen.

Wenn die vollkommene Hinwendung zum Materiellen Sünde ist – und noch sind die Sünden ja nicht abgeschafft –, dann wohnt die Madonna der Liebfrauenkirche an der sündigsten Meile, die man sich nur denken kann – an der Frankfurter Zeil. Und die sie besuchen, fliehen wahrscheinlich weniger vor den eigenen Sünden als vor jenen, die zu begehen diese ganze Straße unablässig und dringlich empfiehlt. Es geht nicht weiter, wenn man nicht kauft und kauft und den eigenen Mantel ungeteilt hergibt, weil man einen neuen haben will. Eine große Unruhe verursachen diese lebensnotwendigen Sünden in den Leuten, und so biegen sie ab in die kleine Straße und finden die versteckte Tür in dem Kirchenvorhof, durch den gelegentlich ein runder, brauner Mönch schreitet und ein paar freundliche Worte an die Besucher richtet. Weide meine Lämmer! hat Christus gesagt, aber die Lämmer, die sich hierher verirrt haben, wollen wahrscheinlich lieber ein wenig fasten und ihre Blicke und Ohren ausruhen. Was sie sich von der Madonna wünschen, kann man nicht kaufen.

Es ist so ruhig, schon im Vorhof und erst recht in der Kirche selber, es ist so ruhig, daß man den schweren Atem eines zusammengesunkenen Schläfers ganz deutlich hören kann. Immer schlafen hier welche, in der Kühle im Sommer, in der Wärme im Winter. Sie bekommen wohl auch was zu essen, aber das ist es gar nicht, die Reste des nahen Hamburgerrestaurants ernähren ihrer genug, nein, das Essen ist nicht mehr so kostbar wie früher. Kostbar ist der ruhige Raum und die Stille. Wenn jemand Orgel übt oder vielleicht sogar eine kleine Andacht hält, wird man dieser Stille um so mehr inne.

Das älteste Zeugnis von dieser Kirche stammt aus dem Jahr 1318. Viele Jahrhunderte lang wäre es undenkbar gewesen, die Kirche als Ruheraum, als Erholungsort, als Museum oder einfach als einen Platz zu benutzen, an dem man abseits des Alltäglichen nachzudenken wagt. Gottesdienst war alltäglich, der Dialog mit Ihm oder auch die Unterwerfung unter Seine unerforschlichen Ratschlüsse: Alltag. Die Kirchen waren die höchsten Gebäude in der Stadt, und ich weiß nicht, ob die Pelzdame neben mir, die erst ihre Einkaufstüten auf die Bank schichtet und dann seufzend danebensinkt, mit dem Wort Gottesfurcht etwas anfangen könnte. ER bekommt ja auch keine Kerzen, sondern die Madonna, weil man sie anschauen kann. In kleinen Bissen ißt die Dame etwas, das ich nicht erkenne, etwas Süßes wahrscheinlich, eine ganz diesseitige Seligkeit liegt in ihren Augen.

Es ist sehr falsch, finde ich, Kirchen abzusperren. Auch gelegentliche Diebstähle rechtfertigen nicht, daß die wenigen verbliebenen stillen Räume unzugänglich gemacht werden. Bei den modernen – das heißt bei den in den fünfziger und sechziger Jahren entstandenen – Kirchen verwundert die Vorsicht um so mehr, weil nicht leicht herauszufinden ist, was aus ihnen denn gestohlen werden könnte. Gerade sie aber sind außerhalb der Gottesdienste meist verschlossen. Oder traut man den bilderlosen, den unfeierlichen und kargen Räumen nicht zu, daß sich ein Ruhe- oder Trostsuchender in sie verirren könnte? Es ist schon ein Kreuz mit den Kirchen, denn wenn sie so schön sind, daß einem die Andacht leichtfällt und ein leiser Neid entsteht auf jene Vorfahren, die so sicher waren, zu wissen, wem sie da ein Haus bauten, werden sie als Museen benutzt und verlieren eben das Geheimnis ihrer Ruhe und der stillstehenden Zeit. Im Straßburger Münster habe ich sogar Hunde gesehen, und gegessen, geschwatzt und geschmust wird in den bekannteren Gotteshäusern schon lange.

Jetzt wird es verzwickt: Auf der einen Seite sind unschuldige Hunde sicher Gott wohlgefälliger als mancher, der das Christlichsein für sich als Alltagsprogramm oder Couleur reklamiert, auch gegen das Essen, das Schwatzen und das Schmusen kann der Schöpfer nichts haben – aber in den Besichtigungskirchen, in die man seine Schritte lenkt, weil sie auf irgendeiner Liste stehen, scheint es, als habe sich der Hausherr längst davongemacht an einen bescheideneren, eben stilleren Ort. Da steht ein Postkartenstand und ein Gerät, aus dem eine Tonbandstimme das Haus erklärt, und Leporellos hängen da und ganz versteckt auch ein Schild, man möge sich der Würde des Ortes entsprechend verhalten.

Welcher Würde? Sie ist ja da, undefinierbar und vielfach gestört, und mit der Schönheit und der Größe hat sie sich verschwistert. Aber geht es denn nur um das Maß der Kreuz- oder Netzgewölbe, um Säulen oder Kuppeln, Romanik oder Rokoko? Es ist gewiß erheiternd, zu sehen, wie sich unsere Vorfahren ihren unsichtbaren Herrn anverwandelt haben, bis er ihnen vertraut genug war! Ihren eigenen starren Faltenwurf, ihre eigene Angst und Magerkeit, später ihre überbordende Tanzlust und Üppigkeit haben sie in aller Unschuld dem Vater, dem Sohn und der Mutter mitgegeben. Bis vom Vater der Einfachheit halber nur das Auge übrigblieb, jenes Auge, das in den Kirchen meiner Kindheit dreieckig aus den Kuppeln herniedersah, unverwandt, und einem ein leises Gruseln verursachte. Es sieht alles! war unveräußerlicher, undiskutierbarer Bestandteil des Religionsunterrichts, der bei mir ein wenig durcheinander ausgefallen war, eine Vorwegnahme des Ökumenischen, gewissermaßen. Er sieht dich immer! Immer? Und ich sah das dreieckige Auge vor mir.

Aber das ist alles lange her, und keiner würde einen mehr mit diesem »Immer« erschrecken. Statt dessen nehmen die Kirchen in den Innenstädten rührende Rücksicht auf die Bedürfnisse der Stadtbewohner, bieten kleine Instantandachten an, fünf Minuten Besinnung, ein Orgelspielchen, kleine, zarte Häppchen, die nicht schwer im Magen liegen sollen. Die Eile wird als gottgegeben hingenommen, der Streß, Sie wissen schon, und ein bißchen Gott kann gegen Streß doch helfen.

Diese Restgottesdienste sind immer gut besucht, nicht nur an den obligatorischen Terminen, an denen selbst die schwärzeste Seele ein dumpfes Bedürfnis nach Reinigung verspürt, wobei allerdings offenbar das Anhören eines Knabenchores für eine ganzjährige Exkulpation zu genügen scheint. Aber noch ist keiner jener Termine in Sicht, es ist ein ganz normaler Wochentag, und im Dom sind weniger Touristen als sonst. Immer sind in den Seitenkapellen Menschen, die so dasitzen oder stehen, als gehörte das zu ihrem Tagesablauf, vor dem Hochaltar verweilen sie nur kurz, um sich dann in diese kleineren Räume der intimeren Frömmigkeit zurückzuziehen. Ich habe noch nie eine Kirche gesehen, die in unserem Jahrzehnt gebaut worden ist. Vielleicht gibt es ja genug, oder die Verantwortlichen haben mit dem Erhalt der bestehenden ge-

nug zu tun. All die modernen Kirchen, die im Krieg unterge-
gangene und zerschlagene Gotteshäuser ersetzen sollten, sind
ja auch schon wieder ein paar Jahrzehnte alt, aus einer Zeit,
deren Architektur eine gewisse Grämlichkeit und Enge, auch
schlechtes Gewissen atmet. In ihnen gibt es nicht diese dunklen Höhlen, die Seitenkapellen, bei den Evangelischen fehlt es
auch an deren Bewohnern, den Heiligen. Dabei ist es gar nicht
so wichtig, wessen Figur da oben im Dämmer über dem Kopf
des in Andacht Versunkenen steht. Jedenfalls ist es ein Mensch,
ein besonderer vielleicht, aber man kennt ihn nicht.

Mit der Heiligenverwirrung und ihren Auswüchsen haben
die Protestanten aufgeräumt, doch in den Kirchen fehlt was,
die klare und unbeeinflußte Konzentration auf das Unsichtbare fällt jenen, die nur noch ein vages Glaubenszipfelchen
krampfhaft festhalten, allzu schwer. Da hat so ein Heiliger,
kein gar zu gräßlich Gefolterter, doch etwas sehr Hilfreiches.
Sicherlich werden Theologen diese Vermischungen, die mir
auf meinen Wegen durch die Kirchen in der Großstadt unter-
laufen, unerträglich finden. Aber sie werden nicht widerspre-
chen können, wenn ich behaupte, daß die Mehrzahl der Menschen nicht mehr so genau weiß, wessen Häuser da stehen, gut
anschaubar, still, längst nicht mehr die höchsten der Stadt.
Gotteshäuser? Menschenhäuser? Oder muß das eine notwendig das andere sein?

Im Dom brennen auch Kerzen, aber mit dem Kerzenmeer
vor der blauweißen Madonna in der Liebfrauenkirche kann
niemand konkurrieren. Die edleren und stilreineren Figuren
stehen hier, aber das sagt noch nichts über die Zuneigung und
das Vertrauen, die man ihnen entgegenbringt – nicht den Figuren, das darf man nicht, aber dem, wofür sie stehen, ihrer
Sanftmut und ihrer streitbaren Selbstlosigkeit. Wie gesagt,
wir haben sie ja nicht gekannt, den mit den Tieren nicht
und die Dame mit den Rosen in der Schürze, und der heilige

Antonius wird es einer Ungläubigen verzeihen, wenn sie nur so für alle Fälle um ihren verlorenen Ohrring bittet. Schaden kann es nichts, und das Angenehme an den Heiligen ist, daß man ihnen auch mit ganz läppischen Bitten kommen kann.

Im Dom selber braucht man nicht zu sehen, wie grausam ihm die Architektur der Neuzeit zu Leibe gerückt ist. Das Gemurmel der Reisegruppen wird gedämpfter, und daß die große Glocke Gloriosa wieder heimgekehrt ist, stand in allen Zeitungen. Was aber bedeuten die Glocken? Früher war der Sonntagmorgen eine übermächtige Wolke aus Tönen, aus gebieterischem Lärm, der selbst eingefleischte Ungläubige aus dem Bett trieb. Damals schrieb jemand empört, was die Menschen wohl sagen würden, wenn die Atheisten allsonntäglich ihrer Freude darüber, daß es keinen Gott gibt, mit Böllerschüssen Ausdruck verleihen wollten? Erbitterte Prozesse fanden statt um Länge und Lautstärke der Glockenrufe, wer neben einer Kirche wohnte, wurde nicht selten an seinem Kinderglauben irre.

Aber auch das ist lange her. Im Zeitalter der Einflugschneisen und Ampelstaus, der Stadtautobahnen und des geduldeten, weil Wohlstand kündenden Dauerkrachs spielen die Glocken keine Rolle mehr. Zu festlichen Gelegenheiten gibt es ein Stadtgeläute, zu dem man hingehen muß, weil man in den etwas entfernteren Wohngebieten keinen Ton davon hört. So folgt man dem unhörbaren Ruf der Glocke: Nur, um sie selber zu hören. Dafür war sie eigentlich nicht gedacht. Wieder ein altes Bild aus dem Lesebuch: Jene Glocke, die sich losgemacht hat und bedrohlich schnell hinter dem gottesdienstschwänzenden Kind her übers Feld wackelt – das ist heute nur noch komisch.

Kurz und leise, gleichsam symbolisch, melden die Glocken, es sei Gottesdienst, aber die Pfarrer haben viel Verständnis für die Ferienzeit und die Wochenendausflüge und die Skifreizeiten – erwartet werden am Sonntagmorgen sowieso nur Kinder und alte Leute. Da sind sie einem doch aus dem Weg! sagt die Hausfrau.

Und für die jahrhundertelang erprobten Rituale, mit denen man diese Welt betritt, sich auf ihr mit einem anderen – oder mehreren anderen hintereinander – zusammentut und letztendlich aus ihr wieder verschwindet, sind noch keine brauchbaren Ersatzhandlungen gefunden worden. Rituale, da kann man sie hundertmal für unnütz und verkommen halten, sind notwendig, jedenfalls so lange, wie immer wieder die Situation entsteht, daß man eins braucht, die kirchlichen nicht will und feststellt, daß man das Loch nicht füllen, aber auch nicht leer lassen kann.

Der fränkisch stammelnde Freigeist, der am Grab über Nietzsche und Rilke zu retten versucht, was nicht zu retten ist, kann einem nur leid tun und ist kein Ersatz für ein Requiem.

Man kann sich zwar auch über der Nordsee verstreuen lassen, aber das ist nicht jedermanns Sache. Jetzt sind wir von der Kirche unversehens auf den Kirchhof geraten, aber das liegt nahe, zu nahe. So weit sind wir noch nicht. Denn manche Kirchen, gerade in der Innenstadt, haben insgeheim in den letzten Jahren eine neue Art Leben entwickelt. Da stehen plötzlich die Türen offen, Kaffee aus Nicaragua wird verkauft und gestrickte Handschuhe aus dem Hochland der Anden. Diese sind keine Wechsler, und Jesus, da sind sie sich ganz sicher, würde sie nicht aus dem Tempel vertreiben. Die Kirchentage haben es gezeigt, in den Kirchen institutionalisiert sie sich: die Friedensarbeit. Ein neues Ritual, abseits der bürgerlichen Begleiterfunktion für Geburt, Liebe und Tod? Der Frieden als endlich erkanntes menschliches Grundbedürfnis, das zu erfüllen nur durch die Überwindung der Gottlosigkeit möglich ist?

Ich habe das irgendwie erst ganz spät kapiert, sagt Inge, nennen wir sie Inge, das lila Halstuch trägt sie nicht mehr. Auf dem Kirchentag war ich mir eigentlich schon ganz sicher, aber es war ein langer Prozeß. Ich mußte erst mal den ganzen Religionsunterricht hinter mich bringen, total anders denken, eher von mir aus, weniger von so theologischen Fragen.

Man findet viel Irgendwie-Glauben, sagt anderswo ein strenger junger Pfarrer unglücklich. Er schwimmt auf der Unzufriedenheit, und bei der Arbeit merken wir: Wenn es nicht gleich die großen Gefühle gibt – dann wollen sie nicht mehr mitmachen. Eine neue Erfahrung der Kirche, für große Gefühle im Alltag sorgen zu sollen. Die nüchternen Räume, die zur Selbstvergessenheit nicht einladen, werden angefüllt mit großen Gefühlen und Parolen. Friedfertigkeit und Solidarität, von der Furcht des Herrn ist keine Rede. Die Kirche soll ein Raum sein, in dem Gemeinsamkeit eingeklagt werden kann, auch wenn einer hoffnungslos einsam ist. Je gebrauchsnäher die Räume, bei denen einem das Wort »heilig« nicht mehr über die Lippen kommt, um so vielfältiger scheint die angebotene soziale Arbeit zu sein. Vielleicht fallen aber die Angebote dort auch einfach nicht mehr auf.

In meiner Lieblingskirche, in der Leonhardskirche, habe ich noch nicht einmal die Zettel und Angebote der Gemeinde gelesen, das ist ungerecht. Ich lege nur immer den Kopf weit in den Nacken und schaue die Gewölberippen an, die wie ein Geäst, wie Spitzen unter der Decke hängen. Die kleine Kirche am Main hat so vieles zum Anschauen, daß man über ihre aktuelle Aufgabe, über das Wesen ihres Raumes nicht nachdenken mag. Aber ist sie deshalb ein Museum? Vielleicht teilt sich jenen das Wesen der Kirchen mit, die tagein, tagaus in ihnen schlafen, von den Kirchenoberen je nach Mentalität freundlich oder seufzend geduldet. Denn es geht natürlich nicht an, daß ausgerechnet jene, die sich auf ein Kind gründen, dem einst die Herberge verweigert worden ist, einem Menschen zur Herberge nicht dienen wollen. Nur – ganz so war es eigentlich nicht gedacht, aber es ficht die Schläfer in den Bänken nicht an, die bei einsetzenden Orgelklängen nicht mehr aufwachen, sondern noch tiefer in die Bank und in ihren trunkenen Schlaf sinken. Vielleicht empfinden sie den Geist der Kirchen am eindringlichsten, am tiefsten, was wissen wir schon, die wir einmal die Runde drehen, vor jenem lustigen Doppelwappen aus dem sechzehnten Jahrhundert kurz verharren, vielleicht der hier wohnenden Madonna eine Kerze gönnen? Nichts wissen wir! Das Wappen zeigt übrigens die Hochzeit einer Jungfer Frosch mit einem Herrn Storch. Damals hat's wohl beides noch reichlich und real im Stadtgebiet gegeben. Auch hier, in dieser von außen so bescheidenen Kirche gibt es Kapellen und »Chörlein«, die den Suchenden beschützen, ihn nicht der Wucht des Raums preisgeben und kleinmachen.

Beides tun die alten Kirchen – beeindrucken und trösten, an Vergänglichkeit erinnern und Ewigkeit verheißen. Sie sind ja nicht zuerst als Versammlungsort der Menschen gebaut worden, sondern als Sammlungsort, als Ort der Konzentration auf etwas, das man nicht sehen und nicht wissen kann – eben nur glauben. Das Sichtbare und das Unsichtbare gehen dabei viele Verbindungen ein, und ob jemand dem Himmel in einer jubelnden, überquellenden Rokokokirche oder in einer kargen romanischen Basilika näher ist, liegt an ihm selber. Den strengeren Protestanten ist jene hilflose Beziehung zu Bildern verächtlich, jene Sucht nach einem Stückchen Greifbarkeit, keine Madonna, kein Kerzenwald soll das kleinmütige Zweiflerherz wärmen. Sie werden vielleicht recht haben, aber das nützt nichts.

Auch Evangelische gehen in die Seitenkapellchen und zünden ihre Teelichter an, vielleicht nur, weil der Gipsmann oder die Gipsfrau auf dem Sockel ein freundliches Gesicht hat und weil der Unsichtbare schweigt. In dieser Stadt kommen einem die Kirchen nicht entgegen.

Die wollen gesucht, aufgespürt, erobert werden. Hier herrschen nicht die südlichen Verhältnisse, wo jedes dritte Haus ein heiliges Haus ist und wo – immer noch – der allmorgendliche Gang in die Messe zur inneren Hygiene gehört oder der allsonntägliche Gottesdienst festlicher Wochenhöhepunkt ist und man schon sehr krank sein muß, um ihn zu versäumen. Davon brauchen wir nicht zu reden in einer Stadt, in der Merkur der vertrauteste Gott ist und so prachtvolle, hohe Dome gebaut bekommt. Die Kirchen hier sind schön, aber nicht einer käme auf den Gedanken, nur ihretwegen die Stadt zu besuchen.

In der Mitte der Stadt steht die Katharinenkirche und hat sich ganz den Eiligkeiten der Zeit angepaßt. Manchmal kommt jemand auf den zögernd eintretenden Besucher zu und fragt freundlich, ob man reden wolle. Eben nicht! Aber das Angebot wird sicher von vielen dankbar aufgenommen, denen sonst keiner zuhört und die es gerade an dieser Stelle der Stadt aufgegeben hatten, sich Gehör zu verschaffen. Trotzdem: Die Kirchen sind zum Schweigen noch geeigneter als zum Reden, das lasse ich mir nicht nehmen. Man könne überall schweigen? Es ist natürlich möglich, daß einen die Erleuchtung über die Nichtigkeit allen irdischen Tuns und Strebens mitten im Kaufhof überfällt, aber um des Gedankens wirklich habhaft zu werden, empfiehlt sich ein Ort, an dem es sich stiller über Unwichtigkeiten und Wichtigkeiten nachdenken läßt. In der Kirche – wenn sie offen, freundlich und nicht allzu museal am Weg steht – kann man die Begriffe umkehren, neu zusammensetzen und für kurze Zeit die Zeit anhalten.

Seit der Reformation hält man die Schönheit eines Raumes für mißtrauenerregend und der Reinheit des Denkens und

Glaubens eher unzuträglich – in den Zeiten kirchlicher Allmacht, Üppigkeit und Hoffart mag das auch richtig gewesen sein. Aber jetzt sind ja längst andere hoffärtig geworden, und die Allmacht geht nicht mehr von jenen aus. So bedienen wir uns der Räume, die übriggeblieben sind, und können die Stille nutzen, die sich in ihnen da und dort noch gehalten hat.

Sieben große, mittelalterliche Kirchen hat die Stadt. Sieben leise Angebote, sieben Geschenke. Siebenmal – wenn auch ganz unterschiedlich – stehengebliebene Zeit. Es gibt so einschüchternd viele Wörter für das, was man für sein Inneres tun sollte, es gibt Dutzende von Therapien und Theorien, wie man sich für ein paar Minuten Ruhe und Frieden verschaffen kann – eine ganz einfache, aber verblüffende Möglichkeit ist es, in einem dieser Räume zu sitzen, einfach nur zu sitzen und zu schauen und zu hören. Es gibt sie ja. Man braucht nur hinzugehen. Auch ein zweifelndes, ungeduldiges Kind des zwanzigsten Jahrhunderts wird freundlich aufgenommen.

Eine Frankfurterin: Else aus dem Club Voltaire

Sie ist oft mit der Mutter Courage verglichen worden, wahrscheinlich meist von denen, die das Stück nicht kennen. Denn Brechts beinharter Marketenderin gleicht sie nicht, und ihre Unerschütterlichkeit ist eine organisch gewachsene, nicht aufgezwungene Haltung.

Sie ist in Frankfurt geboren, im Gallusviertel, Friedrich-Ebert-Siedlung. Damals hat man noch Kamerun gesagt, nach dem Krieg war's dann das Gallus. Die meisten, die dort wohnten, haben bei Teves geschafft, auch Elses Vater, als Schlosser und Schmied. Sie bleibt das einzige Kind ihrer Eltern, ihre Mutter Kathinka ist erst Schneiderin, geht dann in die »Schlappefabrik« arbeiten. Noch lange nach dem Krieg hieß es in Frankfurt zu Kindern, die in der Schule nicht guttaten, Du kommst in die Schlappefabrik.

Kathinka kommt, während des Krieges dienstverpflichtet, auch noch in die Firma Teves. Mit vierundzwanzig ist Else erst von zu Hause weggezogen, nach vielen Berufsanfängen. Erst in einer Blusenfabrik, dann in einem Lebensmittelladen. Ich hab alles genommen, was mir das Arbeitsamt angeboten hat, sagt sie. Ich war keinen einzigen Tag in meinem Leben arbeitslos. Aber in dem Lebensmittelladen, da mußt ich den Wermut ansaugen zum Abfüllen, da war ich als voller wie die Flasch. Ich bin überhapt öfter mal rausgeflogen.

Nach dem Wermut-Abenteuer wurde sie in ein Schmuck-Parfümerie- und Ledergeschäft im Bahnhofsviertel als Lehrling vermittelt. Einschließlich Dackelbetreuung, sagt sie. Bevor ich da anfangen durfte, mußt ich erst meine Daten an den Stern schicken, fürs Horoskop. Damit das stimmt. Und dann gings ab morgens um sieben, den Hund spazierenführen, bis nachts um elf, da mußt ich noch Schaufenster dekorieren.

Kannste dir vorstellen, was das heißt, Parfümerie dekorieren? Den ganzen Kleinkram? Damals hab ich gelernt: Was man zeigt, verkauft man! … Wir waren ja im Milieu mit dem Laden, die Nutten haben ja auch gezeigt, was sie verkaufen!

Sie erzählt ihre komischen Jugendgeschichten, wie immer ohne zu lachen, das Lachen des Gegenübers aber erwartend. Sie erzählt wie eine Orientalin, macht die Leute nach, malt mit den Händen, zeigt Begebenheiten und Menschen ganz rund und vorstellbar. Besonders würdevolle und pathetische Anlässe, an denen die Linke nicht arm ist, kann sie sehr entlarvend darstellen. Vielleicht ist dies eines jener Geheimnisse, die es möglich gemacht haben, daß sie zwanzig Jahre an einem so streitträchtigen, krachzeugenden Ort wie dem Club Voltaire, der ältesten und letzten linken Kneipe in der Innenstadt, in einer so komplizierten Umgebung von ideologischen Unterschieden, Eitelkeiten, Mißverständnissen und Kränkungen ausgeharrt hat, niemandem nach dem Munde redend, mit niemandem – soweit ich das sehen konnte – ernsthaft überworfen. Sie zeigt einen wortlosen, aber sehr sichtbaren Sinn für das Komische.

Wenn Sozialdemokraten mit Anarchistinnen, Trotzkisten mit MLern, Feministinnen mit Anwälten, Abgeordnete mit Fernsehschaffenden aneinandergeraten, entbehrt das nur sehr selten der Komik. Else sah das immer, und man konnte sehen, daß sie es sah.

Sie hat eine im 68er Sinn lupenreine Herkunft, eine antifaschistische Erziehung, die zu früher Mitarbeit in politischen Gruppen führte – SG Westend, Naturfreunde – und die letztendlich auch Grund und Voraussetzung für die Arbeit im Club war. Der Club war ein Brennglas der linken Entwicklung in der BRD, das Nest, das nicht eindeutig Einzuordnende, der Ärgerherd für viele, ein ewiger Quell des Mißtrauens für Bürokratie und offizielle Kulturverwaltung.

Immer wieder kommen die Bilder von früher hoch, ach, was soll denn schon schlimm sein, an dem »Weißt du noch«? Man braucht es doch manchmal. Else kann es gut, dieses »Weißt du noch?« Weltjugendfestspiele, Internationales Pfingstcamp in Amsterdam. Oder die Großen Demos – damals, dann lang nicht und jetzt wieder.

Und es muß doch gegessen werden! Demonstrieren macht Hunger, und da stehen dann die vom Club, ob es auf dem Römer ist oder im Güntersburgpark. Kundgebung oder Demo, ob die Reden langweilig sind oder leidenschaftlich, ob man sie überhaupt versteht oder nicht: Hunger gibt es doch und da stehen eben die vom Club da.

Pepe, der Äppelwein ist gleich all. Fahr mal in den Club.

Es ist eine heikle Sache, von jemandem ein bißchen zu erzählen, ihn herauszulösen aus den anderen Menschen, die ihn umgeben und die gerade in dieser Welt so wichtig sind. Denn was ist ein Linker ohne Freunde? Und ich nenne jetzt einfach keinen einzigen Namen, denn irgendeinen würde ich vergessen von den Anwälten und -tinnen, Journalisten, Lehrern, Arbeitslosen, Köchen, Politikern, Schreibern und Rednern – und der wäre dann gekränkt. Mit Recht. Aber sie alle gehören zu Else, und das eben ist ein Teil jener Gegenkultur, die sich in letzter Zeit als immer notwendiger, als ausbaufähig und aktuell erwiesen hat.

Die Gegenkultur braucht Menschen, sie braucht aber auch Orte. Es gilt, der Frankfurter Architektur-Peep-Show etwas entgegenzusetzen. Die Guckkastenblicke auf etwas ebenso Nettes wie historisch Verlorenes, die die Innenstadtdekorateure für Kultur der Umgebung halten, bedarf der Ironisierung, genau wie die Veranstaltungen, die dementsprechend gestaltet werden.

Als in der Alten Oper die Titanic untergehen sollte (es ging statt dessen ganz was anderes unter, Geschmack und Ideen und Phantasie), legte in der nahen Kleinen Hochstraße ein »Rettungsboot« ab, das alsbald wegen Überfüllung zu sinken drohte – ein Phänomen, das auf den alljährlichen republikanischen Anti-Opernbällen immer wieder zu besichtigen ist. Beweis für die Notwendigkeit der Gegenkultur? Er braucht nicht geführt zu werden, denn selbstverständlich kann sie nur dort entstehen, wo Kultur sich verabschiedet und mit Lügen und Schminke zugerichtet hat. Gegenkultur braucht Orte. Sie darf nicht auf den vertrauten Terrains verharren, sondern muß sich neue erobern.

Gegenkultur braucht Menschen. Sie braucht ganz besonders solche, die ein Brücken-Talent haben, die andere verschiedenster Couleur zum Reden bringen können. Daß Else das kann, hat sie bewiesen.

Und das ist sie auch noch: Zeitzeugin, anders, als es in den toten Abfragereien des Fernsehens hergezeigt wird. In Griechenland wurde sie für ihre Hilfe, die sie unter Gefahr für sich selbst während der Juntadiktatur für griechische Genossen geleistet hat, höchst offiziell geehrt. Das hat sie gefreut, man sah es ihr an. Gelegentlich zu erleben, daß eine Diktatur verschwindet und auch noch mit dem Gefühl, dabei mitgeholfen zu haben: ich stelle mir das als einen großen Moment vor. Ich war fast neidisch. Aber ich habe mich erinnert: Zu der Zeit, als diese politischen Aktivitäten stattgefunden haben, war das gar kein Thema, es ist wenig darüber gesprochen worden. Gute alte linke Tugend des Maulhaltenkönnens, wie wenige beherrschen sie noch. Aber es ist nicht gut, mit so einer ernsten rührenden Geschichte ein kleines Wörterbild von der Else zu beenden. Und so fällt mir eine andere Geschichte ein, die einen »elsigeren Schluß« bilden kann: (und jetzt, wenn sie das liest, wird sie das Kinn vorschieben, die Haare zurückwerfen, als hätte sie noch die ganz langen von früher, sie wird die Augen zusammenkneifen und einen skeptischen Schnutenmund machen).

Einmal waren wir auf einer Demo, eine frühe Startbahndemo war es, zu einer Zeit, als noch was zu retten gewesen wäre. Inge, Else und ich gingen durch die Bleichstraße, bogen in die Adenauerallee ein, sahen die Schützen auf den Dächern der Kaufhäuser und redeten von früher.

Ein Küken von Genosse, halb so alt wie wir, hüpfte nervös neben uns her, tänzelte und rannte vor und zurück. Macht doch emal voran! sagte er zu uns. Und da sagte Else zu ihm: Hör emal. Wenn wir Damen noch emal auf e Demo gehe, da haste dich unserm Tempo anzupasse. Net umgekehrt!

Straßenjungs

Da sind sie, auf schwarzweißen Doppelseiten, in einem der wichtigsten deutschen Wochenblätter: Jung und fett, lederbrüstig, tätowiert, mit Hitlergruß und Bierflasche, die Münder aufgerissen. Ein paar Herausgegriffene aus dem Heer der Halbkinder, die zu jeder Tageszeit Schrecken erregen, besonders wenn Fußball ist und sie in Scharen am Bahnhof und in den Zügen einfallen. Das mit dem Nazigruß sei gar nicht so gewesen, mault Wochen später einer von den Jungen. Die Reporter hätten ihnen genügend Bier bezahlt und auch noch Asche extra, da hätten sie das eben gemacht, eigentlich wären sie gar nicht so. Wie er das erzählt, in irgendeiner vormittäglichen Hörfunksendung, ist er nüchtern. Am Abend, wenn er dann genügend Bier drin hat – wer weiß? Es sind ja doch nur die Gebärden und Wörter. Streetgangs – nein, ich habe nicht wochenlang mit ihnen gelebt und gesoffen, ich habe gar nicht erst versucht, ihre Sprache nachzuahmen oder ihren Stil, und vor dem Motorradfahren habe ich Angst. Der Einschleichjournalismus geht nicht, wenn man eine Frau ist und hat es zu tun mit Buben zwischen zehn, zwölf und achtzehn, neunzehn. Bei ihnen geht es einem wie in Asien. Jeder sieht sofort, daß man ein Fremder ist. Da braucht man gar nicht erst so zu tun, als gehörte man dazu. Das hat trotz einiger Einstiegsschwierigkeiten etwas sehr erleichterndes. Das Ich-bin-wie-du fällt flach.

Ich suche nach Eingängen in das Fremdland. Aber lang vorher ist mir klar, daß ich über eine ganz alte Sache schreiben will.

Zu allen Zeiten haben heranwachsende Knaben dazu tendiert, sich zu Horden zusammenzurotten, sich merkwürdigen und lautstarken Ritualen zu unterwerfen und, gestärkt durch

Alkohol und Gemeinschaft, andere Leute zu terrorisieren. Das gab es im antiken Rom wie im mittelalterlichen Paris, der Herr Villon war sicher ein früher Street-Gangster, das London des sechzehnten Jahrhunderts ächzte unter ihnen und im Berlin des neunzehnten waren sie nicht unbekannt. Sie müssen sich auch damals schon ziemlich fürchterlich aufgeführt haben, die Gruppen marodierender junger Männer, und man wechselte sicher schon vor fünfhundert Jahren die Straßenseite, wenn man ihnen begegnete – genau wie heute. Was aber sind heute die besonderen Eigenheiten dieser Gruppen? Was ist eine Streetgang, ab wann ereignet sich das fest und fester werdende Gruppenverhalten, sind sie dasselbe wie Rocker?

Samstags vor einem Kino in der Innenstadt. Hinter der undurchdringlichen Barrikade ihrer Motorräder eine laute, schwarzglänzende Gruppe, fast jeder mit einem Sechserpack Bierdosen. Ich trau mich nicht ran. Einer trägt einen riesigen Kassettenrecorder, aus dem eine Musik herausscheppert, die ich nicht kenne. Ich will sie vielleicht auch nicht kennen. Ich beschließe zu warten, bis ich auf ein Einzelexemplar von ihnen treffe. Wenn sie zusammen sind, bilden sie für mich einen fremden Stamm, mit dem ich mich nur durch Gebärden verständigen kann. Später treffe ich zwei in einer Kneipe, da gehts dann ganz leicht.

Wann ich mal länger mit ihnen reden könne? Montag, sagt der eine, nennen wir ihn Atze, weil er einen ähnlich berlinerischen Namen hat. Da bin ich bei meiner Oma im Garten, nachmittags. Da kannste dann hinkommen.

»Bei der Oma im Garten« paßt mir nicht ins Konzept. Aber ich kenne die Gegend, von der Atze spricht. Es ist ein altes Kleingartengelände, umgeben von einem der vielen Schuhschachtelvororte. Das Gelände soll eingeebnet und bebaut werden. Aber soweit ist es noch nicht, und als ich Atze frage, was er davon hält, sagt er: da kannste nix mache. Da biste ruhich, sozusage. Ohne Kohle kannste da nix mache. Dabei sieht er aus wie ein Söldner kurz vor der entscheidenden Schlacht, genagelt und gespornt, ledern und wehrfähig, sozusagen. Aber das ist, scheint's, nur Kostüm.

Atze ist siebzehn. Er hat eine KFZ-Mechanikerlehre begonnen, mit seinem Meister Streit bekommen, abgebrochen. Jetzt arbeitet er schwarz bei einem Transportunternehmen, aber auch nur, wenn's unbedingt sein muß und seine Mutter oder seine Oma ihm kein Geld mehr geben wollen. »Eine kriegste immer rum«, sagt er. Er hat noch ein paar Geschwister, wie viele, will er nicht sagen. »Genuch, es sin genuch. Mir reiche se. Desweche hat sich aach mein Vadder abgemacht.« Meine Bemerkung, daß der an den vielen Geschwistern ja nicht grade unbeteiligt sei, wischt er weg. »Phh«, sagt er. »Darum gehts doch net. Da mußte de Alde halt weghalde!« Soll ich in den Garten was zu trinken mitbringen, frage ich. Da grinsen sie beide, Atze und sein bisher stummer Freund. »Soviel de kannst,« sagt der Stumme. »Soviel de trage kannst! Du hast ja Kohle«, sagt Atze zufrieden. Wenn einer von außen kommt und was wissen will und freundlich ist, muß er Kohle haben. Und einen Knall. Die Ausflüge der Medien in ihre Welt kennen sie schon. Wer will denn das wissen? sagt der vormals Stumme. Es gelingt mir nicht, ihm klarzumachen, daß in einer langweiligen Zeit die sogenannten Randgruppen Auswege aus der Langeweile zu sein scheinen – natürlich nur, wenn man über sie liest. Dabei ist eines der Hauptprobleme dieser »Randgruppe« eben die Langeweile. Es ist alles so grade und so viereckig und da haben sie eben keine Böcke drauf. Wenn sie das sagen mit den Böcken, seh ich sie buchstäblich vor mir, mit gesenkten Hörnchen rennen sie gegen die Wände der Vorstädte, sie reißen die weißen Plastiklampen aus den Unterführungen in Fetzen, sie treten die Telefonhäuschen tot. Sie langweilen sich. Der Fußball – das ist ja auch nur wegen der

Schlachtsituation: Sie packen es, sie können Hunderte von Polizisten mobilisieren, die verhindern sollen, daß sie auf ihre Feinde treffen. Wenn's mit denen schon keinen Putz gibt (es gibt ihn, aber nicht direkt nach dem Spiel, man kann ja warten!) also: Wenn es mit den jeweiligen Feinden keinen Putz gibt, dann eben mit der Polizei oder mit irgendwem. Immer wieder gegen die Mauer. Früher konnte man davon ausgehen, daß sie sich besagte Hörnchen schon abstoßen würden, daß sie arbeiten gingen und Familien gründen – aber jetzt? Die Streetgang-Jungen fangen immer früher an herumzulungern und hören immer später auf. Der Rhythmus ist nicht mehr wie früher.

Am nächsten Tag, in Omas Garten, sind zehn oder zwölf zusammen, auch ein paar Mädchen sind dabei, düster blickende kleine Bräute, die erst mal wenig sagen. Ich lade ein paar Kästen Bier aus und etwas Lambrusco für die Damen. Ich habe kein sehr gutes Gefühl dabei. Aber warum sollten die freiwillig und ohne handfesten Vorteil mit mir reden wollen. Bist du eine Zuhälterin? fragt eines der Mädchen etwas später sachlich, gar nicht unhöflich. Halt's Maul, dumme Kuh, antwortet einer der Jungen friedlich, die ist vom Sozialamt. Das riech ich. Als ich sage, daß ich über sie berichten will, fragen sie nach der Kamera und wieviel ich zahle. Sie haben schon recht, warum sollen sie nicht, und die nennt man eine Randgruppe! Es ist kalt, man sitzt auf Feldbetten und Obstkisten in einer kleinen Gerätehütte. Draußen stochert einer im Feuer. Auf den graden braunen Beeten stehen noch ein paar blasse Porreestangen. Hier stört uns keiner! sagen sie. Im Sommer schlafen wir hier auch. Vermißt euch da niemand, frage ich. Aaner weniger dehaam, sagt Atze stellvertretend, das glaubste, daß da kaaner was »vermißt«. Meine Fragen nach dem, was sie denn so politisch dächten, stößt auf unwirsches Grummeln. Kanaker raus! gröhlt plötzlich einer und lacht. »Des isses doch, wasde hörn willst!« sagt Atze. »Dadebei isses ja wahr. Die wo die Kanaker behalde wolle, hawwe ja gar nix mit dene zu tun. Wenn mir uffenannertreffe, gibts volles Pfund!«

Ich weiß, daß es – logisch – auch türkische Gangs gibt, die einen ziemlich harten Kampfstil pflegen, und daß sich die Raufereien fast geplant abspielen. Manche von der Polizei können es voraussagen, wann da wieder was los sein wird. Aber politisch? Sie sind eher losgelöst von allem, in einem Vakuum der Gedanken, reagierend und bezogen allein auf die nächste Ecke, auf den nächsten Tag. Daß man irgendwoher kommt und irgendwohin geht, mögen sie gar nicht wissen, es ist nicht in ihnen. Die grellen Signete der Gruppe, ihre Kostümierung, ihre lauten, eigenen Wörter und Sprüche schützen sie notdürftig vor der eigenen Unsichtbarkeit. Sie kennen anscheinend alle nicht das Gefühl, gebraucht zu werden. Sie richten sich trotzig und bedrohlich in ihrer Überflüssigkeit ein. Mich finden sie stur und dumm mit meinem Politikgerede. Sie wollen viel lieber wissen, wie man Kohle macht, viel Kohle. »Net mit awweite«, sagt einer, »sag' mir bloß nix. Da kommts net her.«

Die Mädchen reden immer noch nichts und schauen verbissen. Später erzählt mir die eine leise über ihre Lehrstelle. Da hält man's auch nur aus, wenn man was anderes hat, so wie hier. Wir machen auch viel zusammen, sagt sie trotzig. Net nur saufen. Wir fahren auch raus und gehen auf ein Konzert! Sie möchten wohl den Eindruck verwischen, in einer unbeweglichen Gruppe von Nicht-Dazugehörigen zu verharren. Aber eigentlich ist es ihr dann doch egal, und sie macht ein Gesicht, als könnte ich sie sowieso nicht verstehen. Ich frage nach Wünschen. Was – wenn alles möglich wäre – würden sie machen wollen? Wo leben, was tun, wie sein? Da kommt nicht viel. Einmal sei er in Spanien gewesen, sagt der eine, auf seinem Bock. Da wäre es schon ganz gut. Kohle, das sollte man eben haben. Genug Kohle. Einen Porsche. Und dann jeden Tag einen draufmachen, wo es einem paßt. Sonst kommt nicht mehr viel. Sie kennen ja auch nichts, nur dieses Hangeln von Tag zu Tag, getröstet vom Bier, allenfalls. Und manchmal rennen sie dann eben gegen die Wände und versuchen sie einzureißen, fühlen sich blind stark, egal gegen wen, weil sie ja nicht allein sind. Also mit dreißig spätestens laß ich mich notschlachten, sagt einer. Da müßte ich längst hinsein! sage ich. Na ja, kriege ich zur Antwort. Na ja. Eigentlich schon!

Das Geschlecht der Engel

Um diese Frage hat es vor wenigen Jahrhunderten monatelange Disputationen, Jahrzehnte dauernde Querelen und die Pein der Inquisition gegeben. Ob sie eins hätten, die Engel, oder ob sich der Begriff allein angesichts ihrer Gottesnähe verböte, wobei Gott natürlich nicht anders denk- und darstellbar war denn als Mann. Wie viele von ihnen auf einer Nadelspitze Platz hätten, war ein ernsthaft diskutiertes Problem. Welche wunderbar luxuriöse Fragen, gestellt in Zeiten, die so blutig und irrational waren wie alle Zeiten, seit die Erde besiedelt ist, die aber den industrialisierten Tod noch nicht kannten.

Wie viele Engel auf eine Nadelspitze passen, werden wir nicht mehr klären wollen, die Frage hat auch im Gen-und-Teilchen-Zeitalter ihre Brisanz verloren – vielleicht eine Million, vielleicht einer, wer weiß es. Wie viele Engel in eine Stadt passen, scheint die wichtigere Frage, oder wie viele nötig wären. Der Gedenkengel vor dem Kino hat ein intaktes geflügeltes Gegenüber, hoch über dem Eingang der Apotheke steht es und ist größer, von gradezu höhnischer Unlädiertheit, als habe er die Aufgabe, den Engel des Kommerzes darzustellen. Der kleine zerzauste und geknickte Gedenkengel schaut gar nicht hin. Im *Zeit-Magazin* war vor Jahren dankenswerterweise eine Art himmlischen Branchenverzeichnisses abgedruckt, das habe ich mir aufgehoben, offenbar ahnend, daß man irgendwann einmal Engeln Namen geben muß – VEHUJAH ist der Engel des Feuers der Liebe und AMIRIEL jener der Leidenschaft. Es ist ihnen, scheint es, Menschliches weniger fremd als manchen Menschen. Braucht man Engel?

Es scheint, sie waren bisher viel zuwenig sichtbar. Dieser kleine Engel verdankt seine Landung an einem so merkwürdigen Ort nur vordergründig der Zähigkeit einer Gruppe

Menschen und der klugen Phantasie einer Künstlerin – vielleicht war er immer da, genau an der häßlichen Stelle vor dem Kino mit den Fahrrädern und den blöden, phantasielosen Graffiti, den Ausgeburten architektonischen Stumpfsinns ringsherum, und den Kneipen, die auch nicht unbedingt Horte von Sensibilität und Eleganz sind. Der Engel hat sich sichtbar gemacht an einem Platz, der noch immer vom Krieg erzählt, obwohl dessen Spuren längst getilgt sind. Der Platz zeigt jenes Übriggebliebene und Zusammengekleisterte, das immer sichtbar wird, wenn die großen Wolken der Katastrophen sich verzogen haben – was bleibt? Ein bißchen Amüsement der gröberen Sorte, die geliehenen Bilder der Filme, ein bißchen Mobilität und Eile und Geldverdienen, ein bißchen Betrug und Drogen, um die Ecke eine müde Kirche für einen längst schweigenden Gott, Dreck, Joggingklamotten, Leder an aufgegebenen Leibern, die sich Kick und Glamour zusammenschnorren, der Geruch nach miesem Essen und Gleichgültigkeit. Das einzig verfügbare Unschuldige ist gegenüber in Käfige gesperrt, im Tierladen, und schaut mit erschöpften Augen nirgendwohin. Und eben der Engel mit dem verletzten Hals, der sich um dieses ganze Universum, diesen übelriechenden und herzzerreißenden Mikrokosmos hier kümmern soll. OPHAR heißt der Engel der Dunkelheit – vielleicht heißt er so? Er sagt es nicht, und auf seinem kleinen Schild steht seine Funktion geschrieben, er soll erinnern. Natürlich, das soll er, wir hatten es bei der Betrachtung seines lebendigen irdischen Umfelds vergessen.

Ich gebe zu, daß ich mit der Diversifizierung der Opfer immer Probleme hatte und daß die Gedenkdiskussionen, zum Beispiel in Berlin, Formen annehmen, die einen doch grausen. Der Engel-Plan aber, obzwar auch er seine kaputten Flügel nur über eine gewisse Gruppe der Opfer breitet, hat mir von Anfang an gefallen. Natürlich ist er viel zu spät gekommen, dieser Engel, er ist in eine einigermaßen liberale Welt hinuntergeflogen, jedenfalls im Vergleich zu jener, die er vorgefunden hätte wenige Jahre nach dem Massenmord durch die Nazis. Da hat er sich nicht getraut, in den glorreichen fünfziger Jahren, wo die Überlebenden verhöhnt und gehaßt wurden, wo man ihnen nicht glaubte, wo die Geschichtslehrer uns von ihren glorreichen Feldzügen vorschwärmten und stolz ihre Prothesen vorzeigten, wo das Wort Jude nicht vorkam und schon gar nicht, daß nicht nur sie »verschwunden« waren.

Wir wollen jetzt nicht wie gehabt die Opfer einteilen, nach Klassen oder Hierarchie des Leides, und ich würde gern auch Engel sehen für jene Fünfzehnjährige, die einen Monat vor Kriegsende aufgehängt worden ist, weil sie eine Halskette geklaut hatte, für die Edelweißpiraten oder die Deserteure, natürlich möchte ich für all die kleine Engel sehen, an allen armseligen Orten in der Stadt, die so einen winzigen Paradiesfleck bekämen, wie ein halbes Versprechen. ELIGUEL heißt der »Engel des Sammelns der zerflatternden Stimmen der verlorenen Schafe«.

Ist das der Name unseres Engels? Es ist mir erst angesichts dieses beschädigten Engels aufgefallen, daß es in Frankfurt einen ausgesprochenen Engelmangel zu beklagen gibt. Ich komme aus einer Gegend, wo das Barock dafür gesorgt hat, daß sie einen aus allen Ecken ansehen und überall sitzen, sich befragen oder um etwas bitten lassen, manchmal ein wenig sündig dreinschauen und für den Ernst ebenso zuständig sind wie für die Freude. NARIEL heißt der Engel des Trostes. Immer wieder muß ich zu dem selbstbewußten und unverletzten Engel über der Apotheke schauen, erst im Angesicht des Gedenkengels für die Liebenden ist er mir aufgefallen, ein ziemlich säkularer Engel, aber immerhin. Sein unscheinbares Gegenstück hat ihn aus der Unsichtbarkeit geholt. Es geht etwas Schüchtern-Heiteres von dem kleinen Platz aus, die Bänke sind natürlich schon wieder beschmiert mit jenen rätselhaft öden Zeichen, die sich eckig und anmutslos überall finden, auf jeder schön ockerfarbenen Wand, auf jedem unschuldigen Stück Marmor. Ach, wie beflissen wir waren, all diese mediokre und unglückliche Sudelei zu Kunst und jugendlichem Ungestüm und sonst welchem hochgestochenen Quatsch zu adeln, grade hier, an diesem klaren strengen Ort stört mich das mehr als sonst. Ob die wissen, wo sie mit ihren Sprays herumhantieren? Und woran sie denken sollen? Ist die Kraft des kleinen Engels groß genug? Wollen wir ihn OHRIEL nennen, welches der Name ist für den Engel der Langmut? Oder, was schlimm wäre, THAAMIM, welcher der Engel der Abgestumpftheit der Seele ist?

Für was es nicht alles Engel gibt! Diesen Reichtum wahrnehmend wächst die Erkenntnis, in einer ziemlich ergrauten Welt, wie sehr sie nötig sind. Man will aber um der Engel willen nicht jammern, sondern daran denken, wieviel Glück es bedeutet, nicht mehr dafür verfolgt zu werden, was einem anhaftet, wofür man nichts kann, was man liebt oder was man ist. Weltgestalter und -ordner waren ohne Ausnahme schrecklich, und diese, deren Opfer der Engel im Gedächtnis hält, waren wohl die schrecklichsten. Jene, die zu entscheiden sich anmaßen, was in die Welt gehört und was nicht – man muß vielleicht manchmal doch an den Satz von den Anfängen, denen es zu wehren gilt, denken, obwohl man sich längst über ihn hinausgewachsen fühlt –, wie im übrigen auch über die eilfertigen Teilnahmebekundungen, die manchmal etwas schlicht Unangenehmes und manchmal den Geschmack bombastischer Verdrängung haben, wie am Börneplatz in Frankfurt. Dabei haben damals nur einige Engel gefehlt, vielleicht SABRITIEL, der Engel der Charakterfestigkeit und der Wohnungen. Das hätte dann für etwas Mut gesorgt, um den zerbrechlichen und bewegenden Platz am wiedergefundenen

Leben zu lassen, und man hätte sich den ganzen präsidialen, architektenvergüldeten und technisch perfekten Gedenkzauber sparen können. Ich mag den kleinen Engel, weil er, indem er ihn besetzt hat, einen Platz erschaffen konnte, wo vorher keiner war. Er ist kein Honoratiorenengel. Er macht sich nicht wichtig. Er ist nicht heldisch. Er sagt nicht, meine Opfer haben mehr Opfercharakter als die anderen Opfer. Er sagt nur, denkt an sie, manchmal. Vielleicht heißt er letztlich doch RAVANAEL, welches der Engel der Tiefe der Liebe ist. Genau werden wir es nie wissen, denn es ist möglich, daß er alle Namen zugleich trägt, der zerzauste Bote aus einem Himmel, den wir manchmal für leer halten. Manchmal, nicht immer. Und es wird eine Ruhestätte sein an diesem überaus häßlichen kleinen Platz für die Schnapstrinker, die heiligen, für die mühseligen und beladenen Bag-Ladies und für die Suchenden aller Geschlechter, die melancholischen Hunde werden an seinen Sockel pinkeln, und vielleicht wird sich ein Löwenzahn ansiedeln. Nachteulen und Spatzen werden ihn umfliegen, die verdorbenen Tauben bemalen ihn mit Kalk, jemand wird ihm vielleicht ein Zettelchen zustecken ULI ICH HABE BIS 10 GEWARTET – und vielleicht kriegt er auch mal einen Blumenstrauß. Auch für seine Schützlinge wird das schöne, jüdische Wort gelten: UND IHRE SEELEN SIND EINGEBUNDEN IN DAS BÜNDELEIN DER LEBENDEN.

Das Weltdorf

Frankfurt am Main besteht aus vielen Dörfern unterschiedlichen Alters. Das jüngste heißt Skyline. Ich war nicht gefragt worden, ob ich nach Frankfurt wollte, damals, als es Skyline noch nicht gab und die Frankfurter sich erst mal eine U-Bahn gruben. Ich war ein Kind, Kinder nehmen die Dinge hin, wie man sie ihnen zumutet, und denken höchstens mal: In ein paar Jahren mach ich, was ich will, und geh weg.

In Frankfurt denken das gleichfalls viele Erwachsene. Sie werden in die Stadt gespült, der Job, die Bank, die Messe oder was auch immer halten sie für eine Weile fest, sie richten sich ein, behalten dabei Heidelberg oder Hongkong fest im Blick. Irgendwann begreifen sie, daß Frankfurt eine proteische Stadt ist, eine Verwandlungskünstlerin, sowohl Hongkong als auch Heidelberg, mit ein bißchen Phantasie. Also bleiben sie da und kurz darauf sind sie Lokalpatrioten, ohne zu wissen, wie ihnen geschah.

Ich bin weggegangen und ein paar Jahre später wiedergekommen, mit dem festen Vorsatz, nur kurz zu bleiben. Jetzt bin ich schon mehr als mein halbes Leben in derselben Wohnung, die ein paar hundert Meter von der Wohnung meiner Kindheit entfernt ist. Weggehen kommt wohl nicht mehr in Betracht, schon weil die Stadt einen nicht festhält. Frankfurt verlangt keine hysterischen Bekenntnisse wie zum Beispiel Berlin, keine gesellschaftliche Choreographie wie Hamburg, nicht die anstrengende Leichtigkeit des Seins wie München oder Köln. Es ist eine Ansammlung von Dörfern, die Stadt spielen, mit Begabung und Erfolg, manchmal mit unfreiwilliger Komik. Dadurch fehlt alles Hochfahrende, Pathetische oder Einschüchternde. Eigenschaften dieser Art müssen die Bewohner selber mitbringen, es liegt aber in der Natur der

Stadt, Dramatisches schnell zu zerbröseln. Für Stars ist hier nicht das richtige Parkett. Und wenn Frankfurt glamourös tut, stehen die Frankfurter am Rand des Ereignisses und lachen sich schlapp.

Eines Tages war mir klar, daß ich das sehr gern habe und nicht mehr darauf verzichten möchte. Gewiß, meine Liebe zu alter Architektur muß sich anderswo Futter suchen, Stille ist ein rares Gut, Schönheit auch, allerdings gibt's eine Menge Grün, das ist schon mal was.

Frankfurt lehrt Bescheidenheit und fördert den Spürsinn. Es hat verschiedene Herzen und Mittelpunkte, jeder muß seine eigenen finden. Meine Stadtmittelpunkte sind: mein Garten, der Hof der Liebfrauenkirche, der Tigerpalast, Schlotts Restaurantschiff am Main, der neue Portikus, das alte Luftbad auf der Maininsel, die Unibibliothek, die Kleinmarkthalle und das Café im Liebieghaus. Und jeden Tag kommen welche dazu. Das hat mit dem durch architektonische Eintönigkeit und Lieblosigkeit geschärften Auge zu tun: In Frankfurt nimmt man schöne oder anmutige Stellen schärfer, intensiver, leidenschaftlicher und dankbarer wahr als in jenen Weltkulturerbensembles, die uns mit ihren perfekten Kulissen einschüchtern.

Das hat mit den Folgen des Zweiten Weltkriegs zu tun, obwohl das niemandem mehr in den Sinn käme. Frankfurt gehörte – wie Hannover oder Kassel – zu den Städten, die nach dem Krieg, nach ihrer teilweisen Zerstörung nicht mehr zu sich zurückwollten, sondern von sich weg, in eine neue, zukunftsgläubige Ästhetik. Es wäre eine Menge zu retten gewesen von der Frankfurter Altstadt, das wollte aber damals keiner. Die verschiedenen Stadtkonstrukteure klotzten, würfelten und betonierten, was das Zeug hielt. Sie machten platt, wo der Krieg nicht ganze Arbeit geleistet hatte, und fast wäre es gelungen, alles zu löschen, was da aus einer anderen Zeit noch herüberguckte. Aber Erinnerung ist wie Grundwasser und kommt an Ecken hoch, wo mans nicht erwartet hätte. Deswegen finden sich in den Frankfurter Dörfern immer wieder lebendige Zitate, nicht nur der guten alten Zeit, sondern einer unzerstörbaren Frankfurter Behäbigkeit. Ob in Bornheim, Seckbach oder Bergen, ob in Eschersheim, Heddernheim oder Ginnheim: Hinter allen neuzeitlichen Zurichtungen und Aufbauten lebt das Pflänzchen Dorfleben munter wie ein Löwenzahn vor sich hin.

Natürlich muß immer mal wieder etwas davon weichen, einem Supermarkt, einer Brauereikette oder irgendeiner anderen globalisierten Segnung. Dann gibt's Protest, aber über kurz oder lang entdeckt man ein übersehenes Refugium, an dem der Fortschritt bisher vorbeigerauscht ist.

Frankfurt wird von einem hübschen und liebenswürdigen Fluß geteilt. Das hat sich auch bei den Stadtplanern herumgesprochen, »Wohnen am Fluß« hat Konjunktur. Die neugebauten Viertel, eine seltsam virtuelle Art neuer Dörfer, sind steril und kalt. Das Flanieren, Sonnen, Flirten und Trinken am Fluß klappt nach der Ufersanierung, die wir der Fußball-WM verdanken, schon sehr schön, wenn man sie läßt, spielen die Frankfurter gern Italien. Nur das Müllproblem sorgt für gerunzelte Beamtenstirnen.

Goethe hat dem Fluß freundliche Worte gewidmet, als passionierter Bootspartienteilnehmer wie als Schlittschuhläufer. Schiffchenfahren ist auch mein liebstes, und nirgends zeigt sich die Stadt so ansehnlich wie vom Main aus, wenn man zwischen Westhafen und Gerbermühle hin- und herfährt. Die weiße Flotte versöhnt mich mit den Schroffheiten der Stadt, und wenn ich mit Frankfurt im Hader liege, was nicht selten vorkommt und der Stadt leider völlig egal ist, kaufe ich mir ein Schiffsbillet und lasse die Ufer an mir vorüberziehen, bis wir wieder gut miteinander sind, das Weltdorf und ich.

Grün ist eine Frankfurter Lieblingsfarbe, der Grüngürtel, die Grüne Soße, beides sind hiesige Spezialitäten, unspektakulär, aber sehr schätzenswert. Vor Frau Aja Goethes Rezept für die Grüne Soße muß allerdings gewarnt werden: Zu fett.

Was den Grüngürtel betrifft, jene Perlenkette aus öffentlichen Anlagen, Parks und Wildnissen: Es ist zu wünschen, daß er bis in ferne Zeiten vor grundstücksgierigen Stadtentwicklern und Investoren geschützt bleibt, wozu ein von Robert Gernhardt entworfenes Grüngürteltier beitragen soll. Ich glaube, Frankfurt ist die einzige Stadt auf der Welt, in der große Dichter so was machen: Grüngürteltiere entwerfen!

Auch das ist Frankfurter Schule, Neue Frankfurter Schule, die schon Geschichte ist wie die ursprüngliche.

Die Liebe zu Frankfurt hat immer etwas Verschämtes. Nur keine allzu großen Worte, von deren Lachhaftigkeit die Hiesigen überzeugt sind.

Frankfurt ist eine Bürgerstadt, daran ändern auch die Kaiserkrönungen nichts. Es war nie Residenz und seine kulturellen Errungenschaften, Bibliotheken, Universität und Stiftungen aller Art dankt es seinen Bürgern, ganz besonders den jüdischen. Daraus resultiert Selbstbewußtsein und ein angenehmer Mangel an Devotion.

Es paßt gut hierher, daß eines der Herzen der Stadt in Wahrheit ein Magen ist: Die Kleinmarkthalle. Im Schutz des Domes liegt dieses Freß-Kleinod, um das wir von weit größeren Metropolen beneidet werden. Im schmucklosen Gebäude mit den beiden unauffälligen Eingängen breitet sich alles aus, was auf dieser Welt gut schmeckt, satt, gierig, glücklich oder auch betrunken macht, je nachdem, wonach es die Käuferscharen gelüstet. Gemüsekunstwerke und Wurstparadiese, Nudelkathedralen und Käseschatzkammern, Schnäpse mit fürstlichen Preisen und ebensolche Weine: Ortsunkundige kann man als Frankfurt-Fremdenführer hier ohne weiteres sprachlos ma-

chen, die barocke Freßpracht treibt ihnen das Wasser in den
Mund und läßt sie verstummen.

Dagegen hilft ein Viertel heiße Gelbwurst.

Frankfurt ist eine ziemlich unheilige Stadt, und das liegt gewiß nicht nur an den Banken. Vor der Deutschen Bank prote-
stieren zwar schon seit langem Leute immer mal wieder gegen
die handfesten Ungerechtigkeiten, die von der Geldmacht fi-
nanziert werden, es gibt auch schöne Kirchen, in die man seinen Kummer über das Böse schleppen kann: Aber das Sakrale
ist, anders als in südlicheren Städten, optisch nicht bestim-
mend. Man muß es vielmehr suchen, das lohnt sich aber.
Die freundlichste Verbindung zwischen Himmlischem und
Irdischem findet sich mitten in der Stadt, im Kloster Liebfrau-
en, das wenige Meter von der sogenannten Einkaufsmeile Zeil
eine ruhige Insel bildet, allzeit offen für Mühselige und Bela-
dene, wobei der zweite Begriff vor allem für erschöpfte Haus-
frauen gilt, die ihre Tütenberge auf den Kirchenbänken abla-
den. Auch Liebfrauen ist ein sehr frankfurterischer Ort: Das
Heilige, versteckt mitten in der allerbanalsten Geschäftema-
cherei – denn die Zeil ist eine glücklose und unelegante Straße –, wirkt dafür um so menschenfreundlicher und tröstlicher.
Man kann lang im Klosterhof darüber nachdenken, welche
Bitten und Wünsche den kleinen Opferkerzen anvertraut werden, die da zu Hunderten brennen.

Auch die Leonhardskirche am Main ist so ein Menschen-
ort, weit entfernt vom Einschüchternden großer Sakralarchi-
tektur. Außerdem ist man von ihr aus gleich über die Brücke
ans andere, das Sachsenhäuser, das Museumsufer gelangt. Das
wird öffentlich ohn Unterlaß gepriesen. Dabei muß ich nicht
auch noch mitmachen, mir genügt, wie gesagt, das Liebieghaus mitsamt seinem fast toskanisch anmutenden Gartencafé,
und meine paar Lieblingsbilder im Städel. Da kann sich jeder
seine aussuchen oder sagen, der alte Kram interessiert mich

nicht, und wieder über die Brücke zurück zum Museum für Moderne Kunst gehen. Museen sind optische Trostorte, Biotope der Ästhetik, Inszenierungen folkloristischer oder längst vergangener Beschaulichkeit. Vielleicht gibt's in Frankfurt deswegen so viele, weil sie dringender gebraucht werden als anderswo. Die Wirklichkeit wird hier leicht zum Museum, wenn man nicht auf sie aufpaßt. Das sieht man am Museum Judengasse. Die echten Ghettoreste hatten gestört. Das Museum ist nun eine Art kulturelles Mundzuhalten: Nur Ruhe, da habt ihr ein schönes Museum für die Mikwe! Für richtig viel Geld! Der Rest ist unwichtig und kann weg. Wie gesagt, es gibt hier wirklich sehr viele Museen.

Wo leben die Frankfurter? Die Frage ist gar nicht so dumm, wie es den Anschein hat! Denn in Frankfurt wohnen die wenigsten. Wenn sie was zu sagen haben, leben sie im Taunus, das heißt, da sind sie, wenn sie Freizeit haben, die sie aber nicht haben, denn sonst hätten sie ja nichts zu sagen. Die anderen findet man in der Nordweststadt oder in Bonames, in Sachsenhausen oder im Gallus, am Dornbusch, in Bergen oder im Westend. Das erinnert an Berlin (keine Sorge, ich höre sofort damit auf!) – der Kiez heißt hier zwar nicht so, ist aber trotzdem einer. Die Dörfer, von denen ich anfangs erzählt habe, sind zu Vierteln mutiert, aber ihre unsichtbaren Grenzen erweisen sich als haltbar. Und wenn, beginnend mit dem Architekten Ernst May, auch noch so energisch in die Neuzeit hineingebaut wurde: Irgendwie sind's immer wieder Dörfer geworden, selbst wenn alle Häuser in Reih und Glied standen und gleich aussahen.

Frankfurt ist eine Flicken-Stadt, scheinbar bezugslos stehen steingewordene Ideen und Schnapsideen von Stadtplanern, Investoren und sonstigen bürgerlichen Machthabern nebeneinander, gelegentlich (selten) ein architektonisches Juwel und gleich ein paar Meter weiter mächtige und raumgreifend öde Langweiligkeit. Es wird viel abgerissen, und der Frankfurter guckt milde verblüfft in die Baugruben der Innenstadt: Net für hunnert Euro könnt isch saache, was da gestanne hat! Niemand trauert. Die Philosophie der Stadt heißt: Nur durch Vergänglichkeit kommen wir weiter, was für europäische Städte eher ungewöhnlich ist. Was das betrifft, ist Frankfurt geradezu asiatisch. Vielleicht sind deswegen die Chinesen, Koreaner und Japaner so gern hier. Denn auch das Historische ist hier immer leicht gefälscht, leicht umgeräumt, leicht zurechtgemacht, so daß es gut konsumierbar bleibt und einem nicht allzuviel Ehrfurcht abnötigt.

Frankfurt ist eine Bücherstadt. Gut, man sieht es ihr nicht an, auch nicht in den magischen Messetagen im Oktober, wenn plötzlich an allen Ecken gepflegt gesprochen wird und im Frankfurter Hof kein Durchkommen ist. Die Taxifahrer sind kurzfristig etwas besser gelaunt als sonst, und wer von den Büchermenschen das ganze Jahr hier wohnt, weiß das plötzlich sehr zu schätzen. Jeder darf sich als Gastgeber für das fühlen, was ihm das Wichtigste ist, die Literatur, und längst wird das Bücherwesen und -lesen nicht mehr totgesagt, sondern die früher so gefürchteten neuen Medien haben sich als Dienstboten der Bücher entpuppt. Dem begreiflichen Wunsch der Stadt nach ein bißchen Pracht kommt das Neue Literaturhaus an der Schönen Aussicht entgegen, die elegante griechische Fassade der wiedererbauten alten Stadtbibliothek. Die Adresse Schöne Aussicht trägt ihren Namen zu Recht, jedenfalls fast – wenn man allerdings nach links guckt, schaut man auf ein Bordell. Ich weiß nicht warum mir solche schrägen Nachbarschaften so besonders frankfurterisch erscheinen! Wenn von den Leipziger Anstrengungen, Literaturveranstaltungen betreffend, lobend die Rede ist, verziehen wir hier etwas säuerlich den Mund: Das machen wir auch! Und genausoviel! Romanfabrik, Literaturforum im Mousonturm, Denkbar und Hunderte andere Leseorte in Buchhandlungen, Kneipen und großbürgerlichen Salons, übrigens auch eine plüschige kleine Bar namens Venusberg, die dem Betreiber des Puffs nahe dem feinen Literaturhaus gehört, bieten sich an. Wir machen eben kein Aufhebens davon, weil wir hier von nichts ein Aufhebens machen. Auch die Dichter, die hier leben, führen sich auf wie ganz normale Leute. Die das nicht wollen, sind alle nach Berlin gezogen.

Frankfurt ist für Imageberater und wie sich derlei Leute sonst nennen ein harter Brocken. Image ist nichts für uns.

Dafür liberté, egalité, Varieté: So haben es Johnny Klinke und der unvergessene Matthias Beltz jedenfalls dem willigen Volk verordnet. Diese Mischung klappt, das ist Glamour, wie der Frankfurter ihn schätzt und aushalten kann, der Frankfurter Tigerpalast ist sich seiner diesbezüglichen Rolle bewußt. Und Klinke, diese Mischung aus Bonvivant und Revoluzzer, frech und enthusiastisch zugleich, ist der maßgeschneiderte maitre de plaisir dieser Stadt. Wer in den wilden Zeiten ordentlich mitgemischt und sich nicht weggeduckt hat, sondern hiergeblieben ist und das Älterwerden fröhlich aushält, mutiert in dieser ebenso ruppigen wie gesegneten Stadt zum Epikuräer. Lebt und läßt leben und radelt durch die Innenstadt, in der man einst seine Schlachten schlug. Kauft ein wenig Käse auf dem Bauernmarkt an der Konsti, der Konstablerwache, und trinkt ein Glas, gern auch mit ehemaligen Feinden.

Nichts ist von Dauer, den Gedanken daran macht einem Frankfurt leichter als andere Städte. Ankommen, wegfahren, das Leben ist eine Reise, und weil das so ist, soll der Flughafen immer größer werden. Das geht nicht so einfach, denn im Wissen über das, was die Stadt ertragen kann, lassen sich ihre Bewohner nicht leicht etwas vormachen. Irgend etwas zu bekämpfen gibt es immer, und meistens hat es mit Landverbrauch, mit den Forderungen der Mobilitätsgesellschaft zu tun. Seltsamerweise war die Stadt nie in Gefahr, zum bloßen Drehkreuz zu verkommen, auch wenn man das immer mal wieder befürchten mußte. Das gern benutzte Wort »Region« paßt nicht zu ihr, zum gesichtslosen Häuserbrei ist sie nicht geworden, auch wenn manche ihrer Gegenden nicht weit davon entfernt sind. Aber mittendrin in den krudesten Industrievierteln findet der Flaneur, der sich ebenso fehl am Platz wie abenteuerlustig fühlt, irgend etwas Unverwechselbares. Das kann eine Kneipe sein, ein Garten oder ein merkwürdiger Laden, den es so nur hier gibt.

Der Jazz ist die eigentliche Melodie der Stadt, und dem war sie auch immer eine Heimat, obwohl sie andererseits gleich zwei renommierte Opernhäuser hat. Ruppiges, gesegnetes Weltdorf, dessen Idiom, gesprochen von Goethe bis Liesel Christ, längst durchwachsen ist mit vielen fremden Idiomen. In diesem Dorf aus vielen Dörfern gedeihen Palmen ebenso wie Streuobst.

Sie ist aber auch Stadt, die sogenannte kleinste Metropole, mit Theater und Konzert, Kinopalast und Luxushotels, mit einer der ehrgeizigsten Discos im Land, einem Club, dessen Philosophie wahrscheinlich nicht alle, die nächtens zitternd im Regen auf Einlaß warten, kapieren. In den häßlichsten Gegenden blühen Luxusläden aller Art, manche sind nach einem halben Jahr so pleite, wie mans erwartet hat, andere leben erstaunlich lange. Die Hiesigen scheuen keine Wege, wenn ihnen etwas einleuchtet. Herauszufinden, was die Frankfurter lieben, ist allerdings gar nicht so einfach. Hier gibt es keinen Geschmackskomment wie in München und keine stillschweigenden Übereinkünfte wie in Hamburg. Nur deswegen findet sich da und dort noch Skurrilität, die andernorts längst ausgestorben ist.

Es ist nicht schwer, hier zu leben, und nach langen Jahren wird den meisten auch klar, warum das so ist: Frankfurt muß man nicht lieben, man muß sich nicht einmal dazu bekennen. Es schüchtert nicht ein, es umarmt nicht, es tröstet nicht über die Vergänglichkeit alles Irdischen hinweg, sondern führt es Tag für Tag vor. Seine Ewigkeitswerte muß man sich hier schon selber machen, man kanns aber auch grade so gut lassen. Nachdenkliche Wanderungen über den Frankfurter Hauptfriedhof, dem – es kann ja nicht anders sein – nichts Pathetisches oder Ehrfurchtgebietendes eigen ist, machen dem Spaziergänger klar, daß Herrn Alzheimer, der hier liegt, das gleiche Schicksal beschieden ist wie Herrn Adorno und Frau von Willemer unter den gleichen vertrockneten Blümchen ruht wie Marie Müller. Man wird nicht traurig hier, sondern es ergreift einen das Frankfurter Gefühl: Wies is, isses gut. Mer kanns sowieso net ännern.

Lebwohl für eine große Frankfurter Dame

Es ist vielleicht zwei Jahre her, da wurde in einem schönen Äppelweingarten eine jener Sendungen fürs Dritte aufgezeichnet, die wieder einmal beweisen sollten, daß allein Frankfurt den goldenen Punkt zwischen Kaff und Universum gefunden hat. Alle waren dabei, natürlich auch Liesel Christ. Ohne Liesel Christ aber hätten die anderen daheim bleiben können, obwohl durchaus wunderbare Menschen dabei waren, der Pater Amandus zum Beispiel. Der Beweis für jenen goldenen Punkt wäre ohne die Christ nicht gelungen. Ich nenne sie jetzt zum erstenmal so, dabei hätte das schon früher zu ihr gepaßt: In jeder großen Volksschauspielerin versteckt sich eine Salondame, die manchmal rauswill. In jener Sendung damals gings unter anderem um Mode, und Liesel Christ führte irgendwas Enges und Gerafftes vor, und als sie dem Beifall genügend Zeit gelassen hatte, sich auszubreiten, sagte sie: Des is mindestens zwanzisch Jahr alt. Un isch brauch nix zu ännern. Und dann dauerte der Beifall noch eine ganze Zeit lang, während sie die jungen Mannequins zur absoluten Unsichtbarkeit verurteilte, ohne ihnen auch nur einen Blick zugeworfen zu haben.

Im Unterschied zu allen anderen Verehrern fand ich sie überhaupt nicht mütterlich, das ist ja eine Kategorie, bei der die Frauen nie gefragt werden, ob sie da überhaupt hineinwollen. Als vor vielen, vielen Jahren mein Vater das Bühnenbild und die Kostüme für die legendären Hesselbachs machte, sagte er über die Christ anerkennend: Das Mütterchen hat Krallen! Sie wehrte sich damals ziemlich erfolgreich gegen das Kittelschürzenklischee. An jenem Abend in der Äppelweinkneipe, es war dunkel geworden und die Aufzeichnung vorbei, fand sich durch einen jener unvergeßlichen richtigen

163

Augenblicke ein Kapuzinerpater, Schauspielerinnen, Popsängerin, Kabarettist, Journalistin, und was sonst noch übriggeblieben war, und es begann ein Sangesabend der guten alten Art, laut, seelenvoll, »weiß einer, wie die dritte Strophe geht?« – es wollte gar nicht enden, und unser Repertoire war so unterschiedlich wie wir selber. Man sah es Liesel Christ an, daß sie ein großes Vergnügen daran hatte, uns zu zeigen, daß sie es auch beim Singen mit allen aufnehmen konnte. In ihrem Blick hatte sie ein paar Geheimnisse, die sah man an diesem Abend sehr gut. Sie wird sie behalten. Adieu, Madame.

Variation auf Bei Arnims *von Peter Hacks, oder:*

Die Welt als Wiepersdorf

»Wo, oft in Schwermut, selten in Gedanken,
die deutschen Dichter alle Kaffee tranken«
Ach, Peter Hacks, das hieß der Neid dich dichten,
Du weißt, und ich weiß auch, wie das Verzichten
auf gleich Gesinntes, groß Gefühltes schmerzt.
Die Sehnsucht danach, daß sich Herz zu Herzen herzt,
verzehrte dich und ließ dich bitter werden.
Nur Rationalität und Spott blieb dir auf Erden.
»Zwei Stiefel« warst du, »die durch Pfützen patschen«,
und hörtest »aus dem Busch Bettine quatschen«?
Ach, Peter Hacks, ich kenne das Gefühl.
Man ist im Kopfe klar, im Herzen gletscherkühl –
und wünscht sich doch nichts mehr als schöne Räusche,
beim Dichten, keusche und auch nicht so keusche –
Brentanisch, Arnimhaftes, Günderrodisches,
Von Leidenschaft Beflügeltes, Melodisches:
Wie sehr bewundern wir die bunten, reichen Gaben,
Nicht, Peter Hacks? und würden sie gern haben.
Ekstasen, Träume, märchensatte Tränen,
Sind leider nichts für uns. Und weil wir denen
Nachtrauern unser ganzes, graues Schreiberleben,
muß es zum Troste dies Museum geben!

Rede zur Verleihung der Goethe-Plakette

Meine Damen und Herren, liebe Freundinnen und Freunde,
liebe Mama,

meine erste Reaktion auf die Nachricht von dieser mir zuge-
dachten Ehre (die zu verdauen ich indessen gottlob einige Zeit
hatte) war, ich will es nicht verhehlen, eine Art Schrecken.
Nicht der bekannte eisige Schrecken, aber auch nicht der eben-
sooft zitierte sanfte Schrecken (der ja oft nichts anderes ist als
eine kokett verheimlichte Lust) – nein, es war ein eher tumber,
dumpfer Schrecken, dem ich auf die Schliche kommen möchte, wenn Sie erlauben. Erst dann, fürchte ich, kann ich mich
artig und wie es sich gehört bedanken. Die Goethe-Plakette
ist eine Ehre. Geehrt wurden in den vergangenen Jahren eine
ehrfurchtgebietende Anzahl Verehrungswürdiger und um
Stadt und Erdkreis verdienter Menschen. Die Goethe-Plakette ist eine reine Ehre, nicht augenzwinkernd und wohlwollend
verbunden mit irdischen Subsidien, die in diesem Land üppig
verstreut werden, wenn es auch den diversen Bestreuten nie
üppig genug sein kann – es hat nichts Stipendienhaftes, nichts
vom gesellschaftlich verbrämten Salär, mit dem hierzulande
die Dichter fürs Liebsein oder für das Gegenteil belohnt werden: Nein – so wie ich dieses kühle Metallstück verstehe, handelt es sich um honneur pure, etwas ganz und gar Erwachsenes
also, etwas, das einen den Weg weitergehen heißt, den man
irgendwann einmal eingeschlagen hat, spielerisch und zögernd und vermeintlich wissend, daß da noch ganz andere
Wege hinter dem nächsten Parkbaum oder dem nächsten Mö-
belgroßmarkt lauern. Und nun das … Ich alterte zusehends.
Meine erprobte Strategie, außer Liebe und Tod absolut nichts
ernst zu nehmen, ließ mich zeitweilig im Stich, lag doch viel-

leicht diese Sache mit dem Orden irgendwo dazwischen. Ehre haben wir in unserer Generation nicht gelernt. Sich ehren lassen bedarf wahrscheinlich einer Übung, zu der eine Ich-Sicht gehört, wie ich sie bewundernd immer wieder bei fremden Völkern und Stämmen wie den Franzosen oder den Karnevalisten habe wahrnehmen dürfen. Ich begann also, für eine kurze Zeit »Sie« zu mir zu sagen, wachte allerdings nachts gelegentlich von meinen eigenen Schreien auf und hörte mich kläglich rufen: Ich will noch nicht! Ich bin doch noch so jung! Half aber alles nichts, so jung ist man dann ja leider auch nicht mehr, und ich blies probeweise über meine Goetheausgabe, von der sich mäßige Staubwolken erhoben. Plötzlich fühlte ich mich beschützt von tröstenden Geistern, alle werden das getan haben, dachte ich, und auf mitternächtlicher Suche nach einem besonders entlegenen, gleichwohl gesalzenen und gepfefferten Goethezitat werden wir ins Lesen und Wiederlesen gezogen, von Ehre gar keine Rede mehr, sondern nur noch von Freude.

Ich will aber eigentlich noch kein Goethezitat aus diesem Werk-Steinbruch schlagen, später vielleicht. Ich möchte vielmehr der Verwirrung der Gefühle noch etwas auf der Spur bleiben, die durch jene freundlich-ernste Geste der Stadt unversehens in mir entstanden ist und die mit der Frage: Warum ich? und Wofür? einhergeht. Es wird heute eine ganze Menge Menschen mit unbestreitbaren Verdiensten in dieser Stadt geben, die sich die gleiche Frage in wesentlich unfreundlicherem Ton stellen werden, das tut mir leid, ich weiß es, und ich kann es nicht ändern. Wahrscheinlich war, wenn ich jetzt hier zu Ihnen rede, genau das ein Thema der vorhergehenden Ansprache, und ich werde geschmeichelt, mit Sicherheit aber nicht belehrt sein. Es geht ja um die Beziehung eines schreibenden Menschen zu einer Stadt und um das Umgekehrte. Darin liegt viel Sentimentales, denn die Beziehung zu einer Stadt kann nichts anderes als Imagination oder Behauptung sein – die tausendköpfige Hydra der Empirie, wie Goethe das nennt. Die tausend- oder vieltausendköpfige Hydra der Empirie ist, was der Schreibende in sich vorfindet, wenn er die Erscheinungen seiner Umgebung von außen nach innen hat dringen lassen. Sie ist Material, aber in manchen Fällen auch Anlaß zur Gegenwehr. Ich weiß mich mit diesem Hydrakopf der Gegenwehr – des bürgerlichen Einspruchs, des Versuchs zum direkten Weg – in allerbester Gesellschaft und fühle mich heute als deren Stellvertreterin. Exemplarisches Scheitern beim Versuch, die Phänomene umzukehren wie im Fall des Platzes der Frankfurter Judengasse – dieses exemplarische Scheitern also hat offenbar kräftigere Widerhaken in den Seelen, als es ein »Erfolg« hätte haben können. Ich empfange diese Auszeichnung also auch für unser exemplarisches Scheitern. Aber es geht weiter als das, und kein besserer Lehrmeister als Goethe läßt sich denken, wenn man sich darauf einläßt, die Phänomene einer Stadt nur noch zu betrachten – ohne Präokkupation, mit allen Kenntnissen über die Dinge hinter den Dingen und die Mächte hinter den Mächten, ohne ihnen angehören zu dürfen – nein, ohne ihnen angehören zu wollen. Unabhängigkeit ist Luxus und Conditio sine qua non gleichermaßen, gleichzeitig ist sie ein zerbrechliches und mißtrauisch betrachtetes Gut.

Nun bist du gekauft! sagte mir unlängst zornig und ein wenig weinselig ein Herr von der Partei (der größeren), die in dieser Stadt zur Zeit regiert. Ich war verdutzt, getroffen, auch wütend. Denn diese Plakette ist mir gerade deshalb so wert, weil sie kein Preis ist, weder groß genug, den Mund zu verschließen, noch, Wunden zu verpflastern. Ich erklärte dem Herrn (aber der wollte gar nichts erklärt bekommen), daß mein Verhältnis dazu von Friedrich dem Zweiten, Johannes Brahms und Andy Warhol bestimmt wird, indem der alte Fritz ganz richtig sah, daß man arme Offiziere mit Orden für zehn Minuten ohne größeren Aufwand in gesellschaftliches Glück versetzen kann, und Brahms das gewissermaßen beantwortete, indem er sagte, Orden und Ehrenzeichen seien ihm ganz egal, er wolle sie nur haben. Und Warhols melancholische Demokratisierung des Begriffs Berühmtheit von den fünf Minuten dieses schönen Gefühls, die die Massenmedien für jeden einzelnen Bürger bereithalten, kennen wir alle und glauben insgeheim daran. Zwischen diesen Wegmarken also habe ich mich niedergelassen und laß mir meine argwöhnische Freude nicht verderben.

Zurück zur Stadt: Daß schreibende Leute sich in deren ungestüme Metamorphose einmischen, sich gegen Auf- und Ausbrüche des Fortschritts mit ihren gebrechlichen Waffen zur Wehr zu setzen suchen, ist ganz normal.

Die äußere Veränderung ist der natürliche Feind des schreibenden Menschen. Sie macht Krach, frißt Bäume auf, ändert gewohnte Silhouetten, vertreibt das Unordentliche, putzt in den Ecken, läßt nichts und niemanden in Ruhe, erzwingt das Tempo, kurz: die Kontemplation, die Faulheit, die Anarchie, all die lebensnotwendigen Ingredienzen schöpferischen Tuns geraten in Gefahr (was einmal getan ist, kann man nicht mehr rückgängig machen) – so setzt sich der Dichter hin, wenn etwas zu geschehen droht, und bittet, es möge nicht geschehen. Das hat meist gar keinen Sinn, aber es gibt Unruhe, und im Wirrwarr der Stimmen setzt *seine* sich gelegentlich durch.

Natürlich gibt es auch bei den Schreibenden die Fortschritts- und Türmefraktion, das ist klar – nicht jeder mag mit dem etwas modrigen Parfum der Rückständigkeit (ein unverwechselbarer Duft!) durchs Leben gehen. Die Fortschrittlichen sind aber bei der schöpfenden Zunft (wenn es sich nicht grade um Bildhauer handelt, die ja schließlich ihre Sachen irgendwo davorstellen wollen) in der deutlichen Minderheit. Mit mir wird – hoffe ich – die Mehrheit geehrt, jedenfalls die Mehrheit einer kleinen Minderheit. Denn die Dinge nehmen ihren Lauf, ob wir sie nun beschreiben, ob wir ihnen Einhalt gebieten wollen, ob wir eine Lanze für die Ästhetik brechen oder nicht – sie geschehen, an uns vorbei, durch uns hindurch, über uns hinweg. Das zu beklagen ist vollkommen unsinnig, es zu beobachten und zu beschreiben lebensnotwendig. Jeder, beispielsweise, liebt Paris und versucht, es so zu lieben, wie er es kennt: Daß das wahre Paris vom Baron de Haussmann vor noch gar nicht so langer Zeit fast umgebracht worden ist – wen kümmert es heute? Und was wüßten wir darüber, woher nähmen wir die Ahnung einer Trauer und Sehnsucht ohne Zola, France oder den Meister der Betrachtung versunkener Welt – Marcel Proust?

Zurück, nach Hause, zu Goethe? Gewiß, das ist, gerade in diesem Zusammenhang, gar nicht schwer. Da schreibt Goethe aus Frankfurt 1797 an Schiller:

»Sie werden also wohl nicht lachen, sondern nur lächeln, wenn ich Ihnen hiermit zu meiner eignen Verwunderung darlege, daß ich, wenn ich irgend von meinen Reisen etwas für Freunde oder fürs Publikum aufzeichnen soll, wahrscheinlich noch in Gefahr komme, *empfindsame Reisen* zu schreiben. Doch ich würde, wie Sie mich wohl kennen, kein Wort, auch das verrufenste nicht fürchten, wenn die Behandlung mich rechtfertigen, ja wenn ich so glücklich sein könnte, einem verrufenen Namen seine Würde wieder zu geben.

Ich berufe mich auf das, was Sie selbst so schön entwickelt haben, auf das, was zwischen uns Sprachgebrauch ist, und fahre fort: Wann ist eine sentimentale Erscheinung (die wir nicht verachten dürfen, wenn sie auch noch so lästig ist) unerträglich? ich antworte: wenn das Ideale unmittelbar mit dem Gemeinen verbunden wird, es kann dies nur durch eine leere, gehalt- und formlose Manier geschehen, denn beide werden dadurch vernichtet, die Idee und der Gegenstand, jene, die nur bedeutend sein und sich nur mit dem Bedeutenden beschäftigen kann, und dieser, der recht wacker, brav und gut sein kann, ohne bedeutend zu sein.

Bis jetzt habe ich nur zwei solcher Gegenstände gefunden: den Platz, auf dem ich wohne, der in Absicht seiner Lage und alles dessen, was darauf vorgeht, in einem jeden Momente symbolisch ist, und den Raum meines großväterlichen Hauses, Hofes und Gartens, der aus dem beschränktesten, patriarchalischen Zustande, in welchem ein alter Schultheiß von Frankfurt lebte, durch klug unternehmende Menschen zum nützlichsten Waren- und Marktplatz verändert wurde. Die Anstalt ging durch sonderbare Zufälle bei dem Bombardement zugrunde und ist jetzt, größtenteils als Schutthaufen, noch immer das Doppelte dessen wert, was vor elf Jahren von den gegenwärtigen Besitzern an die Meinigen bezahlt worden. Insofern sich nun denken läßt, daß das Ganze wieder von einem neuen Unternehmer gekauft und hergestellt werde, so sehn Sie leicht, daß es, in mehr als Einem Sinne, als Symbol vieler tausend andern Fälle in dieser gewerbreichen Stadt, besonders vor meinem Anschauen, dastehen muß.«

Und Schiller antwortet:

»Die Vorstellung, welche Sie mir von Frankfurt und großen Städten überhaupt geben, ist nicht tröstlich, weder für den Poeten, noch für den Philosophen, aber ihre Wahrheit leuchtet ein, und da es einmal ein festgesetzter Punkt ist, daß man nur für sich selber philosophiert und dichtet, so ist auch nichts dagegen zu sagen; im Gegenteil, es bestärkt einen auf dem eingeschlagenen guten Weg und schneidet jede Versuchung ab, die Poesie zu etwas Äußerm zu gebrauchen.

So viel ist auch mir bei meinen wenigen Erfahrungen klar geworden, daß man den Leuten, im ganzen genommen, durch die Poesie nicht wohl, hingegen recht übel machen kann, und mir deucht, wo das eine nicht zu erreichen ist, da muß man das andere einschlagen. Man muß sie inkommodieren, ihnen ihre Behaglichkeit verderben, sie in Unruhe und in Erstaunen setzen. Eins von beiden, entweder als ein Genius oder als ein Gespenst muß die Poesie ihnen gegenüber stehen. Dadurch allein lernen sie an die Existenz einer Poesie glauben und bekommen Respekt vor den Poeten.«

Ein wenig respektlos in unsere Zeit geholt heißt der Schiller-
sche Ratschlag oder Plan, daß der sich einmischende, als Stolperstein fungierende Poet einer größeren Aufmerksamkeit
und nachhaltigeren Wirkung sicher sein kann als der Hof-
dichter – er mag recht haben. Vor der allzu eilfertigen Einmi-
schungslust müßte die Poesie durch sich selbst geschützt sein,
durch ihre Langsamkeit und Zögerlichkeit – geht sie doch immer auf tiefem Boden und darf es sich gleichzeitig nicht anmerken lassen. Das Kunststück kostet Zeit und Muskelkraft
und hält gewiß ab von allzu sorgloser Alltagsschelte. Sollte
einen – und die Gefahr besteht immer, zumal in dieser Stadt –
das fortschrittskritische Eiferertum zu überwältigen drohen,
wird es mir inskünftig genügen, die Medaille zu betrachten
und an ihren spiritus rector zu denken, der so unermüdlich
für das langsame, bedachte Wachsen plädiert hat, eine klassi-
sche Ermahnung, die vor allzu augenfälliger Aktualitätsbegei-
sterung bewahrt werden muß – denn das gilt wohl immer und
nicht nur in der ersten Oktoberwoche des Jahres 1990. Goethes Orte kann man wieder besuchen, einfach so, ohne Re-
pressalien und Zorn, Leipzig, Jena, Weimar. Das ist wunderbar und diese Orte haben ein Recht auf unsere Neugier. Unter
dem Staub der Gleichgültigkeit wird hervortreten, daß die Armut nicht der schlechteste Konservator ist und viel von dem
übrigließ, was der wirtschaftliche Erfolg als überflüssig und
störend vernichtet hat. Wir werden, wenn wir erst zuzugeben
wagen, daß Wurzeln abgerissen sind, aber dennoch nicht verschwunden – manches unerwartete Glück erleben können,
man schelte mich naiv, aber es ist mir schon so gegangen. Zurückkommend, immer wieder zurückkommend nach Frankfurt, in den Mikrokosmos der Wohnung, des Viertels (eines
Dichterviertels ohne Goethestraße), neue Kräne, Bodenlö-
cher, Kachelskulpturen und in der Ferne aufschießende Türme mißtrauisch beäugend, wird mir immer wieder der trot-

zig – rotzig – wunderbare Satz, an die Stadt gerichtet, in den Sinn kommen aus dem *Wilhelm Meister*: Und wenn ich Dich liebe – was geht es Dich an?

Wähl mich

Zum Frankfurter Wahlkampf 2007

Die Frankfurter, mögen ihre Wiegen im Maghreb, im Balkan oder in Seckbach gestanden haben, sind ein unaufgeregter Menschenschlag und Autoritäten jeder Art gegenüber eher mißtrauisch. Herrscherliches Gebaren kommt hier nicht gut an, man hat sich zwar in der Vergangenheit von Kaiserkrönungen unterhalten lassen, war aber niemals Residenz. Das prägt. Mit diesem Mangel an Aura müssen seit langem sowohl die auskommen, die schon regieren, als auch die, die gern an deren Stelle träten. Der Wahlkampf, wenn man die innerstädtische Plakatausstellung denn so nennen will, ist in Frankfurt traditionell von einer gewissen Auftrittsunsicherheit geprägt. Wir erinnern uns zum Beispiel an einen einsam auf eine Äppelweinbank plazierten Herrn, der sehr unglücklich aussah, an bis zur Unkenntlichkeit glattgebügelte Mienen, in denen Erschrecken stand, ja, auch an einen Hund mit Mütze erinnern wir uns, das ist noch gar nicht so lang her. Der Hund hätte für Vertrauenswürdigkeit und Pflegefähigkeit des Kandidaten stehen können, wäre nicht herausgekommen, daß der das Hundchen bloß geliehen hatte. Und dann die Mütze! Aber: Ist Vergangenheit, und nichts ist so alt wie ein gestriges Wahlplakat.

Die Regentin selbst hat ein ganz anderes Problem: Was immer sie für die Zukunft verspricht, wird bei ihren ununtertänigen Untertanen auf die Bemerkung treffen, warum sie das Versprochene nicht schon längst getan habe, Zeit sei ja schließlich genug gewesen.

Es ist ein fast unsichtbarer, unhörbarer Wahlkampf. Das nehmen die Kandidaten gewiß anders wahr und absolvieren tapfer ihren Marathon durch Vereine, Gremien, Feste jeder Art, allein das Neue Jahr muß von Anfang Dezember bis zum Wahltag mehrfach und in sehr unterschiedlicher Gesellschaft begrüßt werden. Die Bürger merken das nicht, die Bürger begegnen Papiergesichtern und denken sich ihr Teil oder auch nichts. Die gelegentlich zu lustigen Ergebnissen führende Sitte des Verunzierens durch aufgemalte Brillen oder Bärte ist aus der Mode gekommen, auch die etwas unheimlich wirkenden ausgekratzten Augen habe ich lang nicht mehr gesehen. Ob das so gut ist, wie es auf den ersten Blick scheint? Die gestalterische Auseinandersetzung ließ wenigstens auf Gefühle schließen! Aber: Je größer die Plakate werden, desto unsichtbarer scheinen sie zu sein. Außer die, wo der Hund mit der Mütze drauf war – aber das hatten wir schon.

Frankfurt, das ist bekannt, besteht aus Dörfern, die sich hübsch für sich halten, auch wenn das ein Außenstehender nicht merkt. Das Frankfurter Oberhaupt, wer immer es auch war oder sein wird, muß den Spagat zwischen Dorfschulze und Kaiser schaffen, Schulzin oder Kaiserin natürlich gleichermaßen. Weltstädtisch und erdig sein und blitzschnell zwischen beidem hin- und herschalten können. EZB-Gespräche und Schlichtung im Fastnachtskrieg, Hohe EU-Kommissare genau so überzeugen wie hohe Ortsvorsteher, und was einfacher ist, wollen wir gar nicht ergründen. Das seien die Fähigkeiten, die jedes Oberhaupt einer deutschen Großstadt mitbringen müsse? Falsch: Der Ude, der Wowereit oder der von Beust dürfen sich viel chefiger aufführen als ihr Frankfurter Gegenstück.

Gemeinsam ist ihnen allerdings das leise Monarchische, das der Job mit sich bringt, wenn man ihn eine Zeitlang ausübt. Die Partei, aus der sie kommen, ist im Bewußtsein der Bürger weit weniger wichtig als die Würde selber. In Frankfurt allerdings kann man mitsamt der Würde auch unsanft »uffgestumpt« werden, wenn man sie einmal zu viel herzeigt. Da braucht es Fingerspitzengefühl. Und zwar für jedes Dorf ein anderes. Die Seckbacher sind nicht wie die Bernemer, und die aus der Römerstadt sind sowieso ganz was Eigenes. Ein Weg über die Dörfer zwei Wochen vor der Wahl zeigt eine zögerliche, vorsichtige und sehr unschrille Präsenz der Kandidaten, manche bleiben völlig unsichtbar, die haben halt keinen Etat, sondern nur den sonderbaren Wunsch, einmal auf der Liste zur Direktwahl zu stehen. Wofür, womit, wer weiß es. Aber präsent sind sie auf der immerhin, mehr als der unglückliche Prätendent in der Landeshauptstadt jedenfalls.

Geh fort! sagt eine Frau, nachdem sie die Forderungen der WASG Linke studiert hat: Fahrpreise halbieren! Umverteilung von oben nach unten! Sie sieht nicht aus, als ob sie gegen die Forderungen wäre, sondern eher, als glaube sie nicht, daß sie irgend jemand ernst nimmt.

Die richtigen Debatten fehlen. Daß ein Kandidat jetzt die besten Schulen fordert, versetzt keinen Wähler in Wallung. Dafür sind schließlich alle, ohne sich die Mühe zu machen, uns zu sagen, wie sie aussehen sollen: die besten Schulen. Wahrscheinlich haben sich im Laufe der Jahre die Vorstellungen davon angenähert. Alle haben so oft vom ideologischen Tellerchen der Gegner gegessen, daß selbst das allereinfachste Volk ihnen öffentlich zelebrierte Erbitterung nicht mehr abkaufen würde. Ohne die fehlt allerdings das Salz in der Wahlkampfsuppe.

Der unabhängige Kandidat, auf dem Stimmzettel die Nummer neun, zeigt sich geballt in der Frankenallee, man muß allerdings nah an seine Plakate herangehen, weil die Schrift so klein ist. Vom Auto aus schien ein lockiges Wesen mit dem Namen Horst Schlämmer um das Vertrauen der Bürger zu werben. Die Wählerin ist daraufhin aus dem Auto gestiegen, weil sie endlich etwas Lustigem begegnet zu sein glaubte. Da stand nicht Horst Schlämmer, natürlich. Aber immerhin war das Plakat sechssprachig.

In manchen Gegenden sieht man nicht einen einzigen Kandidaten plakatiert, in anderen die zwei Hauptanwärter mehrfach friedsam nebeneinander, jeder auf seiner Tafel, ein gutwilliges Paar, das für unser aller Wohlfahrt steht. Das Wort »Kampf« käme angesichts dieser Präsentation niemandem in den Sinn. Vielleicht ist das den meisten Frankfurtern nur recht. Sie schauen nicht hin, weder nach rechts noch nach links, so wenig wie auf Baustellen, denn man hat sich an sie gewöhnt. Genau wie an andere kommunale Malaisen: Unerträglich ist ja keine von ihnen. Gewiß gibt es Zorn, Enttäuschung oder Unzufriedenheit: Das Weltdorf Frankfurt ist ja schließlich keine Filiale des Gartens Eden. Aber unenthusiastischer Pragmatismus ist eben die Grundstimmung unserer Stadt. Revolutionsgeruch liegt nicht in der Luft dieses unentschlossenen Winters. Und Regenten sind immer weit weg von allem, selbst wenn sie wie vor Wahlen Volksnähe suchen, das gilt auch für die, die erst welche werden wollen. In Frankreich beklagte sich dereinst einer über Unregierbarkeit, die mit zu vielen Käsesorten einhergehe. Wie ist das mit zu vielen Dörfern? Was alles in einer Stadt nebeneinander existiert, das voneinander nie Kenntnis nimmt, enthüllt sich beim Gehen. Grade waren da noch Häuser, die sich in riesigen Gärten nur ahnen ließen, und ein paar Schritte weiter kommen die mit den großen, weißen Satellitenohren und den aufgebrochenen Briefkästen. Dann lange Reihen gepflegter Häuschen mit Trockenblumenkränzen an den Türen, später Postkarte am Main, noch später Platte wie einst drüben, ein babylonischer Turm mit goldenen Spitzen, ein griechischer Tempel mit Literatur drin, ein Puff, nur einen Steinwurf davon entfernt. Zehn leere kleine Kringel auf dem Wahlzettel.

Andererseits haben auch New York, Bangkok oder Bombay

sowas wie ein Oberhaupt. Vielleicht hat eines von denen sich die Methode des Haroun al Rashid abgeschaut und streift unerkannt durch seine Metropole, wechselt von den hellen auf die schwarzen Straßenseiten und kehrt dann so demütig wie tatendurstig in sein Amt zurück.

Wahlkampf in Frankfurt – vom Atem der Schicksalhaftigkeit ist nichts zu spüren, der muß aber auch nicht immer sein. Vielleicht ist grade seine Abwesenheit ein Zeichen von Erfolg. Die NPD hängt an Laternen, sehr weit oben. Ein guter Platz. Man sieht sie kaum. Ich habe nicht einen Menschen gesehen, der hinschaute. Sonst hätten bei dem Satz »Frankfurt muß deutsch bleiben« sicher viele laut gelacht.

Fast hätte man es übersehen: Das Herz ist für diesen stillen Wahlkampf wiederentdeckt worden. Seit der Fußballweltmeisterschaft hat es Karriere gemacht, das Herz, auch wenn man ihm »mit dem Herz in der Hand und der Leidenschaft im Bein« den verdienten Dativ nicht gönnt. Die Stadt braucht jetzt Herz, vor allem, und wenn ein Kandidat (der mit dem Leihhund) auch den Verstand dazu anmahnt: Herz steht an erster Stelle. Das erstaunt ein bißchen, und bei einer Stadt wie Frankfurt meint man im Unterton zu hören: Dann eben auch noch Herz. Alles andere haben wir ja schon.

Ein Brief

Lieber Herr Dr. Mick,

leider hat mein elektronisches Chaos noch immer kein Ende gefunden, so daß ich Ihnen nur auf diesem Weg antworten
kann. Mailen geht noch nicht, Internet auch nicht, es ist zum
Wahnsinnigwerden.

Ich denke, daß man sich bei der »Neubebauung« der Altstadt vor einer Fortsetzung des ganzjährigen Adventskalen-
ders auf dem Römerberg hüten muß. Eine Altstadt ist nichts
Niedliches, sondern ein ästhetisches Nebeneinander von Sti-
len und Funktionen der Bauten, die sich nicht gegenseitig er-
schlagen, sondern ergänzen. Es wäre schön, wenn man dem
geordneten Chaos einer dichten, kleinteiligen Bebauung mit
engen Durchgängen und wenig Rechtwinkligkeit vertrauen
lernte. Fassadenvielfalt und Individualität dürften dann allerdings nicht mehr Gegenstand der Verachtung sein. Ein einzel-
ner baulicher Fehler, was Kitschiges oder Verstörendes, wäre
bei weitem nicht so furchtbar wie das calvinistische und freud-
lose Einerlei, dem wir allenthalben begegnen. Eine Altstadt-
neubebauung (Widerspruch in sich, aber spannend!) müßte
die gewohnte architectural correctness über Bord schmeißen
und von Menschen und ihren Tätigkeiten und Lebensweisen
her bauen.

Aber das wird nicht so kommen. Dabei wäre es eine interessante Chance, beides zusammenzubringen: also kein Entwe-
der-Oder, sondern alte Unbekümmertheit und neue Phantasie. Das Nebeneinander der Epochen von einst müßte durch
ein lebendiges Nebeneinander von Formen ersetzt werden,
den alten Straßen- und Wegführungen folgend.

Eine richtiger dichter, belebter Stadtkern also und kein hi-
storistisches Wärmestübchen gegen die Fröste der Moderne.

Kleinmarkthalle

Ihre wahren Attraktionen zeigt die Stadt eher unwillig, selbst der Ortskundige rennt am Eingang zu Frankfurts reichstem und ungewöhnlichstem kulinarischen Ort leicht vorbei. Unscheinbar, auf beiden Seiten, sind die Pforten zum überdachten Markt der Stadt, nur das Angebot ist prachtvoll, nicht aber seine Präsentation. Es ist ein Wesenszug der Stadt: Das Schöne ist ihr verdächtig. Das Wohlschmeckende nicht so, aber es sollte nicht zu selbstbewußt daherkommen. Seit die Frankfurter Freßgaß eigentlich nur noch so heißt und lediglich eine Handvoll übriggebliebener schöner Läden ihrem Namen Ehre macht, seit Klaus Trebes im *Magazin der Frankfurter Allgemeinen Zeitung* Woche für Woche mit großer Geduld das Herstellen und Genießen von Essenswertem zeigt, zieht es auch die Ungeübten zwischen die Stände der Kleinmarkthalle. Nichts mit Austernbar, Austern gibt es natürlich, samt allem Erdenklichen aus dem Meer: Aber der Imbiß wird hier nicht geschlürft, sondern gezuzzelt, wie es die Verlegerin und Herausgeberin Julia Bachstein allmittäglich tut: Ein Viertel Gelbwurst, warm.

Ein paar Bemerkungen zu Frankfurt

Grob gesagt, gab es nach dem letzten Krieg zweierlei Städte: Die einen wollten sich selber wiederhaben – zum Beispiel München oder Münster –, die anderen nahmen das Desaster und die Zerstörung als Chance und wollten anders werden. Und wenn nicht genug kaputt war, hat man etwas nachgeholfen, um endlich Licht, Luft und Langeweile zum städtebaulichen Sieg zu verhelfen. Hannover hat das zum Beispiel so gemacht, meine schöne Vaterstadt Regensburg entging diesem Schicksal in letzter Minute durch den stockreaktionären Stadtdirektor Boll: Ja, und Frankfurt hat sich ebenfalls für den Weg des Fortschritts entschieden. Den Aquarellen des Malers Wilhelm Raab kann man entnehmen, wieviel Altstadt leicht hätte gerettet werden können, er hat sie nach der Zerstörung dokumentiert. Wenn man gewollt hätte: Und fürs Westend brauchte man gut zwanzig Jahre später sogar eine veritable Revolution. Wir wissen alle: Das Fortschrittliche kann nach einer gewissen Zeit alt und ranzig aussehen, während die Rückschrittlichkeit unversehens Glanz gewinnt. Und daß Menschen nicht aufbewahrt, sondern in vielerlei Hinsicht behaust sein wollen, hat sich auch herumgesprochen, allerdings noch nicht so ganz, wie das zuwege zu bringen sei. Anmut und Schönheit ist ein ganz gutes Mittel gegen Barbarei, während Grobes und Gleichgültiges Barbaren anzieht. (Ich habe mich in diesem Zusammenhang immer wieder darüber gefreut, wie hübsch die winzige Blumenoase am Roßmarkt aussah, ein wahrhaft zerbrechlicher und ungeschützter Ort, der sich ganz gut durch sich selbst behaupten konnte – aber sie soll ja jetzt verschwinden, Tiefgarage oder so.) Will sagen: Am Schmuck einer so schmucklosen Stadt wie Frankfurt sparen, heißt mehr Reparatur- und Reinigungsarbeiten riskieren, glaube ich.

Wir könnten natürlich mal eine Stadtfahrt machen, von Nord nach Süd und Ost nach West, und Verbesserungen überlegen, ich glaube, manche wären gar nicht so teuer. Allein den übriggebliebenen Beton- und Schildermüll, das angesammelte Behördengerümpel zu entfernen und mal Farbe und Pflanzen zu wagen könnte manches verändern. Und Chancen nutzen – den Main. Viel Gerede, aber wie ich finde nicht so viel Ergebnis. Welche Chancen! Und welche Schande, einem der ganz wenigen magischen Orte dort jahrelanges Verkommen und dann den zu befürchtenden Untergang zuzumuten, ich rede von der Gerbermühle. Es schüttelt einen gradezu bei einer an magischen Orten nicht grade überreichen Stadt wie dieser.

Warum macht man sich statt dessen die Mühe, das Schreckliche und Deprimierende – ich finde kein anderes Wort – gleichsam verbal zu begrünen? Das Polizeipräsidium ist passiert, nun ist es da und sendet seine düstere Aura fast bis zum Hauptfriedhof hinüber, nur eine unsägliche spitzbugige Tankstelle samt McDonald gebietet Einhalt. Deswegen muß man doch nicht, wie geschehen, öffentlich alle für dämlich erklären, die das Ding grauenhaft finden? Solche Gebäude atmen und schädigen eine ganze Region – was also kann man tun, um das zu mildern? Dem Alleenring sein bürgerliches Selbstbewußtsein zurückgeben, die, die das schon versuchen, dafür öffentlich loben!

Und die Konstabler: Mich beschleicht heftiges Mißtrauen, wenn ich lese, zu welchem Zweck man den Unplatz wieder zum Platz machen will – nämlich um den Festewildwuchs aufzunehmen, der seit Jahren die Stadt überwuchert. Und dahinter verbirgt sich keine städtebauliche Idee, kein Mut zur Veränderung, sondern in Wahrheit eine Kapitulation vor der Verprollung, man möge mir verzeihen.

Es bauen ja keine Menschen mehr, sondern Gesellschaften. Deswegen haben die neuen Wohngebiete an der Hansaallee

und an der Raimundstraße alle die gleichen Balkons und eine
Art Raubtiergitter als Zäune. Es entscheiden Institutionen, es
reden bei allem, was größer ist als ein Telefonhäuschen, un-
glaublich viele Leute mit, ich höre aus dem Dichterviertel,
daß der Wunsch nach einem dritten Dachfenster im eigenen
Haus den Antragsteller Lebensjahre und die psychische Ge-
sundheit kosten kann. Andererseits wurden die herrlichen
Akazien in der Domstraße wie von Geisterhand umgehackt.
Die Begründung dafür kam spät und wenig einleuchtend.
Ich hör hier mal auf, es könnte Viertel um Viertel so betrachtet werden: Sollte man das nicht einfach mal tun? Sehfähige
Menschen, ohne Aktendeckel vor dem Kopf?

Und könnte man nicht einmal so was machen wie ein
Sprayer-Symposium: Nicht, um sich bei diesen traurigen
Schmierfinken anzubiedern, was ja noch vor kurzem für fortschrittlich gehalten wurde, sondern um sie zum Aufhören zu
bringen? Sie könnten meinetwegen maskiert kommen, man
bräuchte wahrscheinlich Dolmetscher, aber man müßte mindestens versuchen, diesen Verbreitern der Trostlosigkeit Einhalt zu gebieten. Frankfurt, davon bin ich überzeugt, braucht
dringender als alles andere Ideen. Können auch schräge drunter sein.

Vielen Dank für Ihre Geduld.

Gayday, Gayday

Christopher Street Day

Freitags um drei Uhr nachmittags solls losgehen, steht im Internet. Aber da ist auf der Konstablerwache, Konsti genannt, außer Budenaufbau überhaupt noch nichts los. Und Buden sind dort ja immer.

Eine leere Bühne und grundlos muntere Musik, unterbrochen von einem Moderator, der sagt, viele müßten ja an einem Freitagnachmittag noch arbeiten. Und die anderen seien mit Wolkenschieben beschäftigt. Das scheint nichts zu nützen, eine graue Decke hängt über dem Platz, der festlich und verrückt und fröhlich und tolerant werden soll. Die jetzt zögernd, einer nach dem anderen, aus den umliegenden Straßen kommen, müssen ganz offenbar schon länger nichts mehr arbeiten. Nicht nur freitags. Einen davon kenne ich, er war mal in der Verlagswelt angesehen und trägt jetzt stoisch ein Loseimerchen für die Aidshilfe herum. Ebenso stoisch erzählt er die Geschichte seines Abstiegs, und der hat mit seinem Schwulsein überhaupt nichts zu tun, sondern mit der Arbeitswelt, wie sie heute ist, und wie man sie sich nie hat vorstellen können. In der schwulen Gemeinschaft hat er einen Platz, mit minimalem Verdienst und ziemlich harter Arbeit im Bereich Betreuung und Pflege.

Das hier ist ein Klassentreffen, sagt er. Und stellt mir einen anderen Losverkäufer vor: Schwerbehindert, sagt er mit einer Art väterlichem Stolz. Und hundertprozentig dabei! Weniger glamourös hätte das ganze gar nicht anfangen können, und ob die älteren Frauen, die Rollstuhlfahrer, die beiden dürren Jungs mit ihrem ebenso dürren Hund, das Mädchen mit der behinderten Freundin, der tanzende Bierflaschenträger oder all die anderen Mühseligen und Beladenen, die sich jetzt auf dem Platz sammeln, nun schwul oder lesbisch sind: So was von egal, denke ich. Aber das ist nicht wahr, vielleicht nur diese drei Tage nicht. Montag ist Aschermittwoch, dann ist wieder Hartz IV oder Arthrose oder eine verlorene Lehrstelle. Aber noch ist Freitag, die Sache gewinnt Fahrt, die Oberbürgermeisterin spendet Anerkennung und ordnet den CSD in die Stadtkultur ein. Ja, es ist viel erreicht worden. Jedenfalls hierzulande. Die Gleichliebenden in anderen, zum Beispiel in den östlichen Ländern, erinnern mit ihren Bedrängnissen an schlechtere Zeiten, und wie ein düsteres Menetekel hängt der Fall des Iraners Aragoli über dem Fest. Der wurde auf dem Frankfurter Standesamt verhaftet, sitzt jetzt in Abschiebehaft und ist wegen seiner Homosexualität im Iran, wohin er abgeschoben werden soll, mit dem Tode bedroht. Zwei Hinrichtungen sind aus jüngster Zeit bekannt.

Nach einer, wie man hört, klasse Partynacht hat sich der Himmel am Samstagvormittag aufgehellt und die Innenstadt ist zu. Nichts geht mehr. Die Parade beginnt am Römer und wird sich in weitem Bogen um und durch die Innenstadt bewegen, und am Straßenrand stehen die Menschen wie an Fastnacht, zum Teil in Doppel- und Dreierreihen. Frankfurt macht seiner angenehm wurschtigen und jedwedem Pathos abgeneigten Liberalität alle Ehre.

Die duun der nix! sagt eine Oma zu ihrem heulenden Enkel und winkt dem Sadomaso-Wagen zu, auf dem sich ein lächelndes Mädchen stundenlang in den Hals beißen läßt. Nein, die tun alle bestimmt nichts.

Mein Freund R., der Losverkäufer von gestern, hatte mich schon eingestimmt: Ach, sagte er, dann geht das los mit der Parade und du siehst die Typen mit Leder und Ketten und dem ganzen Gebammel, und dann denkst du Huch! Aber das Huch ist eigentlich ganz schnell wieder vorbei.

Auuufgesessen! schreit eine Motorradfrau die Motorradka-valkade an der Spitze des Zuges an, und dann donnern und knattern und stinken und hupen sie los, aber noch immer ist da nichts, na, sagen wir, Furchteinflößendes zu spüren, trotz mächtiger Bizepse und drohend in die Gegend gereckter Bäuche. Das schwebende große Regenbogentuch macht den martialischen Eindruck wieder wett, und mir scheint, als sei der Zug ganz umsichtig zusammengestellt, abwechselnd Zartes und Hartes. Wobei das Zarte so zart nicht und das Harte so hart nicht wirkt.

Unterscheidungen sind wichtig bis hin zum Komischen, Darmstädter und Frankfurter Lesben wollen unterschieden sein wie die über vierzigjährigen Schwulen von den Jungen aus der FDP, die von der Deutschen Bank haben einen Wagen und sitzen nicht auf dem von den Friseuren.

Und ein sehr kleiner und offenbar mächtig übelgelaunter Trupp wird von den Schwulen und Lesben in der SPD gebildet. Kann man ja verstehen, daß die so bitter dreinschauen.

Liberté, egalité, Homosexualité, heißt in diesem Jahr das Motto. Klingt ein bißchen holprig, das Homo so reingeflickt. Liberté, egalité, sexualité wäre rhythmisch hübscher. Es ist doch genug davon für alle da. Oder wie einer sich auf die Fahne geschrieben hat: Liberté, diversité, perversité. Auch nicht schlecht.

Es trommelt, sehr gekonnt, wie früher auf den Demonstrationen gegen die Startbahn West, es hupt und trötet, und die gewaltigen Anlagen auf den Wagen donnern Musik ins Volk. Bei Marianne Rosenbergs kultwürdigem Gepiepse singen wir am Straßenrand mit, na-na-naaa-na … Als ich zwei Japanerinnen, die ihre Fotohandys zum Glühen bringen, frage, was das hier sei, sagt die eine: Opera!

Gar nicht so falsch. Was manche meiner ernsthaften schwulen Freunde stört, das Exhibitionistische – nee, ich käm nie auf die Idee, da hinzugehen, das ist doch egoman und peinlich und trifft das Problem nicht –, ist natürlich das Salz in der Paradensuppe. Deswegen gehen die Leute hin, die aktiven und die passiven. Aber hier ist nicht New York und nicht Berlin, und schon gar nicht Rio, und deswegen sehen wir die Frankfurter Variante von Glamour, die ein wenig bodenständig und somit nicht so einschüchternd ist. Das eisig glatt Gestylte, die lackierte Roboterhaftigkeit großer Dragqueens ist hier nicht zu sehen. Eher denkt man angesichts der Federgestecke auf Kopf und Hintern der vorüberschwänzelnden Schönen, *Holiday on ice* hätte bei E-Bay seinen Fundus verkauft.

Einer sitzt mit baumelnden Beinen auf einem Wagen, er hat ein rotseidenes, nicht zu übersehendes Gemächtlein, dafür aber ein so bezauberndes Lächeln, daß nicht einmal die mehlige Schminke es auslöschen kann. Es sind immer wieder Bilder von einer sanften und rührenden Ungelenkheit zu sehen, eine Mischung aus Sambaschule und Kinderumzug. Wer über die brav auf dem Wagen angegebene *website* der Sadomasos versucht, wenigstens da einen Blick in die Nachtseiten des Lebens zu erhaschen, wird enttäuscht: Die liest sich so nett, als gehe es um einen Club für Modelleisenbahnfans.

Die am Straßenrand stehen, wenden sich nicht ab, im Gegenteil: Sehr gesetzt aussehende Damen geraten ein wenig ins Hopsen, eine verwirrte afrikanische Familie rettet sich geschlossen hinter ihr Fotohandy und traut sich erst beim Blick aufs Display zu lachen. Hunde, die im Zug mitgehen, begrüßen ihre Artgenossen, die am Rand stehen müssen. Auch die klerikalen Scherzarrangements gehen nicht weiter als beim ganz normalen Karneval.

Macht euch warm! steht an einem Karren voll wärmender Textilien. Als wären das nicht hierzulande schon fast alle, irgendwie sympathisierend. Nicht einmal der schwarzbebartete Mann, dem der Zorn des Koran aus den Augen sprüht, traut sich ein Wort zu sagen. Er zerrt nur seine widerstrebende Frau weiter, Richtung Zeil.

Wir Wohlwollenden und Neugierigen sollen begreifen: Die da zeigen, daß sie anders sind. Und daß das toll ist. Will sagen, wer keinen Grund hat, seine Neigungen so heftig zu feiern, ist ein armer Wicht. Oder Wichtin.

Viele von den lesbischen Paaren gehen nebeneinander wie eine ganz kleine Armee, entschlossen, sich überhaupt nichts gefallen zu lassen. Blicke geradeaus.

Aber es ist eben gar nicht alles anders, und der Wochenmarkt für die Normalen geht unmerklich in den Schwulenmarkt über, wo sich mir leise die Frage stellt, was an einem in der lesbischen Eisdiele gekauften Eis wohl anders schmecken mag und ob ein im schwulen Dekorationsgeschäft gekauftes Kissen besondere Eigenschaften hat.

An Rosemarie Trockels schönem, traurigen Aidsengel auf dem kleinen Klaus-Mann-Plätzchen häufen sich die Rosen. Gerührte Ledermänner stehen davor. Man sieht ihnen an, daß sie sich an jemanden erinnern. Hinten schiebt sich immer noch singend die Parade Richtung Konsti vorbei. *Voooolare ... Cantare ... nel blu, dipinto di blu ...*

Am andern Tag, am Sonntag, wird es heißen, daß die Partys wieder heftig gewesen seien.

Um drei Uhr am Sonntagnachmittag redet von denen, die den Dom betreten, keiner mehr von Party. Sie haben den nahen Festplatz verlassen, Männerpaare und Frauenpaare, alte und junge, aber auch Einsame sind da, Kinder, Jungen und Mädchen, japanische Studentinnen – keine Unterschiede mehr. Vom rechten Seitenaltar her leuchtet das Schwert des Erzengels, und über Engel wird im Gottesdienst gesprochen werden. Und über den Tod, natürlich.

Vor Gott können wir so sein, wie wir sind, sagt die Frau mit dem Regenbogenschal am Altar. Sie hat den katholischen

Part, ein junger Pfarrer den evangelischen. Das ist aber egal, und alle auf den Kirchenbänken haben jetzt Zeit, über das Unterschiedliche und das Gleiche nachzudenken. *Somewhere over the rainbow* verbindet sich mit dem *Cantate dominum,* und der Gekreuzigte schwebt über dem Tuch vor dem Altar, auf dem die Namen der Aidstoten geschrieben stehen.

Der traditionelle Gottesdienst zum Abschluß des CSD ist nur scheinbar ein Kontrapunkt zum gefallsüchtigen Getänzel und Getue der Parade. Damals, in New York, Ende der sechziger Jahre in eben dieser Christopher Street haben sich die Schwulen zum erstenmal gegen Polizeiwillkür zu wehren gewagt. Diesen ursprünglichen Anlaß kennen wahrscheinlich viele gar nicht mehr. Sie wehren sich aber auch, konfus, sie wollen das Anderssein feiern, aber nicht ausgegrenzt werden, und sie wehren sich dagegen, daß die Liebe so nah an den Tod gerückt ist. Was da im Festzug unter Klamotten, Schminke und Getöse versteckt war, zieht der Gottesdienst sanft ans Licht. Lust, Lust zu leben und die Angst, es könnte ein Ende haben. Wie bei allen Menschen.

Der Tigerpalast in Frankfurt

Man lasse sich nur nicht von der Umgebung entmutigen: Das kleine Sträßchen mit dem frommen Namen im Schatten der Gerichtsgebäude ist trist, die ganze Gegend leicht schräg, als sei das Lichtscheue am besten im Auge des Taifuns aufgehoben, nah bei Polizei und Justiz. Aber in solchem Ambiente waren seit langem auch die Artisten zu finden, die Künstler, die Chansonetten, all jene eben, die dem irdischen Jammertal ein bißchen Festlichkeit abtrotzten. Dafür steht jetzt, seit acht Jahren, erst seit acht Jahren, eine verwegen hintenübergekippte Schrift, TIGERPALAST, die in den kahlen Abend hineinleuchtet und Menschen anzieht, so viele, daß das Etablissement schon nach dieser kurzen Zeit wie selbstverständlich den Titel »Institution« trägt.

Das war von Anfang an so: Die Erfinder und zähen Verfechter ihrer Idee gegen Kleinmut, Neid und Unverständnis, Johnny Klinke und Margaretha Dillinger, brachten es fertig, daß gleichsam aus dem Stand alle dazugehören und dabeisein wollten. Alle, auf die es ankommt, und auch die, die glauben, daß es auf sie ankommt, *tout Francfort* samt Gästen von außerhalb. Endlich hatte die Stadt den Gebildeten unter ihren Verächtern was zu bieten.

Wohin wollen Sie mit mir gehen? fragten die, wenn man sie als schon altgedienter Aficionado das erstemal mitnimmt. Dann wird es schwierig – ins Varieté? Das ist der Tigerpalast ohne Zweifel, und er hat die ehrwürdigen Körperkünste entplüscht und entstaubt, auf daß die Zuschauer wieder werden wie die Kinder, was ja einst der Sinn jeder Artistik war. Aber das alte Haus ist mehr als ein Varieté. Es ist auch gesellschaftlicher Treff, Schule des Luxus und der Moden, Laufsteg und Stolperstein, und dabei von jener Bodenständigkeit, die allein das Überleben im Weltkaff Frankfurt sichern kann. Der Prinzipal ist Frankfurt als Streetfighter – übrigens in prominenter Gesellschaft, die auch heute noch einen der Kerne des Etablissements bildet – in besonderer Weise verbunden. Er hat das Ohr an allen Fronten seines Publikums, und es gelingt ihm, durch den Zauber der Künste auch die größten Streithammel zu falschem Lächeln und echtem Staunen zu bekommen.

Der Tigerpalast ist eng, jede Premiere ein hochkompliziertes Puzzle: Wer sitzt wo? Und mit wem? Ist die Regierungsbank – die umlaufende Polsterbank an den beiden Längswänden – gut besucht? Und dann wird das alles ganz gleichgültig, die Service-Akrobaten haben ihre atemberaubende Vorprogrammnummer mit Flaschen und Weinkühlern, Hors-d'œuvre-Platten und Champagnergläsern in der drangvollen Enge bravourös bewältigt, das Tigerpalast-Orchester heizt ein: Dann gehts los. Was haben Margaretha Dillinger und Johnny Klinke nicht schon alles entdeckt, oder aus dem Kinderbewußtsein ihres Publikums hervorgeholt und neu hergezeigt: Den Jongleur, der im Ruhestand war und ein Liebling, ein immer wiederkehrender Gast in der Show ist: Die Frankfurter haben ihn in ihr rauhes und familiäres Herz geschlossen, und wenn einer seiner Gegenstände ungebeten die Schwerkraft wiederfindet und auf dem Boden landet, klatschen sie so lang, bis es klappt. Und der Künstler sagt: Letztes Jahr konnt' ich's noch! Oder die Schlangenfrau, oder der gradezu sagenhafte Bauchredner aus der Südsee, ein vegetarischer Aussteiger und Meister seines Fachs. Die Tangotänzer, der schweigende Zauberer und dafür ein andermal der aristokratisch plaudernde – nein, keine Namen! Irgendeinen oder -eine würde ich vergessen, und das wäre unverzeihlich. Also für heute nur die Künste und nicht die Künstler! Jenes kanadische Paar am Vertikalseil mit der erhitzten Musik: Sanft hörte man die Nackenwirbel des hinaufstarrenden Publikums knacksen – sie werden doch nicht, die beiden? Oder doch?

Zuvor haben viele aus dem Publikum jene Übung exerziert, die als Spezialität des Hauses gilt und bei der sich zeigt, wer neu in den Laden gekommen ist – wir Eingeweihten verziehen keine Miene, räumen das Tischchen, lassen uns von den Servicekünstlern anderswo hinplazieren, wo aber vorher schon kein Platz war und trotzdem welcher entsteht: Immer wieder ein Wunder. Wenn Seilläufer da sind, darf man sogar manchmal auf die Bühne.

Zum Seillauf hat Klinke eine besondere Beziehung, seit er sich zäh und unbeirrbar dafür ins Zeug gelegt hat, die 1200-Jahr-Feier von Frankfurt durch so einen flüchtigen, fragilen und gefährlichen Akt wie den Lauf des Philippe Petit von der Paulskirche zum Dom richtig unvergeßlich zu machen. Im großen war während dieser aufregenden Stunde mit dem fernen Seiltänzer oben im Wind Frankfurt das, was der Tigerpalast allabendlich im kleinen sein will – und meist auch ist: Eine Art Kindergeburtstag. Runde Münder und runde Augen, alle mit derselben Blickrichtung. Auch solche, denen man das Staunen und das Wünschen schon lang ausgetrieben hat, erweisen sich als rettbar. Ganz unterschiedlich sind die Künste und Körperbeherrschungen, die die Menschen zum Staunen bringen – einer liebt die Jongleure und bewegt beim Zuschauen unbewußt die Hände, eine andere vergafft sich in die Diseuse, die ein Mann ist, und gerät in ein sanftes Durcheinander, wieder andere kriegt der Salontenor aus Berlin weich, oder die spindeldünne Tänzerin, ein rasendes, rotschwarzes Piktogramm. Jene namensgebenden Tiger allerdings, die aus Frankreich kamen und aussahen, als seien sie hinter den Ohren parfumiert mit ihren Diamanthalsbändern: Die sind von unverständigen ältlichen Tierschutztanten, zu denen ich mich leider zählen muß, nicht so gern gesehen worden. Der Seelöwe Adolf hingegen, dessen Unterkunft und Auftritt politisch mindestens so unkorrekt war, hätte jedesmal dabeisein dürfen. So konsequent wird der Besucher des Tigerpalastes!

Das Programm ist gleichsam unterfüttert mit allem, was die Besucher für einen besonderen Abend brauchen, gastronomisch und auch sonst: Und doch ist hier etwas anders als an vergleichbaren Orten. Das Ambiente ist nicht spektakulär, und die Architekten sind jeder Verlockung zur Nostalgie, die das alte Gebäude ausströmt, aus dem Weg gegangen. Auch das Restaurant im Keller, die Vorräume und die seit einiger Zeit als Erweiterung und Ergänzung dazugekommene Palastbar bedienen die durchaus legitime Sehnsucht nach rotem Samt und Innigkeit nicht. Franz Kafkas dunkler Blick schaut aus einer Nische, das Foyer ist keine geeignete Gattinnen-Auftrittsbühne, das Restaurant ein schmaler, unprätentiös eingerichteter Schlauch, allerdings mit heftig gerühmtem Chef und Mannschaft. In der Bar trifft man die gleiche Freundlichkeit und Kompetenz wie oben im Saal, aber es ist eine moderne Bar, keine Komm-mit-mir-ins-Chambre-séparée-Seligkeit stellt sich ein. Es gibt wechselnde Life-Musik, die manchmal ein richtiges Geschenk sein kann, aber in Wahrheit ist diese Palast-Bar ein durch und durch moderner Ort. Keine Bar zum Verstecken, sondern eine zum Sichzeigen. Am legendären runden Tisch rechts vom Eingang sind schon Wahlen gewonnen und verloren worden, es wird geherzt und gehetzt, das Kaleidoskop dreht sich und die neu entstehenden Muster werden aufmerksam beobachtet.

Jeder, der in Frankfurt Nachtleben zu installieren wünschte, weiß, wie schwierig das ist. Als gäbe es ein stummes, trotziges »Jetzt erst recht nicht«, verhält sich die Kommune auf die weltweiten Vorwürfe, in dieser Stadt sei nichts los, schon lange so, als wolle sie genau das beweisen. Und mit dem gleichen Trotz – dann eben nicht! – gehen die Frankfurter mit Mißtrauen auf die wenigen Oasen zu, die ihnen angeboten werden. Es braucht also zur Installation und Erhaltung eines Ortes wie der TIGERPALAST ziemlich viel Mut und eine sturmerprobte Begeisterung. Man muß – denn Artisten sind empfindlich wie seltene Pflanzen – Psychologe sein und Dompteur, Manager und Magier, Seiltänzer und Trapezkünstler ohne Netz, will sagen, ohne kommunale Subventionen. All die gezeigten Körperkünste sind eine Metapher für die Fähigkeiten, die das Unternehmerpaar täglich beweisen muß.

Klein ist das Unternehmen nämlich nicht mehr, und es verlangt nach jener schwierigen Mischung von Vertrautem und Neuem, die Zuschauer nicht nur einmal anlockt, sondern bindet. Dazu gehören natürlich Entdeckungsreisen, Besuche bei Festivals und Nachwuchswettbewerben, manchmal ist es ein russischer Geiger, der direkt von der Straße kommt, dann eine Gruppe Bodenakrobaten, die zum erstenmal ein solches Haus von innen sehen. Die Öffnung nach Osten zeigt neue oder vergessene Künste und Künstler. Artistik ist ja immer auch ein Stück Archäologie, Freilegung vergessener und unerhörter Fähigkeiten. Genau in der Mitte zwischen 68 und Peking ist er geboren, der Tigerpalast, zwischen gesellschaftlicher Spaltung und den eisigen Umarmungen der Globalisierung. Das Weltkind in der Mitten, gewissermaßen, und das sehr munter. Peking hat gezeigt, wie das Virtuelle die Wirklichkeit gleichsam aufsaugt, einfärbt und glättet. In Peking konnte man erstaunlich perfekt dressierte und zu Höchstleistungen getriebene Menschen sehen, sie zählten nach Tausenden und waren überhaupt nicht voneinander zu unterscheiden. Wenn es die Ästhetik erforderte, wurden sie zusammengemischt, eine Stimme zum Beispiel mit einem anderen Aussehen. Keiner hatte eine Elastikbinde, nichts fiel runter, kein Stolpern, keine Träne, kein Keuchen, keine Aura aus Schweiß und Spucke. Und genau das sind die neuen Bilder, gegen die das Varieté anspielen wird, ganz unangestrengt und unter den Augen von *tout Franc-fort*. Ein bißchen paraphrasierend könnte man sagen: Perfektion mit menschlichem Antlitz. Zumindest das könnte klappen. Vielleicht macht das den Reiz des Hauses aus: Daß es einem eine Wahrheit zeigt, die aus den Medien längst verschwunden ist. Eine Waghalsigkeit im Fernsehen ist langweilig, denn man glaubt sie nicht. Sie ist wiederholbar, beliebig, fremd. Hier, in der berühmten Enge, mit der kleinen Schweißtröpfchenaureole im Gegenlicht, bekommt der Seufzer: Ich glaub es einfach nicht! einen ganz anderen Klang. Natürlich gleicht kein Abend dem anderen. Natürlich muß auch der Besucher etwas in sich neu entdecken, indem er die Inflation der verfügbaren Sensationen einfach vergißt und den Abend, das Glas erhebend, mit dem Satz beschließt: Wie haben die das bloß gemacht?

Wo geht er hin?

Nachruf für Matthias Beltz

So hat er in einem seiner Programme gefragt: Woher kommt der Mensch? Warum ist er dort nicht geblieben? Und was macht er hier?

Wohin der Mensch denn dann gehen würde, hat Matthias Beltz ganz beiläufig auch noch wissen wollen, aber nicht so, als ob er die Letzten Fragen veräppeln würde, sondern wie einer, der ganz gern eine Antwort auf sie hätte. Fragen wird man ja wohl noch dürfen.

Bei seinem letzten Auftritt im Tigerpalast, so erzählt der Direktor dieses von Beltz mitgegründeten unvergleichlichen Etablissements, Johnny Klinke, habe Matthias sich über die wichtigsten Ereignisse des Menschenlebens lustig gemacht, Taufe, Hochzeit, alles nichts besonderes, da ist ja nichts los. Einzig Beerdigungen ließ er gelten in einer seiner letzten Stunden auf der Bühne: Da geht's zur Sache. Das ist was richtiges. Nur genügend Streuselkuchen muß da sein.

Warum grade sein Tod so vielen schmerzhaft ins Herz gefahren ist, hat nicht nur damit zu tun, daß sich da eine ganze Generation plötzlich gezwungen sieht, in ihr eigenes Grab zu gucken. Grade diese Generation hatte sich selber doch die längste Jugend der Weltgeschichte verordnet! (Manche wollen bis zum heutigen Tag nicht davon lassen, sie tragen dünne Zöpfe im Nacken und spannen ihren Söhnen die Freundinnen aus, oder sie versuchen es zumindest, und unter vielen anderen Dingen habe ich auch über dieses Phänomen mit dem Beltz sehr lachen können.) Schöner Satirestoff war das.

Nicht nur der Tod des Altersgenossen erschreckt, vielmehr daß einer der wenigen gegangen ist, der zeigefingerfrei sagte, was man selber vielleicht gern gesagt hätte, wenn man sich nur traute. Das galt für ganz gegensätzliche Menschen: Die Linken, die mit der Penetranz von Antiquitätenschiebern jedes alte Geistesgerümpel schönreden, nur weil es im Keller der Weltgeschichte überdauert hat, mochten ihn – wenn auch oft nur klammheimlich –, aber auch Mandatsträger aller Farben kriegten entspannte Gesichter, wenn sie ihm zuhörten. Es ging zwar gegen sie, und das wußten sie, aber es tat ihnen irgendwie gut, seiner temperierten Frechheit zuzuhören. Ich habe das oft im Tigerpalast beobachtet, da saßen sie alle auf der sogenannten Regierungsbank, manchmal schmerzhaft nah beisammen, hörten dem Beltz zu, trauten sich, zu lachen, erst ein bißchen schiefmündig und dann oft auch richtig, fast erleichtert. Sie machten Gesichter wie Leute, die den Rücken gekratzt bekommen. Tut etwas weh, ist aber lustvoll, wenn einer so beiläufig die juckenden Stellen findet.

Das alles klingt zu leicht, zu gauklerisch, zuwenig weltanschauungsgestählt und von pädagogischem Furor getrieben? Ja, das tut mir nun leid, aber genau so sehe ich den Beltz, und deswegen werde ich ihn sehr vermissen.

Es gibt eine Art Zweiter Unschuld und nichts ist schwieriger, als sie zu erlangen. Er hatte sie, glaube ich.

Die erste ist kein Kunststück, die kriegen wir, wieder in unserer schwierigen Heimat, der Linken, reichlich vorgeführt. Unverdrossen der Welt vorzuwerfen, daß sie ist, wie sie ist, einmal in jungen Jahren gewonnene oder irgendwo ausgeliehene Einsichten bis zur Absurdität zu proklamieren, weit entfernte und undurchschaubare Ereignisse zu beurteilen, wobei der eigene Nabel den Quell der Erkenntnis bildet.

Die Zweite Unschuld heißt: Ich weiß, daß ich nichts weiß. Aber ich bleibe neugierig, immer, und höre nicht auf, skeptisch zu staunen. Wenn es not tut, kämpfe ich auch, aber nicht, weil eine Partei, ein Guru oder meine Wohngemein-

schaft mir das verordnet. Die Zweite Unschuld findet die
Welt zwar unvollkommen, aber doch schön. Die Zweite Un-
schuld ist ironisch – sie kann gar nicht anders, denn über die
Titanen der Bedeutsamkeit muß sie leider sehr lachen –, aber
sie gönnt der menschlichen Hilflosigkeit den notwendigen
Ernst.

So habe ich ihn verstanden.

Er war Mitglied und Nutznießer der Medienwelt, aber er
hat souverän ihre Gesetze mißachtet. In einer Zeit, in der jede
debile Schlagerdohle glauben muß, es gäbe nichts Wichtigeres
als ihre Unterhosen, und in der nicht nur Därme öffentlich
gespiegelt werden, war er ein schneeweißer Rabe, ein geselli-
ger Eremit. Gab der Bühne und dem Fernsehen, was ihrer war
und nicht ein Grämmchen mehr. Gearbeitet hat er viel, vielleicht zu viel. In letzter Zeit kam er mir müde vor, ein klein
wenig ernster als sonst.

Auch wenn man der Öffentlichkeit nur gibt, was man ihr
geben will, kann einem das zuviel wegnehmen.

Jetzt weiß er, wo der Mensch hingeht. Jahre zu früh.

Noch einmal: der Börneplatz

Große Fehler sind in bezug auf diesen Platz gemacht worden, in der Vergangenheit und in der Gegenwart. Sie haben einen Grund: unsere Phantasielosigkeit. Wir werden jeden Tag von Bildern überschüttet, wir haben uns daran gewöhnt, nur noch an Bilder zu glauben.

Der Platz hatte keine Bilder, nur Erinnerungen, die nicht laut genug zu uns sprachen. Darin könnte das zögernde und halbherzige Interesse begründet gewesen sein, das dem Platz entgegengebracht wurde. Teilen der Jüdischen Gemeinde mag es nicht anders gegangen sein, vielleicht will auch jemand, der seine Menschen verloren hat, sich nicht um die Abstraktheit eines fremden Platzes bekümmern.

Aber es ist vieles anders geworden in den letzten Wochen. Und deshall richte ich noch einmal einen dringlichen Appell an alle Verantwortlichen, nicht große Fehler mit noch größeren zuzudecken. Der Platz hat sich geöffnet und gibt jeden Tag mehr preis, mehr von den Bildern des zusammengedrängten, beengten Lebens der Frankfurter Judenheit, einer Gemeinschaft, der diese Stadt unschätzbar viel zu verdanken hat.

An jenem Börneplatz, der nach der Vernichtung seiner Bewohner zu einem der trübsten und abstoßendsten Beispiele neuzeitlichen Städtebaus verkommen ist, gibt die lang versiegelte Erde diese Lebensspuren preis. Wir sollten das Gefundene dankbar und respektvoll behandeln und sichern – statt dessen scheint es manchen ein lästiges Übel. Vollkommen verächtlich wäre es, diese Steine und Spuren nach den Nutzungsbedürfnissen irgendeiner Behörde zurechtzustutzen, wegzuräumen, zu verkleinern, oder der Museumsfülle dieser Stadt hinzuzufügen. Der Ort, an dem die Spuren sich Tag für Tag kraftvoller zeigen, muß bleiben. Dort waren die Menschen.

Es geht nicht an, den Platz, der gerade begonnen hat zu sprechen, wieder zum Schweigen zu bringen.

Weil Politiker sich mit dem Unrechthaben so schwer tun, gibt die Geschichte ihnen so oft Unrecht. Meine dringende Bitte geht an alle Verantwortlichen und an alle gesellschaftlichen Gruppen: Lassen Sie den großen Fehlern nicht die noch größeren folgen! Beenden Sie die Bauarbeiten und bedenken Sie noch einmal die jetzige Situation! Finanzielle Einbußen können keine Begründung für diesen Verrat an der Geschichte sein. Der eingeschlagene Weg darf nicht weitergegangen werden, denn das wäre nicht wiedergutzumachen.

Die Steine wollen nicht schweigen

Der Börneplatz ist kein Platz mehr. Der Stadtwerkebau, um dessen Errichtung auf den Resten des Frankfurter Ghettos lange, höchst vielbödige und merkwürdige Auseinandersetzungen ausgetragen wurden, hat ihm den Garaus gemacht und sorgt dafür, daß Besucher, die sich hierherverirren, sich ebensoweit wegwünschen wie früher, als man den Ort noch einen Platz nennen konnte, wenn auch einen von lärmender Öde. Jetzt ist es eine Kreuzung. Als habe man ein für allemal jeden Gedanken an etwas Offenes, vielleicht auch Zögerndes und Unsicheres ausschalten wollen, belegt eine trübfarbige, riesige Baumasse jeden Versuch sich zu erinnern mit Beschlag. Die Schwünge und Biegungen des Baus erwecken seltsamerweise nicht den Eindruck von Eleganz oder Schmiegsamkeit, sondern es scheint der Koloß in einer Kriechbewegung von den letzten Resten des verfügbaren Platzes Besitz ergriffen zu haben. Die alte Friedhofsmauer steht ein wenig im Weg und wirkt wie eine arme, alte Frau auf einer Yuppieparty.

Wenn man vom Römer her kommend vor dem Autostrom stehenbleibt (sich vielleicht noch an das Guckloch im Bauzaun erinnert, das den Blick auf die zarten grätenförmigen Fundamente des Ghettos ein wenig freigab), gibt es gar keinen Trost: Noch anmaßender, noch protziger, noch drohender als befürchtet steht das Ding da wie für die Ewigkeit. Wie ein graues Maul gähnt ein riesiger Torbogen, ich erinnere mich, daß die Befürworter des Baus seine »Transparenz« rühmten. Das Tormaul wird sie wohl sein, die Transparenz. Aber seltsam: So mächtig das Gebäude ist, es macht nicht mundtot, es erschlägt nicht die Erinnerung – was es versucht –, sondern es hält sie unwillentlich am Leben Es redet gleichsam mit überschnappender Stimme, aber es übertönt gerade deshalb nicht, was war.

Die Bäume des alten jüdischen Friedhofs kann man jetzt nicht mehr sehen. Aber: es ist nicht gelungen, aus diesem Ort eine geschichtsberuhigte Zone zu machen, wie es geplant war, mit Pflichtgedenken in der Tiefgarage und jenem Deckel, den man hierzulande so gern auf die Brunnen tut, in die architektonische Kinder gefallen sind: Kunst. Kunst als Pflaster oder Schminke, denn nur sie verhilft der Erinnerung zu angenehmer Form und Würde. Oder?

Es ist wohl alles ganz anders gekommen, und es hat gar nichts genützt, daß die Bagger die Steine der Judengasse zusammengeschoben haben, damals, und daß man sie bei Nacht und Nebel weggeschafft hat, als gingen von ihnen gefährliche Strahlungen aus. Mit der Strahlung dieser zerbrechlichen Trümmer war es tatsächlich so eine Sache – selbst beinharte Agnostiker und Zukunftsapostel, die das aus der Erde gekommene Ensemble gesehen hatten, waren danach nicht mehr recht bei Sinnen, redeten in Zungen und lasen zum erstenmal in ihrem Leben Börne. Den Satz mit den Steinen, die sprechen würden, wenn die Menschen zum Schweigen gebracht seien, konnte man schon nicht mehr hören. Viele junge Leute machten sich dran, nicht nur der Erde Erinnerung entreißen zu wollen, sondern auch ihren Eltern und Großeltern. Eine Agora war dieser Bauplatz, für kurze Zeit und im verblüffendsten Sinn. Ein für allemal vorbei, abgebucht als leuchtende Niederlage für viele; wer wirklich verloren hat, wird sich wohl noch zeigen. Jetzt aber hat sich wieder ein Blatt im Buch umgewendet, und auf dem verbliebenen, fast unzugänglichen Platz hinter den Stadtwerken – da, wo die Kunst ihre sanfte Stimme hätte erheben sollen und ein »Gestaltungswettbewerb« schon mehrere Menschen in Aufregung versetzt hatte – liegen doch die Reste der Synagoge (genau, wie viele von den Erinnerungskämpfern immer gesagt hatten). Ja, und nun scheinen sie schon wieder zu stören!

Wir erinnern uns an damals, als die als Archäologen getarnten Handlanger der Vernichtung dieser offenbar allzu redseligen Ruinen den schönen Satz sagten, das alles sei schließlich nur Barock, nichts Besonderes, und schon deshalb nicht erhaltenswert. Abgesehen davon, daß die Stadt Frankfurt ja bekanntlich in Barock erstickt, handelt es sich hierbei um einen weit verbreiteten Irrtum, was den angeblichen »Wert« solcher Zeugnisse angeht. Die Ruine, das Zitat, der Baurest, der so eindringlich etwas Verdrängtes zurückruft, hat nicht die primäre Funktion, das Publikum ästhetisch zu ergötzen. Er soll es vielmehr stören und verstören, möglichst nachhaltig, und da geht es nicht darum, ob irgendwer die Steine schön findet, sondern ob sie wahr sind, und ob es ihr Ort ist.

Was werden sie nun bei den Synagogenresten sagen, von denen es in der Eile nur gelungen ist, einen Teil weg- und vermeintlich aus der Welt zu schaffen? Denn die Steine stören schon wieder, nur so kann man den Juryvorsitzenden Professor Bächer verstehen, der bei der Vorstellung der »Gestaltung« barsch zur Eile mahnte und die verblüffende Meinung vertrat, es werde schon eine Form geben, die Synagogenreste in einen der Entwürfe zu integrieren. Wie lang wird das, was hier war, noch »passend gemacht« werden? Wann wird es ins Bewußtsein kommen, daß es hier nicht um die Errichtung eines *locus amoenus* geht, vielmehr um einen Ort, der nie auf diese unselige Weise hätte verklebt und verfälscht werden dürfen? Es heißt, die Synagogenfundamente sollten jetzt archäologisch untersucht und ihre Konservierbarkeit festgestellt werden. So heißt es. Kann man es nach allem glauben?* Erstaunlicher-

---

* Die Stadtregierung hat indessen gewechselt, der jetzige OB war, als er noch Wahlkämpfer war, ein Gegner des Stadtwerkebaus.

weise lassen diese sanften, so vielfach geschundenen Erinnerungssteine eine Gereiztheit entstehen, die mit dem zu tun hat, an was sich da erinnert werden soll. Die Kunstjury hat sich gar nicht leichtgetan, ziemlich einmalige Katalogprosa produziert (»Die tiefgründige Radikalität dieser Arbeit ist eine jeden Zweifel ausschließende Antwort auf die Radikalität des nazistischen Großmords, der sich der Gestaltbarkeit entzieht ...«), aber keine Entscheidung für einen Entwurf getroffen. Es überzeugt auch keiner, weil hier keiner überzeugen kann. Nur das, was noch wahrhaftig da ist, kann ohne Heuchelei an das, was da war, erinnern.

»Der Rabbi (...) ging mit seinem Weibe weiter die Judengasse hinauf. ›Sieh, schöne Sara‹ – sprach er seufzend – ›wie schlecht geschützt ist Israel! Falsche Freunde hüten seine Tore von außen, und drinnen sind seine Hüter Narrheit und Furcht.‹« (Heinrich Heine, *Der Rabbi von Bacharach*)

Verraten und verbaut

Die Geschichte von der endgültigen Zerstörung der Frankfurter Judengasse

Es ist erst wenige Jahre her, daß ich diesen Platz – einen Anti-Platz eigentlich – zum ersten Mal bewußt wahrnam. Ich kam von der Konstablerwache und wollte sehen, wo der Stadtwerkebau eigentlich genau hinsollte und wie es möglich sein könnte, aus diesem Unort einen Ort zu machen. Es ist dies eine der häßlichsten Ecken von ganz Frankfurt, eine häßliche Ecke mit einer Geschichte, die vielfältig ist und von der man, dachte ich, nichts sehen kann. Doch: Die Mauer des alten jüdischen Friedhofs, da stand ich dann lang an dem kleinen Eisentörchen und schaute auf die Bäume, die Steine und die bunten, kleinen Hasen, die im Gras spielten. Der Friedhof strahlte eine Stille aus, als läge er unter einer unsichtbaren Schutzglocke. Auch vom Tor aus, im unerträglichen Autogebrüll, das den ganzen Platz förmlich einschnürt, war diese Stille spürbar. Man müßte sie herauslassen, sie dem ganzen, leeren unschönen Platz mit seiner Umgrenzung von Zweckbauten und Verkehr geben, dachte ich damals. Die Pläne zur Vernutzung des Ortes waren bislang nur Papier, Behördenentscheidungen, Geld und Aufträge an ganz Ortsfremde. Die Chance war noch da, alles anders zu machen. Das war mein erster großer Irrtum von vielen, und noch sage ich das in der Ich-Form, weil Heiner Halberstadt (der mich erst darauf gebracht hatte, nach diesem Platz und seiner Geschichte zu fragen) und ich damals allein mit dieser Frage waren. So kam es mir jedenfalls vor. Ich machte den Vorschlag mit dem »Garten des Gedenkens«, der bald viele Befürworter fand. Der große Irrtum bestand darin, zu glauben, man könnte Bürokraten überzeugen; vielleicht fehlte es ihnen ja nur an Einfällen und Phantasie, und sie würden froh sein, wenn die unselige Art, mit dem alten Ghettoplatz umzugehen (für die keineswegs die derzeit herrschende Partei verantwortlich gemacht werden kann), endlich ein Ende fände. Der »Garten des Gedenkens« kam also in die Öffentlichkeit, und ab jetzt kann ich »wir« schreiben bei all den nachfolgenden Ereignissen, die sich auf dem Platz und, mehr noch, in den Köpfen abspielten.

Die Bürokraten hatten erst einmal schlechte Karten, denn mit dem wachsenden publizistischen Echo wurde es immer schwieriger (und zuweilen unfreiwillig komisch) zu begründen, warum ausgerechnet dort ein Stadtwerkebau erstehen sollte. Selbst die seltsamsten Argumentationsklimmzüge der Bürokraten machten wenig Eindruck, der Plan schien immer skurriler, und die gern geübte Praxis, vollendete Tatsachen zu schaffen, ließ sich so nicht mehr durchführen. So trat erst einmal Ruhe ein, vielleicht begreifen sie's ja doch, dachten wir und konnten uns immer weniger vorstellen, daß im Zuge der machtvoll hervortretenden Geschichte des Frankfurter Judenghettos ein so törichter und brutaler Zweckbauplan in die Tat umgesetzt werden würde. Noch immer war dieser Platz jenes Nichts, das die meisten Frankfurter vom Vorbeifahren, Aussteigen oder Wegschauen kennen. Fehler Nummer zwei: Vertrauen auf Einsichtsfähigkeit und Flexibilität der Bürokraten. Ich werde hier keine Namen nennen, bewußt nicht, denn sie sind einander zu ähnlich – ob sie von Sachzwängen reden oder von mangelndem kunsthistorischem Wert (das war dann später) oder ob sie, die sonst zu allem ihren Senf zu geben pflegen, so dröhnend schweigen. Wir waren doch davon ausgegangen, daß es auch auf deren Seite ein wenn auch schwach ausgeprägtes Bedürfnis geben müßte, diesem Ort zu seinem Recht zu verhelfen – daß sich alle an seiner Verödung schuldig gemacht hatten, macht die Sache leichter, dachten wir.

Doch es entstand keine Diskussion auf der höheren Ebene, kein Bewußtsein und vor allem kein Mut, sondern nur jener pervertierte Mut, der da sagt, Augen zu und durch. Das Ganze garniert mit den gängigen Betroffenheitsfloskeln, die so weit gingen, als habe der liebe Gott die Stadtwerke nur zu dem Zweck geschaffen, damit sie der Erinnerung ans Ghetto die nötige Würde verliehen. Da war der Platz noch immer leer, eine Gedenkstätte sollte an die Synagoge erinnern, ein Mäuerchen oder was Ausgelegtes, es gab Wettbewerbe und immer wieder ist Geld ausgegeben und verdient worden – so ist das nun mal.

Eines Tages erschienen die Bagger, Heiner Halberstadt, unbeugsam und mißtrauisch, ging oft vorbei, schaute und fotografierte – und dann fand man die Mikwe. Vierzehn Tage lang war das ein verärgert gehütetes Geheimnis, wie immer, wenn die Fortschrittler auf ein Stück störrischer Vergangenheit stoßen, reagierte man unwirsch. Aber dann bequemte sich doch jemand, der Jüdischen Gemeinde davon Mitteilung zu machen, und bald darauf wußten viele von dem Fund, die vorher weder wußten, was eine Mikwe ist, noch wie man das Wort schreibt. Es mehrten sich die Stimmen, die schon immer gewußt haben wollten, daß da unter der Erde einiges sei, man habe das schon in den sechziger Jahren bei Leitungslegungen gefunden und nicht beachtet oder gar konserviert. Immer mehr Geschichten wurden offenbar und unter den Geschichten die Geschichte. Der Frankfurter Schriftsteller Valentin Senger, der Jude ist, war schon früh bei dem, was dann später die »Börneplatz-Initiative« heißen sollte. Gerade bei ihm, der den lang versiegelten Ort noch offen gekannt hat, wurde und wird Geschichte in den Geschichten sichtbar.

Keiner aber hatte damit gerechnet, was die Erde da Stück um Stück, Stein um Stein preisgeben würde, die Judengasse wurde sichtbar, man konnte »sie sich vorstellen«. Gefunden wurde, was von den Bürokraten keiner finden wollte. Aber nun hatten sie sich zum Graben entschlossen und taten eine ganze Zeit lang so, als grüben sie um der archäologischen Wahrheitsfindung willen. Es werde, hieß es, alles aufbewahrt und »aufgenommen«. Und gleichzeitig machten sie die Baustelle immer dichter, wieder mit heuchlerischen Begründungen, ungeniert wurde da auch vom Schutz der Funde geredet. Da war alles schon verurteilt, aber wir wußten immer noch nicht genau, wie selbstverständlich. Wirkliche Politprofis hätten es wissen können, aber das waren im Zusammenhang mit dem Börneplatz nicht einmal die, die sich dafür hielten. Nur die von der anderen Seite – die waren welche. Indessen war man nicht untätig auf der Börneplatzretterseite. Es wurde gelesen, was das Zeug hielt, Texte wurden entdeckt und im Nu vervielfältigt, Veranstaltungen fanden statt, und die Kirchen und Institutionen hatten daran einen großen Anteil. Jeden Tag entrissen sie der Erde unter dem Platz mehr, jeden Tag tauchten neue alte Beschreibungen über das Leben im Ghetto auf, und Magistratssitzungen mit erbittertem Streit gab es auch. Aus dem In- und Ausland kamen Journalisten und Solidaritätsadressen zuhauf – und alles war viel, viel zu spät.

Das wußten wir aber nicht und wollten es auch nicht wissen, denn was soll man von einer Stadt halten, die diesen Reichtum an geschichtlicher Atmosphäre zerschlägt um einer so profanen Sache willen? In einer solchen Stadt wollte man nicht leben und glaubte deshalb den wechselnden Bulletins, die sämtlich ernst, nachdenklich klangen und in Wirklichkeit vollkommen verlogen waren. Da lag der Platz, nun offen, schwer zugänglich mittlerweile, aber es gab ihn mit seiner Krümmung, die ich so oft nachgezeichnet habe, wenn Freunde aus New York oder Tel Aviv darüber etwas erzählt haben wollten. Und die Archäologen gruben und fotografierten und machten und klebten Zettelchen – und dann kam eines Tages der Bagger und schob die Westzeile einfach zusammen.

Da haben wir den Platz besetzt. Immer noch an ein Besinnen glaubend, den nun schon geschändeten Ort immer noch verteidigend, und ein letzter Aufruf hatte wirklich – ein Wunder, wenn man die diversen Streithanseln in dieser Stadt kennt – alle vereinigt im Ruf nach Innehalten, Rekonstruktion des bereits Zerstörten, neuem Nachdenken. Alle hatten sich dieser Forderung angeschlossen, sogar die Freien Demokraten – und das müßte doch in letzter Minute helfen, dachten wir. Ach, weit gefehlt. Der wievielte Irrtum in diesem an Irrtümern reichen Kampf war das wohl gewesen? Der Stadtwerkeklotz wuchs schon, ganz unaufhaltsam, und wir taten manchmal so, als gäbe es ihn gar nicht. Viel Feind, viel Ehr! haben sich die Bürokraten gedacht, und das ist genau die Mentalität, die sich an diesem heiklen, anrührenden, verletzbaren Ort manifestierte: Was Geschichte ist, bestimmen wir, und wie sie aussehen darf, ebenso. Ein Lehrstück nahm unweigerlich seinen Lauf und hatte alle, an denen es vollzogen wurde, verändert.

Ach, wer wieder alles schuld war! Die Sozialdemokraten, auf deren früheren Fehlern sich jetzt so trefflich aufbauen ließ, die Linken, weil sie ein heiliges Thema so schändlich usurpierten, und natürlich die Jüdische Gemeinde, die ja angeblich gar nichts gegen den Bau hatte und doch jetzt nicht plötzlich, bloß wegen der peinlichen Trümmer, ihre Meinung ändern konnte. Als wäre es die Sache der Gemeinde gewesen, jenen Platz des Gedenkens zu retten! Ein verräterischer Platz, der die freche Aussage, die Stadt habe sich des Ghettos nicht zu schämen, Fundament für Fundament, Stein für Stein, stumm, aber unüberhörbar widerlegte. Da beschlich eben die, die den Platz besuchten, ein etwas anderes Gefühl, als man es in den Museen hat, wo die Geschichte entgiftet und zurechtgeschnitten ist mit Katalog und Cafeteria. Der Satz von den Steinen, die reden, machte die Runde und wurde zur Beschwörungsformel für alle, die immer noch glaubten, die Ohren der Bürokraten seien nicht ganz verstopft. Wieder ein Irrtum.

Es kursierten Mengen von Kompromißlösungen, die als Sedativum den konservativen Kritikern des Plans in die Hirne dringen sollten, jeden Tag ein anderer Kompromiß, ein würdeloses, zähes und fatales Ringen um einzelne Steine, einzelne Fundamente begann. Die Platzbesetzung schuf dann, für wenige, unvergeßliche Tage, jene Atmosphäre, die die Bürokraten scheuen wie der Teufel das Weihwasser – die Atmosphäre der sinnlichen Nähe.

Zeiten, in denen die Menschen Dinge – scheinbar – selbst in die Hand nehmen (in Wirklichkeit berührt man sie höchstens mit einem Finger), geraten in der Rückerinnerung oft ein wenig zu golden. Aber auf dem Platz, in dessen Hintergrund die gigantische Baugrube und die ganz anderen Fundamente waren, gingen in der Zeit der »Platzbesetzung« merkwürdige und rührende Dinge vor. Ich habe zwei höchstens Siebzehnjährige beobachtet, die stundenlang im Baudreck saßen und sich gegenseitig die Schriften von Ludwig Börne vorlasen. Führungen wurden veranstaltet, ein neuer Dialog zwischen Nichtjuden und Juden begann – überhaupt vieles, was mit der endgültigen Liquidation der Judengasse nicht zu Ende ist. Ältere Leute erzählten zum ersten Mal, wie sie mit eigenen Augen die »Reichspogromnacht« erlebten, wer im Viertel gewohnt habe. »Und dann waren sie plötzlich weg.« Es wurde gestritten, gegessen und geschlafen auf dem Platz, fotografiert, gefilmt und gelesen, Musik gemacht und manchmal geweint. Es gab ganz unentwegte Besetzer, ältere Damen von großer Entschlossenheit machten die Bauarbeiter und die gelegentlich auftauchende Polizei ratlos. Aber es waren leider nicht Tausende, die den Platz beschützt haben, sondern zum Schluß nur noch Dutzende, müde und hilflos, und dann wurde geräumt.

Bleiben wir trotzdem noch in jener Zeit der Platzbesetzung, die gezeigt hatte, was dieser Platz hätte werden können, wenn man ihn gelassen hätte! Das abgedroschene Alibiwort von der Stätte der Begegnung, bei dem man leicht an hohle Reden und Kranzschleifen denken kann, bekam seine eigene, neue Qualität. Da war sie, und die Steine waren eben nicht nur Steine, sondern Anlässe zu Frage und Antwort. Niemand von den Bürokraten war je auf dem Platz, außer zu einer sinnlosen, weil vollständig herzlosen Besichtigung, bei der das Ergebnis vorprogrammiert war, eilfertig untermauert von sogenannten archäologischen Aussagen, das alles sei schließlich nur nicht erhaltenswertes Barock. Abgesehen davon, daß Frankfurt bekanntlich in Barock erstickt, hat ganz kühl und kalkuliert niemand hören oder wissen wollen, daß es da nicht um die Selbstfeierarchitektur geht – die man anpinselt, musealisiert, mit roten Läufern belegt oder mangels Masse einfach nachmacht –, sondern um den einzigen authentischen Ort, der klarmachen konnte, wie mit den Juden umgesprungen worden ist. Auf gespenstische Weise wiederholt die Geschichte des Platzes die der Menschen. Bedrängt, für lästig gehalten, verschwiegen, ausgelöscht. Denn was immer an »Museumssegment« (was das auch heißen mag) oder Ausstellungskonzept da noch übrigbleiben oder zusammengestellt werden wird: Der Ort war da, er ist zerstört, er hatte sich gezeigt und Leute zum Reden gebracht. Man mußte die Tiefe der Gasse nachts gesehen haben, in diesen sehr ruhigen Nächten, in denen immer mal jemand etwas zu essen vorbeibrachte: Trotz der vielen Menschen, die oft dort waren, konnte man ein paar Schritte weiter ganz allein sein und zurückdenken. Vielleicht wollen sie grade das nicht: einen Ort, der so ruhig ist und so sehr beunruhigt. Es tauchten in den Gesprächen noch viele Orte auf, die in dieser Stadt darauf warten, daß man sie endlich kenntlich macht. Das Wort »Gedächtnis« hat doppelte Bedeutung. Hierzulande wird es oft mit Pathos oder Tünche gleichgesetzt.

Und dann war da noch die Sache mit dem Zaun. Ein sehr dichter Holzzaun hatte die Baugrube – und natürlich auch die lästigen Trümmer – beschützt, und an einem schönen Tag wurde er bemalt. Eine lange Geschichte zog sich da die Bretter entlang: Ghettoszenen, Texte, Träume, Redeauszüge der Oberbürokraten – vielleicht waren Verkehrsstörungen zu befürchten, wenn man den Zaun so farbig ließ. Denn zuvor hatte er ja seinen Dienst getan und verborgen, daß da ein armseliges und unglaublich eindrucksvolles Denkmal aus der Erde gedrungen war – nur wer es gesehen hatte, konnte dafür kämpfen. Der brave Holzzaun konnte das allerdings nur so lang verhindern, wie er selber nicht auffiel. Nun tat er das, ein Schrei, ein farbexplodierendes Ärgernis. Und schon am nächsten oder übernächsten Tag bauten sie einen zweiten Zaun, diesmal aus Blech, so dicht, als hätte er nicht einmal Fugen, grau und unbemalbar. Was müssen sie für eine Angst gehabt haben, daß man die Trümmer sehen könnte! Wie genau müssen sie erkannt haben, daß jeder, der gesehen hatte, ein potentieller Widerständler zu werden drohte!

Aber bald wird man den Zaun nicht mehr brauchen, denn machtvoll stehen da die Stadtwerke, ein eindrucksvolles Zeugnis postmoderner Zweckarchitektur. Sicher ist damit jene »städtebauliche Aufwertung«, von der die Oberbürokraten gern sprachen, in die Tat umgesetzt. Ich kenne allerdings einige Städte, die eine Aufwertung im einfühlsamen und sorgfältigen Umgang mit historischen Zeugnissen gesehen hätten – zumal wenn es sich um solche handelt. Eine alte Freundin aus Tel Aviv hatte mir gesagt: »Eigentlich sind Denkmäler für uns Juden nicht so wichtig. Wir mußten zu oft fliehen, um uns an Steine zu binden. Aber um *diese* Steine würde ich auch kämpfen.«

Nun gut, das haben wir getan und haben den Kampf verloren. Im Gegensatz zu vielen anderen, die zäh und unbeirrbar das Verlorene für rettbar halten, habe ich das schon ziemlich früh befürchtet. Nur: Solange man es sehen konnte, das zarte und mächtige Steingerippe der Gasse, leicht gekrümmt wie ein Fisch, solange es wirklich da lag, konnte ich mir nicht vorstellen, daß irgend jemand auf der Welt so barbarisch sein könnte, es zu zerstören. Eine Geschichte, reich an Irrtümern. Man simuliert jetzt die Gasse, im Modell, im jüdischen Museum. Vielleicht ist dies eine Zeit, die Wirklichkeit nicht mehr haben will – nur noch Modelle.

Marianne von Willemer

Vor vielen Jahren habe ich auf einem Spaziergang über den Frankfurter Hauptfriedhof ihr Grab gefunden, unter den vielen dieser bleichen Marmorkreuze, mit denen die guten Frankfurter Bürger an sich zu erinnern pflegten, war auch ihres, und es fiel mir auf. Mit dem inzwischen geadelten Namen war überhaupt kein Bild verbunden, kein Gesicht und keine Geschichte, nur der Name Goethe und ein Lieblingsgedicht meines längst toten Freundes Erich List, der es mir so oft aufgesagt hatte, daß es mir an dem vergessenen Grab wieder in den Kopf kam, fetzchenweise und mühsam: »Vor die Augen meiner Lieben / Zu den Fingern, die's geschrieben – / Einst, mit heißestem Verlangen / So erwartet, wie empfangen – / Zu der Brust, der sie entquollen, / Diese Blätter wandern sollen / Immer liebevoll bereit, / Zeugen allerschönster Zeit.« Aber da war längst alles vorbei, der Olympier als feiger Mann erkannt, die Erkenntnis im Inneren verborgen und unter einer undurchdringlichen Schicht Liebe versteckt, einer Decke aus Liebe und Schweigen. Sorgfältig hat Marianne die Spuren dieser Liebe verwischt, und nicht nur sie, sondern, als dürfe sie selbst als Frau und als Dichterin darunter nicht hervorkommen, löschte sie fast alles um sich herum, was sie und ihre Geschichte hätte klären können. An der lag ihr offenbar nichts. Vielleicht war das geheime Wissen um die Liebe zu einem Gott in den achtundzwanzig Jahren, die sie den Gott überleben sollte, der einzige Seinsgrund, die raison d'être, mit der sie es sowieso nicht leicht gehabt hatte.

Was ist schwerer zu bewahren: das Geheimnis der Liebe oder das der Kunst? Was mag sie gefühlt haben, wenn der Großdichter gleichsam nachlässig ihre Verse, ihre Kunst der seinen einverleibte, als stünden sie ihm zu, als habe er sie gezeugt und damit ein Recht auf sie? Oder litt sie an beidem und gestand es sich nicht ein? Verurteilt zur Dankbarkeit von Anfang an? Clemens Brentano hat beschrieben, wie sie wirkte, fast ein Kind noch, auf der Bühne in Frankfurt, wohin Frau Aja ihn mitgenommen hatte – sie war »etwas ganz Allerliebstes«, ein kleiner Harlekin, der die zierlichsten Sprünge machte und, wie die Frau Rat bemerkte, »seinen Effekt tat«. Wegen dieses Effektes verliebten sich allerlei Menschen in das kleine, zierliche Fräulein, das so hübsch singen konnte und sich so anmutig bewegte. Aber dann kam, wir wissen es, der Bankier Willemer und bewahrte sie vor dem traurigen Harlekinschicksal. Da hatte Marianne dankbar zu sein, und das wußte sie wohl auch, die Anmut und die Zierlichkeit sind eine brauchbare Mitgift gewesen.

Aber wer war sie? Aus anderen romantischen Bühnengeschichten weiß man, daß die Schauspieler- und Tänzerlaufbahn im neunzehnten Jahrhundert hart und oft trostlos gewesen ist, bei denen, die früh auf die Bühne mußten, oft traumatisierend. Eleonora Duse, die wegen ihrer Zierlichkeit und Anmut schon mit vier Jahren auf der Bühne zu stehen gezwungen wurde, hat in späteren Jahren einmal erzählt, sie habe, als man ihr an irgendeinem Gastspielort eine Puppe schenkte, diese mit Absicht zurückgelassen, »um ihr ein Schicksal wie das meine zu ersparen«. Es gab also Gründe, dankbar zu sein, für das Fräulein Marianne Jung aus Österreich, die jetzt im Haus des verwitweten Willemer mit dessen fünf Kindern als sechstes Kind leben durfte. Es blieb nicht dabei, und schon Brentano spricht es aus, daß der Bankier Willemer Marianne »zu seiner Mätresse« gemacht habe.

Die Pflicht zur Dankbarkeit geht immer weiter, als die Empfänger von Wohltaten ahnen; das bekam auch Marianne zu spüren, denn geliebt hat sie Willemer nicht. Das lag gewiß nicht am Altersunterschied von vierundzwanzig Jahren – wobei nicht einmal der gesichert ist, denn bisher ist ihr genaues Geburtsjahr, angenommen wird das Jahr 1784, nicht bekannt –, der Mann, den sie ihr Leben lang lieben sollte, war noch wesentlich älter. Willemer muß ein schwieriger, unzufriedener Mensch gewesen sein, seinen Bankiersberuf, in den er als halbes Kind hineingedrängt worden war, mochte er nicht, seine politischen Ambitionen scheiterten an der Engstirnigkeit der kommunalen Amtsträger, seine künstlerischen an seinem eigenen Unvermögen. Andererseits soll er ein begeisterungsfähiger und interessierter Gesprächspartner gewesen sein, und der Gott seines – seines! – Herzens hieß Goethe.

Schon verfalle ich in denselben Fehler, der jedem der Biographen Mariannes unterläuft: Weit genauer und ausführlicher als sie selber werden die Männer in ihrem Leben beschrieben. Im Tableau ihrer Zeit, wenn wir sie uns vorstellen können wie ein Tafelbild, ist sie ein kleines verschwommenes Figürchen, von dem es heißt, daß es keinen Menschen gegeben hat, der sie nicht mochte, von dem aber keiner so recht zu sagen weiß, warum das so war. »Wie sehr, liebe, liebe Sängerin, haben Sie mein Herz erfreut, aber nicht nur Ihr Gesang, sondern das reine, edle Gefühl Ihrer Seele, das in Ihr Äußeres übergegangen, als Sie so dasaßen und sangen, hat in mir die Empfindung rege gemacht, Sie herzlich zu lieben.« So schrieb Frau Pestalozzi in Mariannes Stammbuch, das sie auf eine Italienreise mit zukünftigem Mann und Stiefkindern mitgenommen hatte. Das war 1810, und Marianne hatte sich in ihrem Leben eingerichtet. Es war ja auch ein wunderbarer Ort, den Willemer da für seine Familie erworben hatte, die Gerbermühle. Am Main zwischen Frankfurt und Offenbach gelegen, war sie ein weitläufiges, romantisches Anwesen, wie geschaffen für Zusammenkünfte mit Freunden und schöne Sommerabende mit Musik und Gedichten. Es ist zu diesem Zeitpunkt noch immer das Fräulein Jung, das da als sechstes Kind auf der

Mühle lebt, ein Kind von Mitte zwanzig mit älteren Stiefgeschwistern, aber die Frankfurter Gesellschaft wußte schon, woran sie war. Schriftliche Häme ist nicht zu finden, mündliche wird es um so mehr gegeben haben. Oder Mariannes Charme und Unschuld ließen die Mäuler leiser werden – das ist denkbar. Und so hätte alles weitergehen können, wäre da nicht das Schicksalsjahr 1814 gewesen, wobei uns trotz der Jahreszahl nicht die Weltpolitik interessiert, sondern jene unsichtbaren Fäden, an denen Menschen zueinandergezogen werden. Lang war Goethe nicht mehr in seiner Geburtsstadt gewesen, auch die Haushaltsauflösung seiner Mutter im Jahr 1808 hatte er Freunden überlassen, vor allem Willemer und seine junge Freundin waren hilfreich gewesen.

Sechs Jahre danach also beschließt er, auf gemächlichen und oft unterbrochenen Wegen Frankfurt aufzusuchen. Er ist in einer schönen Schaffensperiode, seine Faszination, die persische Poesie betreffend, mündet ein in die Pläne des Diwan, mit dem er im Juni beginnt. Er ist fünfundsechzig Jahre alt, hochberühmt, von großer Offenheit für Neues. Wie er Bilder betrachtet! Wie er Sprachen lernt, Musik hört, Landschaften und Menschen aufnimmt! Marianne bewundert den Olympier schon lang von fern, *Das Römische Karneval* soll ihr Lieblingsbuch gewesen sein.

Am 4. August 1814 lernt sie ihn kennen. In seinem Tagebuch steht: »Geh. Rat Willemer. Dlle. Jung.« Ein paar Tage später nennt er sie im Tagebuch »Willemers kleine Gefährtin.« Am 18. September taucht er plötzlich in der Gerbermühle auf und trifft nur Marianne und ihre Stieftochter, nein, noch Stiefschwester Rosette Städel. Diese platzt sichtlich vor Stolz, über Mariannes Gefühle wissen wir nichts. Es ist aber anzunehmen, daß zu diesem Zeitpunkt ihr größtes, schönstes und schmerzhaftestes Geheimnis entstanden ist.

Wir sind, wie immer, wenn wir ein vergangenes Bild betrachten und wenn wir die Abfolge dieser Bilder nachzuvollziehen suchen, auf schriftliche Fixierungen angewiesen, wissend, daß das Wesentliche hinter ihnen verborgen bleibt. Es gibt Briefe an Goethes Frau Christiane aus dieser Zeit, da schreibt Goethe ganz beiläufig – ein bißchen zu beiläufig – über seine Frankfurter Erlebnisse. Zeitgenossen männlichen und weiblichen Geschlechts natürlich registrieren auch noch den kürzesten Blick des Großdichters dankbar und wortreich, aber: Goethe und die Kleine? Der alte Magier und die Tanzmaus? Nichts davon, jedenfalls nicht schriftlich, und auch wohl mündlich nicht, sonst wäre das Geheimnis nicht so lange Jahre eins geblieben. Und doch heiratet Willemer »die Kleine« in diesem Schicksalsjahr, eilig, in einer Hals-über-Kopf-Hochzeit, damit man sie ihm nicht wegnimmt. Er zumindest hat wohl gespürt, daß sich etwas zwischen dem Objekt seiner Anbetung und seiner Gefährtin ereignet. Mariannes erstes Gedicht, Goethe nach der Sitte der Zeit in sein Stammbuch geschrieben, beginnt rührend und ein bißchen kindlich, zu kindlich für eine Frau von bald dreißig: »Zu den Kleinen zähl ich mich; / Liebe Kleine nennst Du mich …«. Niedlich, und noch weit, scheint es, von der Suleika entfernt. Indessen wächst das Werk des *West-östlichen Diwan*. Und wie klug sein einstweilen einziger Schöpfer ist, zeigt sich in einem Brief an Zelter vom April 1815: »Das Orientalisieren finde ich sehr gefährlich, denn eh man sichs versieht, geht das derbste Gedicht wie ein Luftballon, für lauter rationellem und spirituellem Gas, womit es sich anfüllt, uns aus den Händen und in alle Lüfte.« Brentano schreibt: »Goethe beschloß, die Geständnisse seines Herzens (und seiner neuen Liebe) die er aufschreiben mußte und gleichzeitig verbergen wollte und die im *Diwan* vor uns liegen, Goethe beschloß, seine neuen Geständnisse »in geschweiften Pantoffeln auftreten zu lassen, einen Turban auf dem Kopf und um die Hüften einen breiten, sehr farbigen Schal.« Das ist nun ein bißchen bösartig, aber nicht ganz falsch – und doch: Goethe selbst, wir haben es gehört, weiß um die Fallstricke der Rollenpoesie und entgeht ihnen, auch, weil aus dem anmutigen literarischen Spiel, aus der entschlossenen Abwehr politischen Denkens, plötzlich ein Liebesernst, eine Lebens-Notwendigkeit wird. Noch eins: Goethe begreift schnell, daß er eine Künstlerin liebt, eine, die seine Hatemgedichte in Augenhöhe zu beantworten versteht. Das Spiel des Diwans wird ernst. Man hatte Goethes sechsundsechzigsten Geburtstag groß und heiter in der Gerbermühle gefeiert, und es beginnt sich die Liebe der beiden wie im Zeitraffer zu entfalten:

Hatem

Nicht Gelegenheit macht Diebe,
Sie ist selbst der größte Dieb;
Denn sie stahl den Rest der Liebe,
Die mir noch im Herzen blieb.

Dir hat sie ihn übergeben
Meines Lebens Vollgewinn,
Daß ich nun, verarmt, mein Leben
Nur von dir gewärtig bin,

Doch ich fühle schon Erbarmen
Im Karfunkel deines Blicks
Und erfreu in deinen Armen
Mich erneuerten Geschicks.

Suleika

Hochbeglückt in deiner Liebe
Schelt ich nicht Gelegenheit;
Ward sie auch an dir zum Diebe,
Wie mich solch ein Raub erfreut!

Und wozu denn auch berauben?
Gib dich mir aus freier Wahl;
Gar zu gerne möcht ich glauben –
Ja, ich bin's, die dich bestahl.

Was so willig du gegeben,
Bringt dir herrlichen Gewinn;
Meine Ruh, mein reiches Leben
Geb ich freudig, nimm es hin!

Scherze nicht! Nichts von Verarmen!
Macht uns nicht die Liebe reich?
Halt ich dich in meinen Armen,
Jedem Glück ist meines gleich.

Beide sind in einem schöpferischen Furor, Gedicht folgt auf Gedicht, Frage findet poetische Antwort, Lockungen, Hingabe. Das vierte Buch des *Diwans* zeigt die künstlerische Vollendung, zu der Marianne gekommen ist. Am 25. September 1815, auf der Heimfahrt von Heidelberg, wo sie Goethe überraschend besucht hatte, weil sie die Trennung von ihm nicht mehr aushielt, entsteht ihr berühmtes, wunderbares Gedicht »Ach, um Deine feuchten Schwingen, / West, wie sehr ich Dich beneide, / Denn Du kannst ihm Kunde bringen / Was ich durch die Trennung leide …« – hätte sie gewußt, daß sie ihn niemals wiedersehen wird – ob sie das überlebt hätte?

Aber man weiß ja nicht, und Kummer muß Löffel für Löffel geschluckt werden in all seiner traurigen Bitternis. Es folgt ein Kampf, der sich über Jahre hinzieht. Viele Briefe aus dieser Zeit sind verloren, aber die übriggebliebenen zeigen herzzerreißend, wie Marianne versucht, alles wiederzugewinnen, den Mann und die Kunst. Und wie sie nie gewalttätig oder wütend wird über die Flucht des großen Fluchtkünstlers, der seine Meisterschaft in dieser Disziplin nun ein weiteres Mal unter Beweis stellt. Marianne wird krank wie ein verlassenes Tier, sie singt nicht mehr, sie spricht wenig, sie ist fast zu Tode getroffen. Immer von neuem wird sie mit Hoffnung genarrt, und immer von neuem enttäuscht. Ihr eigener Ehemann kann die Quälerei nicht mehr mit ansehen und fleht Goethe 1818 in einem demütigen Brief an, seiner Frau zu helfen: sie zu besuchen.

Es heißt, Marianne habe dieses Gefühl nur einmal im Leben kennengelernt, das ist wieder so eine interpretatorische Aufgeblasenheit, denn erstens überlebt man »diese Art Gefühl« nicht so leicht, und zweitens sind Männer von Goethes Art selten zu finden: Der Verlust der Liebe, oder auch nur des Anblicks des Geliebten, führt zum Verlust der Kunst: Da Marianne durchaus wußte, was sie konnte, war ihr vollkommen klar, was sie nach so kurzer Blüte verloren hatte.

Fünfundvierzig Jahre liegen noch vor ihr, vor der Liebenswürdigen, der »kleinen Frau«. Sie pflegt ihren grämlicher werdenden Mann, bis er stirbt. Sie hat Freundinnen und Freunde und das, was man so Interessen nennt. Es wird kein Tag vergangen sein, an dem sie nicht an ihn gedacht hat. Sie ordnet wieder und wieder seine Briefe. Einen Monat vor seinem Tod schickt er ihr die Gedichte, ihre Gedichte, ihren Anteil am *Diwan*, zurück. Beigelegt, aber sie öffnet das Päckchen erst nach seinem Tod, ist jenes schöne, feige: »Vor die Augen meiner Lieben, zu den Fingern die's geschrieben ...« Zu spät. Oder

nicht? Oder war sie wieder dankbar? Es blieben ihr nun achtundzwanzig Jahre, in denen sie sachte das »Mütterchen Marianne« wird und sorgsam Spuren verwischt, Briefe vernichtet,
die Liebe zum flüchtigen Dichter wird von ihren wenigen Biographen – die sie auch immer wieder beim Schreiben aus den
Augen verloren haben – als das einzig Bemerkenswerte in ihrem langen Leben betrachtet. *Sie*, die unter dem blassen, ein
bißchen vergammelten Kreuz auf dem Hauptfriedhof liegt, ist
das Bemerkenswerte und Einzigartige gewesen, das ist gewiß,
auch wenn sie uns Nachfahren nicht in ihr Leben schauen
läßt. Am 6. Dezember 1860 starb sie. Vor ihrem Tod hat sie
Herman Grimm ihre *Suleika* zugegeben, und, aber immer genötigt, von Goethe gesprochen. Wenigstens diesen Blick hat
sie doch noch erlaubt. Und man liest das berühmte Gedicht,
das er ihr im Sommer der Liebe schickte, noch einmal und für
immer anders:

> Dieses Baums Blatt, der, von Osten,
> Meinem Garten anvertraut,
> Gibt geheimen Sinn zu kosten,
> Wie's den Wissenden erbaut.
>
> Ist es ein lebendig Wesen?
> Das sich in sich selbst getrennt;
> Sind es zwei? Die sich erlesen,
> Daß man sie als eines kennt.
>
> Solche Frage zu erwidern
> Fand ich wohl den rechten Sinn;
> Fühlst du nicht an meinen Liedern,
> Daß ich eins und doppelt bin?

Der Osthafen

Der Main ist ein berufstätiger Fluß. Romantik ist nicht seine starke Seite, auch wenn es Mode geworden ist, ihn mit allerlei baulichen und gärtnerischen Maßnahmen als Romantiker zu verkleiden. Wenn man seinen Ufern folgt, kann man beim ganz normalen Leben und seiner Unscheinbarkeit zuschauen. Arbeit, das heißt Industrieansammlungen, die Wildnis der Hafenanlagen, Holundergebüsch in kleinen versteckten Gärten bestimmen das Aussehen seiner Ufer, seinen Rhythmus, seinen Geruch. Nur von oben kann man sehen, wie eng und geordnet sich das alles um die Hauptschlagader herum, den Fluß, zusammendrängt. Es ist der Blick der Vögel, der Ballonfahrer und der Engel. Von oben her sieht es schön aus, wie der Main zerteilt und eingezwängt ist, mit Nord- und Süd- und Vorbecken, Staustufe und Schleuse. Der Fluß spielt mit. Er unterwirft sich. Und immer wieder finden sich in der großen Hafenwelt kleine Inseln aus Grün und Blumen, versteckte Imbißhütten, Grillplätze mit Blick auf die Schiffe. Wohnen am Fluß, das ist so ein Projekt, das mittlerweile jedem einleuchtet. Was kann es Schöneres geben! Aber die Nähe zum Dreck, zu Kränen, Maschinen und Rampen und vor allem zu den Schiffen sollte man nicht, wie es geschehen ist, hinter luxuriösen und abweisenden Quaderformen und exotischen Bepflanzungen verstecken. Man muß es mögen, mitten in einer ganz und gar menschengemachten und nur den Menschen dienenden Flußlandschaft zu leben. Nur von oben kann man wirklich sehen, wie klug und ästhetisch dieses ganze *patchwork* ist.

Nicht weit entfernt, westwärts, gehört den Vögeln eine Inselspitze, da brüten sie und stehen im Wasser, da kreischen sie und entscheiden, ob sie nach Osten fliegen wollen und von oben die Welt anschauen, die unübersichtliche, dreckige und spannende Welt des Hafens.

Engagement

Selten ist mir etwas schwerer gefallen als die endgültige Fassung der Rede, mit der ich heute abend hier vor Ihnen stehe und die nichts mehr und nichts weniger beweisen soll, als daß Ihre Jury mit ihrer Wahl völlig recht gehabt hat. Eine schlaue Rede sollte es sein, aber nicht von jener einschläfernden Schlauheit, bei der zum Schluß nur noch der Redner seine Freude hat, populär, aber um Gottes willen nicht zu sehr, weltläufig und provinzverliebt, Germanisten und Gemeinderäte sollte sie gleichermaßen glücklich machen. Sie ahnen es gleich, ich erst spät: Das geht nicht. Die Szene wird zum Tribunal, das Bierzelt wird zum Seminar – die Vermischung will nicht gelingen, schon gar nicht, weil man's, bedenkt man es recht, auch gar nicht will: So lassen wir Zelt Zelt bleiben und Bergen-Enkheim, was es ist, und reden davon. Lieber als auf einem Seil geh ich auf einer festen, vertrauenerweckenden Straße, und wenn die Kunststücke nicht gelingen wollen, bleibt immerhin genug Zeit, sie zu lernen. Der erste in der Provinz, der zweite in Rom – oder umgekehrt? Zelt und Welt reimt sich vielleicht nicht zufällig. Dieser Anblick hier, Sie alle, liebe Freunde, liebe Feinde, liebe Fremde, führt zu dem (und ich denke, daß selbst charakterfestere Menschen als ich sich davon beeindrucken lassen), was Robert Neumann in seinem Buch »Ein leichtes Leben« so hübsch beschreibt: »Nur ein paar Größenwahnsinnige kommen an. Darum ist Größenwahn für den Dichter, was die Plattfüße für den Kellner sind: Eine Berufskrankheit. Wie sollte einer ohne sie auskommen?« Sie geben mir hier nun schon seit dem frühen Nachmittag üppig Gelegenheit, über diese unverzichtbare Krankheit nachzudenken und darüber, wie es zu schaffen ist, daß jene ominösen Füße dennoch auf dem Teppich, auf der verläßlichen Straße und dem Boden der Tatsachen bleiben. Es wird nicht so schwer sein, hilft man sich aus den Wolken des Bergen-Enkheimer Traditionsfestes mit ein paar hinreichend nüchternen Überlegungen wieder heraus. Oder will ich gar nicht heraus? Will ich, entgegen allen strengen journalistischen Ermahnungen, in der Idylle bleiben, fest entschlossen, auch da eine zu sehen, wo keine ist? Gibt es ein Recht darauf, wenigstens für begrenzte Zeit sich den alten lyrischen Gegenständen, dem Mond etwa, dem Herbstlaub oder dem Blick aus dem oberen Fenster der Oberpforte über die Dächer der Stadt zuzuwenden? Augenscheinlich gibt es dieses Recht nicht, und ich höre die Empörung … innerlich hör ich sie! Das Wort, das ich in den letzten Wochen am meisten gehört habe, war »Engagement«. Und dabei ging es nicht darum, als Stadtschreiberin von Ihnen engagiert zu sein, sondern eben engagiert, für oder gegen etwas, ganztägig, und nun in einer neuen, die Neugier reizenden Umgebung. Engagiert, öffentlich, der Autor gleichsam als moralisches Trüffelschwein, der nichts lieber tut, als Skandale zu wittern und sie auszugraben, wobei das – nebenbei bemerkt – oft gar nicht mehr notwendig ist, das mit dem Ausgraben. Sie liegen sowieso weithin sichtbar und riechend an der Oberfläche, die Skandale. Kälber und Flugtage, Vergiftung des Bodens und Vergiftung der Köpfe, Spielbanken und Steuerskandale – eine sich täglich erhöhende Schichttorte mit ekelhafter Füllung, mehr oder weniger gewissenhaft registriert und mit Empörung versehen – bis zum nächsten Tag. Daß die unteren Schichten dieser Bescherung nicht mehr wahrgenommen werden, heißt ja nicht, daß sie nicht mehr existieren. Bäume sterben auch, wenn keiner über sie schreibt. Engagement – das heißt, mit einem durchlöcherten Teelöffel an der Nordsee sitzen oder in den allenthalben zubereiteten Sümpfen. Das heißt, einen so interessant und seriös klingenden Konflikt wie den Historikerstreit seiner wissenschaftlichen Verbrämung zu entkleiden und ihm die Namen zu geben, die er verdient, den Namen Lügner und Verdreher, Vergifter der Köpfe und grade sie, die sich Wissenschaftler nennen und meinen, diese sei nur mit gerodeten Gefühlen zu betreiben. Sie merken, an Anlässen für das oft und streng eingeforderte Engagement ist kein Mangel. Aber bleiben wir noch ein bißchen bei diesem Begriff. Sie werden es erlauben. Denn der »engagierte Autor« – die »engagierte Autorin« – hat längst einen festen Platz im demokratischen Orchester, und es ist die Frage, ob es sich um eine von fünfzig Geigen oder um die Pauke handelt – oder ob diese Stimme einfach dazugehört, dumpf oder schrill, laut oder leise, und für Dissonanzen nicht mehr sorgt, geschweige denn dafür, daß das Orchester einmal aufhört und nachdenkt. Wir gehören dazu, und darin besteht die Gefahr. Von jedem, der sich öffentlich äußert, ist längst bekannt, wie und in welcher Tonlage er das tut, und wir spielen – Gott sei Dank – in großer Besetzung – da passen tausend Töne hinein, ohne zu stören. Wenn Sie jetzt meinen, da sehnt sich eine nach einem Solo, haben Sie nicht recht. Darin besteht nicht die Lösung, obgleich mancher von diesem Gedanken verführbar ist – siehe der lebensnotwendige Größenwahn! Oder ist dieser Preis, dieser Ort, das Haus und die Umgebung ein Angebot für eine Solopartie? Das rauszufinden geben Sie mir ein ganzes Jahr Zeit, ich weiß es einfach noch nicht und ich weiß auch noch nicht, wie damit umzugehen ist. Aber eins weiß ich: Mit diesem wohlfeilen Begriff des Engagements kann man gar nicht mißtrauisch genug umgehen, vieles von dem, was ich früher für Schreie hielt, hat sich längst als stumme Mundbewegung herausgestellt. Kein Grund zum Jammern, so ist es halt mit dem Engagement. Gehen wir lieber zurück zur Idylle oder dem, woraus man sich mit einiger Anstrengung eine machen kann. Ihr Preis, der Stadtschreiberpreis, kommt einigen meiner Eigenschaften sehr entgegen.

Von denen ich nicht auf Anhieb zu sagen weiß, ob es gute oder schlechte Eigenschaften sind. Die erste – ich reise nicht gern. Hierher muß ich nicht reisen, und es ist trotzdem wie ein fremder Ort.

Ich bin meiner wachsenden Abneigung gegen das Reisen noch nicht auf die Schliche gekommen, aber vielleicht hat Blaise Pascal recht, wenn er sagt, daß alles Unheil daher käme, daß die Menschen nicht ruhig an einem Ort zu verharren vermöchten. Das Reisen kommt in den letzten Jahren so anmaßend daher, es verbraucht so viel Platz und Landschaft, paradoxerweise. Hätten wir mehr davon hierbehalten, bräuchten wir nicht so weit entfernt danach zu suchen. Aber ich will nicht raisonnieren, sondern zufrieden anmerken, daß ich ein Jahr lang ein reisereines Gewissen haben kann, denn hierher könnte ich zur Not auch laufen – nachts muß man das sogar gelegentlich, weil da die öffentlichen Verkehrsmittel schlafen. Sie gehen ziemlich früh schlafen!

Ich brauche also nicht zu reisen, die sechsspurigen Autobahnen, die ganzen brutalen Brücken, Ausfahrten und Kreuze bleiben von mir unbenutzt, und trotzdem komme ich in eine andere Stadt mit anderen Leuten. Denn auch das ist so eine zweifelhafte Eigenschaft und kollidiert scheinbar mit der ersten: Trotz der Reiseunlust, ja, der Reiseverachtung bin ich sehr neugierig, und man kann nicht immer nur neugierig auf das sein, was man schon kennt. So komme ich in Erwartung neuer, ganz unerhörter Geschichten, die Sie mir erzählen müssen. Andersherum sei es gemeint gewesen, ich hätte Ihnen meine Geschichten zu erzählen und nicht umgekehrt? Man wird sich austauschen müssen. Ich werde eben nicht aufhören, daran zu glauben, daß wir hierzulande mit der Literatur einen großen Fehler machen, indem wir den Dschungel den Südamerikanern und die tobenden Leidenschaften den Italienern überlassen. Die Unordnung sollte man nicht delegieren, sondern eifersüchtig hüten. Überall kann sie aufscheinen mit ihrem bunten Feuerwerk, man muß sie nur wahrnehmen. Sie ist die wahre Idylle, der königliche Ersatz für die geliehenen Abenteuer in fremden Kontinenten. Die Unordnung ist ein eigener Kontinent, der überall zu finden ist, mit Sicherheit auch in Bergen-Enkheim. Die Unordnung ist Blut und Knochen der Literatur, wer sie unterdrückt, macht die Welt einfarbig und das ist ein schweres Vergehen. Ich hoffe, ich werde hier soviel wie möglich davon mitbekommen. Überhaupt macht es eine solche Konstruktion wie dieser Preis deutlich, wie habsüchtig man in diesem Beruf, um den Sie sich jetzt seit fünfzehn Jahren kümmern, werden kann. Haben wollen wir, haben! Nicht nur das Geld, das auch, aber es gibt auch kältere Arten, an Geld zu kommen – aber auch Geschichten und nicht zuletzt Liebe. Ja, das klingt ein bißchen peinlich nach Engagement und Unordnung, aber widerspreche mir einer aus ehrlichem Herzen: Autoren sind liebessüchtig. Unermüdlich auf der Jagd nach der süßen Speise des Lobes, der Bewunderung, der Anerkennung. Da bleibt selten einmal ein allzu liebesüberwürzter Satz im Hals stecken, nein, wir schlucken begeistert, ich glaube, das ist noch wichtiger als Geld. Der einfachste, simpelste Lobkuchen schmeckt uns besser als die Schärfe des raffiniertesten Tadels, da vergessen wir alles, was wir kulinarisch gelernt haben. Sicher hat das wieder mit Robert Neumanns Größenwahn zu tun, aber Sie sind ja schuld, richten ein Fest ein und ein Haus und ein Salär, verpackt in freundliche Worte. Und für ein paar kurze Stunden will man nichts mehr wissen von den fressenden Zweifeln und dem einsamen Wühlen in Wörtern, sondern Liebe konsumieren, hemmungslos, und so tun, als stünde sie einem zu. Das ist an einem solchen Preis das eigentlich Gefährliche, Verführerische – denn ich habe nie davon gehört, daß ein Vorgänger nach Ablauf des Jahres ohne Verdienst und Wohnsitz gewesen sei – aber ohne die vertrackten Liebenswürdigkeiten des Amtes?? Einmal auf der Straße erkannt werden wie ein Popstar? Nein, nicht einmal – mehrmals? Sie sehen daran, bei allem Respekt – es hat nie ein falscherer Satz existiert als der, der sagt, daß Gott dem, dem er ein Amt gibt, auch den Verstand dazutut … eher nimmt er ihn ein wenig. Ein Amt, das den wilden Narzißmus der Dichter bedient, ein Amt, das ihnen zumindest verbal ungeheure Wirkungen zutraut: Sie als Stadtschreiberin sollten doch, Sie könnten doch!!

Tatsächlich: Ein kleiner Amtssitz, ausgestattet mit einer poetischen Regierungsfähigkeit und gesetzgeberischen Möglichkeiten – ach. So – auch wenn mein Vorredner, in Utopie geübt, wie er nun mal ist, derlei anklingen ließ, so wird's nicht werden, fürchte ich. Zu sicher bin ich der geringen Tragfähigkeit unserer Stimmen. Aber niemand hindert die Dichter daran, immer wieder die eigene Lautstärke und die Stimmfärbung auszuprobieren, sei es aus hehren oder niederen Motiven, manchmal verschwimmt das ja auch gnädig. Dieser Stadtschreiberpreis ist eine Gratifikation in mehrfacher Hinsicht. Bringt einen das mehr zu sich selber, durch die geschenkte Zeit, durch den unvertrauten Ort? Oder schafft es eine Distanz, die auch brauchbar sein kann, rückt es einen vom eigenen Ich ab in Richtung auf andere, fremde Gesichter und Wege? Wird das Einmischen oder das Raushalten siegen? Wie gesagt – ein Jahr Zeit, um das alles auszuprobieren, um mir und meinen Motiven so auf die Schliche zu kommen wie euch und den euren. Ein paar Zusammenhänge habe ich versucht herzustellen, ein paar Stellen habe ich gezeigt, an denen Reibung entstehen könnte, die ja nichts Schlechtes ist, sondern nützliche Hitze erzeugen kann.

Die allererste Geschichte, die ich in Bergen-Enkheim gehört habe – jemand, der hier wohnt, hat sie mir erzählt –, war eine Geschichte, wie ich sie liebe. Es ging um eine verschlossene, seit Jahrzehnten unbetretene Wohnung, die einfach vergessen worden war, ein Stück Geschichte war in Ruhe gelassen worden und lag da wie in einer Nußschale. Es klang wie eine Geschichte von Edgar Allan Poe, solche Sachen können hier passieren! dachte ich damals. Ich weiß nicht, was draus geworden ist, da war nur unversehens der Anfang einer Geschichte in meinen Kopf gekommen zu einem Zeitpunkt, wo ich noch nicht daran dachte, daß ich Gelegenheit haben würde, sie zu verfolgen, weiterzuspinnen, sie und viele andere. Und da gibt es Arbeiten, die von Helmut Ulshöfer über die Geschichte der Juden von Bergen-Enkheim zum Beispiel, die wert sind, verbreitet zu werden über den Bereich der Stadt hinaus. Sie sehen, ich habe Pläne. Wieweit wir zueinanderkommen werden, wird sich zeigen.

Hilmar Hoffmann war es eigenartigerweise vorbehalten, mich brieflich darauf hinzuweisen, daß meine Amtszeit im hundertvierzigsten Jahr nach der achtundvierziger Revolution beginnt und daß gerade die Bergener damals ein besonders großes Mundwerk gehabt hätten, was (so steht es zwischen den Zeilen) gut zusammenpaßt – mit mir, meint er wohl. Auch habe sich in Bergen der politische Radikalismus breitgemacht. Nun bleiben uns, Ihnen und mir, gemeinsam zum Schluß ein paar Geheimnisse. Möchte der Frankfurter Kulturdezernent, daß wir hier wieder ein bißchen Revolution machen? Oder möchte er, daß wir sie hier machen, damit sie aus Frankfurt draußen bleibt? Stiftet er mich gar an, den »politischen Radikalismus« in Bergen zu verbreiten, das er für einen fruchtbaren Boden für derlei finstere Pflänzchen hält? Fragen über Fragen. Sie sehen, wir werden gemeinsam dem Engagement nicht entkommen. Und dabei hatte ich mich so ernsthaft darauf gefreut (doch, das kann man – sich ernsthaft freuen), mich ein Jahr den alten literarischen Gegenständen unbehelligt vom kruden Alltag zuwenden zu können – dem Mond etwa, der Liebe, dem Herbstlaub oder dem Blick aus dem oberen Fenster der Oberpforte über die Dächer. Es müßte sich doch beides verbinden lassen – mit Ihrer Hilfe. Ich danke Ihnen und sage Ihnen – willkommen bei mir!

Das ist das Vertrackte

Man soll bei einem liebgewordenen Ausdruck bleiben, und so fange ich mit der Anrede an, die hoffentlich den meisten von Ihnen vertraut geworden ist, also:

Liebe Gastgeber!

Es ist wieder schwierig, wie im vergangenen Jahr, aber anders und aus anderen Gründen. Schwierig ist der Termin, der finstere erste September, den etwas zu erhellen uns nicht gelingen kann – man hat's im Kopf, fast schon wieder unwillig, nach alldem pflichtschuldigen und volltönenden Gedenktagsgedröhn der letzten Tage. Also wollen wir nicht so davon sprechen, wenn auch nicht aufhören, daran zu denken.

Über meine Berger Zeit will ich auch nur ganz wenig reden, um so mehr sollen Sie das tun. Ich möchte nämlich nicht vergessen werden, der im letzten Jahr ausgesäte Samen der Autorenselbstliebe ist da und dort sogar aufgegangen – bei der Freude am Begrüßtwerden beispielsweise. Aber das ist kein Thema, sondern wird schon zur Erinnerung, und Sie könnten mich lediglich mit der offiziellen Verleihung des Titels »Alt-Stadtschreiberin« ein wenig trösten. Ja, ich trenne mich nicht leicht, und ich will auch nicht der netten, hier öfter gehörten Übung des Noten-Verteilens oder des Noten-Empfangens folgen. Noten kann ich nicht ausstehen, und daß speziell *diese* Klasse sowieso nicht wiederholt werden kann, wissen Sie alle.

Das ist das Vertrackte: ein Jahr, unwiederbringlich. Vergaffe dich ruhig in Ort und Haus und Hof – aber nicht zu sehr, denn der Abschied ist schon vorgesehen. Die Blume, die du pflanzt, siehst erst dein Nachfolger oder deine Nachfolgerin, und für allfällige Baumgründungen braucht es das Vertrauen in die Ewigkeit, das Peter Härtling hatte und an dessen Ergebnis in Gingko-Gestalt ich mich jeden Tag sehr freute. Hab also Haus und natürlich Menschen gern, aber »was immer du tust, tue es klug und bedenke das Ende«. Schön gesagt, aber wer hält sich schon dran?

So ist zu fragen, was dann bleibt, wenn die Tür zugeschlossen und die Bilder abgehängt und die letzten Gläser ausgetrunken sind. – Etwas ist übrig, und das ist mir seit dem Beginn dieser zugemessenen Zeit immer wichtiger geworden: die Neugier. Es war die Fremde in der Nähe hier, daran war zu denken, und ein Herausgehen aus dem vertrauten Kreis derer, bei denen man eigentlich immer schon weiß, was sie sagen wollen, war es auch. Ich habe viele Geschichten gehört und werde den Teufel tun, sie zu bewerten – ich werde nur neugierig bleiben. Auch darauf, wie das ganz Fremde beschaffen ist: Gerade darauf. Erlauben Sie einen ganz scheuen Blick in die Richtung jenes Jahrestags, der heute ist? Die Neugier auf das Fremde hätte damals vielleicht geholfen, das alles zu verhindern. Die Neugier macht offen, sie macht vielleicht ein bißchen lästig, manchmal, aber das ist ja nicht schlimm. Die Neugier sucht nicht Bestätigung für Vorurteile, sondern die Erkenntnis. Die Neugier umspannt alles, und sie haßt, notwendig, das Klischee. Man kann auf alles Mögliche neugierig sein, auf die zweibeinigen Merkwürdigkeiten wie auf die vier- und sechsbeinigen. Und Merkwürdigkeit ist alles, was man genau genug anschaut: Ich wollte das nur sagen – denn heute will ich nicht so lang reden, heute ist Katjas Tag –, weil mir in den letzten Tagen in gewissen Zeitungen und an gewissen Stammtischen ein ziemlicher Mangel an Neugier, dafür aber eine dumpfe Art, Klischees herumzuschleudern, aufgefallen ist. Wären die meisten von uns neugierig auf ihre Mitgeschöpfe, wüßten sie, daß das Hausschwein, das aufs gemeinste industrialisiert und gequält gehalten wird, läßt man es leben, manche von uns an Witz und Treue durchaus übertrifft – kein Kunststück allerdings in vielen Fällen. Das Huhn, jenes Wegwerftier, kann liebenswürdig und sehr mütterlich sein, die Katze klug und ironisch, Spinnen als Freunde von Gefangenen und Vögel als Trost in der Einsamkeit (man denke an Tollers Schwalbenbuch) sind nicht nur in der Literatur, sondern im Leben tausendfach anzutreffen, und: Je neugieriger wir auf jedwedes Mitgeschöpf sind, desto weniger werden wir grausam sein können. Ein Tier allerdings, von der Literatur bisher zwar nicht vernachlässigt (man denke an E. Th. A. Hoffmann, an Britting und andere), aber nur selten neugierig und damit gerecht behandelt, ein Tier, von dem die Wissenschaft weiß, daß es die zärtlichsten Mütter und leidenschaftlichsten Kämpfer, die klügsten Strategen und anmutigsten Tänzer hervorbringt – ein Tier wird (wahrscheinlich aus ängstlichem, vor manchen *Ähnlichkeiten* ängstlichem Mangel an Neugier) immer falsch dargestellt, an ihm entzünden sich ganze Bündel von Vorurteilen – die Ratte, auch hier im schönen Bergen, grade hier, aus gegebenem Anlaß gab sie Gesprächsstoff. Wobei ich mir wünschen würde, daß mehr über Literatur geredet worden wäre als über Ratten, beiden Themen würde ein wenig mehr Information gut bekommen! Sie, die uns als Gattung den Platz streitig zu machen sucht (es aber wegen mangelnder Aggressivität bisher nicht geschafft hat), gehört zu den spannendsten Tieren.

Liebe Katja, ich wünsche dir und deiner Ratte Elfriede eine schöne Zeit hier in Bergen-Enkheim und eine liebevolle Neugier. Daß du die anderen entgegenbringst, wieviel Beine die auch immer haben mögen, weiß ich längst. Alles Tolle also hier für dich.

Ihnen allen sage ich danke. Und auf Wiedersehen, wenn Sie möchten.

Fünfundzwanzig Jahre Stadtschreiberpreis in Bergen-Enkheim

Mit fünfundzwanzig Jahren ist ein Mensch erwachsen, er sollte es wenigstens sein. Ein Preis ist es ganz gewiß – dieser besonders. In Zeiten ziemlich atemlosen Erschaffens und Verwerfens darf man ihn schon fast ein wenig ehrwürdig nennen. Ehr-würdig, besonderer Ehre würdig, durften sich diejenigen fühlen, die ihn bekamen – der ihn heute bekommt, Arnold Stadler, natürlich auch. Es liegt nahe, die Jahre und Literaturen entlang zurückzugehen und im etwas kalten Licht der Jetztzeit Motive und verborgene Gründe für die Installation eines solchen Preises zu betrachten. Franz-Josef Schneider würde die Spekulation nicht verübeln – er war selber Literat und kannte die Irrgärten der Phantasie samt ihren Auswegen. Er hat damals etwas sehr Gescheites getan: Er setzte nämlich der Eingemeindung, also der Einverleibung, Gleichmachung und Verschluckung seines Ortes durch Frankfurt nicht etwa Abgrenzung entgegen, sondern Öffnung. Indem er literarische Vielfalt und Welterzählung hierherlockte, bewahrte er für diesen Ort, Bergen-Enkheim, nicht nur den Namen. Mit List verband sich damit eine Unverwechselbarkeit, ein lokales Gesicht, nicht zuletzt ein Renommée, das man an der Anzahl seiner Kopien besonders gut ablesen kann. Wir wollen nicht aufzählen, wie viele Gemeinden, Städte und Dörfer indessen das gleiche versuchen, wir wollen auch nichts dagegen sagen! Die Dichter selber tun kund, ob sie einen Platz annehmen, kritisch, freundlich, neugierig – oder ob es in Wahrheit nur lokale Werbegags sind, die literarisch geschmückt werden.

Nein, bleiben wir hier, an diesem seit fünfundzwanzig Jahren verläßlich unpassenden Ort, dem Berger Zelt. So klar steht mir immer noch Wolfgang Koeppens fast kokette Ungelenkheit vor Augen, er war schließlich der erste, der sich hier durchsetzen mußte, der das souverän tat und Zeichen setzte für die Mischung aus Alleinsein und Beobachtetwerden, aus Stammtisch und Kunst, aus bloßer Neugier und liebevollem Verständnis. Bergen-Enkheim ist nicht Rilkes Schloß Duino, keine glanzvolle Isolation mit vornehm geflüsterter Zustimmung. Es ist ein Dorf, vielleicht ein bißchen globaler als die anderen ringsum, wobei mir bewußt ist, daß »ein bißchen global« eigentlich nicht geht. Ich behaupte: Hier eben doch. Wie alle interessanten Preise ist auch dieser, da bin ich sicher, aus sehr subjektiven Überlegungen entstanden: Was wünscht sich jemand, der schreibt? Welche von den Quadraturen des Kreises, aus denen Dichterwünsche immer bestehen, wäre zu verwirklichen? Ein Atemholen im bewußten Risikoleben, gleichsam ein kurzes Aussetzen der Unsicherheit oder – das klingt einfach hübscher – der Waghalsigkeit? Ein Ort, der auf einen wartet? Wir alle hier wissen, daß dieser Ort nicht selten vergeblich auf seinen zeitweisen Bewohner gewartet hat – oder auf die Besitzerin für ein Jahr. Das kann auch gar nicht anders sein, denn – wie wiederum Koeppen einmal sagte: Der »weltberühmte Dichter ohne Wohnsitz«, der in Wahrheit der Traumkandidat der Bergen-Enkheimer wäre – den gibts halt nur selten. Oder, natürlich, metaphorisch, auch das mag Schneider in Gedanken kurz gestreift haben.

Ich bin sehr froh, daß trotz gelegentlich hörbaren und verständlichen Gegrummels die Berger der scharfen Stimme der political correctness nicht gefolgt sind. Es ist nämlich gar nicht unwichtig, von einem auf Zeit geschenkten Ort zu wissen, der nur für einen da ist, immer offen, bereit, aus allerlei poetischen oder biographischen Patschen zu helfen. Vielleicht war das der Sinn: Und Spuren hat jeder hier hinterlassen, und Spuren sind in jedem und jeder hinterlassen worden, manchmal tauchen sie nach Jahren wieder auf. Was wünschen sich die Dichter noch? Als ich vor zehn Jahren hier oben stand und danke schön sagte, habe ich es angedeutet: Der Dichter, auch der scheueste, sehnt sich nach Jubel. Für Dichter und Dichterinnen ist das nicht leicht zu bewerkstelligen. Wenn der Adressat, der Leser, nämlich über des Dichters Werk jubelt und Wonneschreie ausstößt (sofern das überhaupt erreicht wird), ist der Auslöser nicht dabei. Schauspieler, Sängerinnnen und Entertainer, ja, auch Maler und Bildhauer können sich ihren Anteil an lautstarker Zustimmung – wenns gutgegangen ist, natürlich – unverzüglich holen. Die Dichterlesung ist kein vollgültiger Ersatz. Da wird selten laut geschrien oder geschluchzt, es werden keine Bären oder BH's geworfen, nur sehr manchmal ein kultiviertes Blumensträußchen und dazu jener artige Beifall, der sich wie leichter Regen auf einem Garagendach anhört. Und dann müssen sie auch noch Fragen beantworten, die Dichter. Käme jemand auf die Idee, Madonna Fragen zu stellen? Oder Roberto Blanco? Es sei denn, nach dem Privatleben, da kann man dann öffentlich beichten oder es lassen, und beides sind News. Schriftstellern passiert diese ganze schöne, verrückte und gräßliche Choreographie der öffentlichen Aufmerksamkeit überhaupt nicht. Und vielleicht wollte in Gestalt dieses Zeltes und seiner Besucher Franz-Josef Schneider den jeweiligen Nutznießern gerade das schenken: Eine ordentliche Portion Diesseitigkeit, damit ein Jahr lang der Trost durch die zu erwartende Aufmerksamkeit der Nachwelt nicht gebraucht wird. Ach, die Nachwelt!

Natürlich gibt es tausend Beispiele, mit denen sich der ins vergrämte deutsche Feuilleton gefallene Autor über Wasser halten kann, lauter olympische Kolleginnen und Kollegen, die bei Lebzeiten von ähnlichem Ungemach betroffen waren und denen die Nachwelt dann den Lorbeer pfundweise ins Grab nachwarf: Aber – haben Sie wirklich was davon? Gibt es eine Art himmlischer Gruppe 47 voller Lob und Liebe?

Ach, da ist jener grundmelancholische Seufzer angebracht, den es so nur hierzulande gibt: Mer waases net. Es ist ja die stete Klage der Dichter – und was wäre ein Dichter, der nicht klagte, der sie nicht heraufbeschwörte, die biblischen Plagen der taumelnden Buchpreisbindung, des notorischen Bücherhasses der Kritiker, der schlecht verkauften Nebenrechte, der glotzeverblödeten Jugend, des hinter dem grauenhaften Wort STANDORTFAKTOR nur ungenügend verborgenen Desinteresses der Politik an des Dichters Bemühungen – es ist also diese stete und vielfarbige Klage im Grunde die Frage nach der Unsterblichkeit. Und leider sind wir zur Zeit in der Lage der Hypochonder, denen, wenn ihnen wirklich mal was fehlt, keiner mehr zuhört und glaubt. Denn das immer schnellere Verfallsdatum unserer Herzbluthervorbringungen hält uns ja nicht davon ab, eines Tages zum ewigen Bestand gehören zu wollen, mit muschelartiger Beharrlichkeit wollen wir uns in den Hirnen der Leser festsaugen und nicht nach zwei Monaten aus den Herzen und Regalen remittiert werden. Und dann noch die Unerbittlichkeit der neuen Medien, die uns vorführen, wie viele Milliarden Gedanken und Wörter im Virtuellen aufhebbar sind und sich gegeneinander eigentlich gar nicht mehr behaupten können. Biblische Plagen, sagen die einen, riesige Chancen die anderen – und woher soll da noch Selbstgefühl und Stolz kommen, ohne die man doch nur jammeriges Gewäsch zustande bringt, und wenn man sich irgendwoher Stolz und Selbstgefühl holt – zum Beispiel hier im Berger Zelt, ein Schelm, wer Böses dabei denkt! – und wenn man dann etwas aufs Papier erzählt, jault uns doch immer die Frage ins Ohr, ob das wer braucht …

Das Gefühl, gebraucht zu werden, stellt sich in Bergen-Enkheim auf wundersame Weise ein, man muß nur wollen. Ich habe immer bewundert, wie sorgsam Nähe und Distanz hier verteilt werden, ob unbewußt oder bewußt. Ich glaube, die Berger haben mittlerweile so viele Wunderlichkeiten erlebt, daß sie Goethes schönen Satz sofort unterschreiben würden: (Er steht in den *Maximen und Reflexionen*, und ich würde ihn auch zitiert haben, wenn heute nicht sein Geburtstag wäre) »Alles Lyrische muß im ganzen sehr vernünftig, im Einzelnen ein bißchen unvernünftig sein.« Vielleicht erklärt die Kenntnis dessen – oder besser die Erkenntnis – die Langmut und immer wache Neugier derer, die hier leben. Im ganzen ist so ein Preis, das steht außer Frage, sehr vernünftig. Im Einzelnen darf er dann ruhig ein bißchen unvernünftig sein. Nähe und Distanz, die sich anbietet, aber nicht aufzwingt – das ist eine meiner schönsten Erinnerungen an die Zeit hier vor zehn Jahren: Momente der köstlichsten spätsommerlichen Einsamkeit im kleinen Hof, Sommergeruch, wie es ihn nur hier gibt – wenn des Deutschen liebste Hausmusik, die Bohrmaschine, schwieg … Und dann wieder das tobende Leben an der Oberpforte, vorne in der Kneipe, und der unvergeßlich selbstbewußte Satz einer jungen Frau, sie habe (für die Zahl kann ich mich nicht verbürgen) zwanzig Kerweburschen UNTER SICH. Nähe und Distanz. Ich finde, man kann das hier indessen sehr gut.

Aber bleiben wir bei der Ewigkeit – nicht nur alle Lust will Ewigkeit, sondern, das ist, Internet hin oder her, meine feste Überzeugung, auch alle Literatur. Damals, vor fünfundzwanzig Jahren, als die Schneiders die Politiker dazu bekamen, eine Sache wie diese zu installieren, waren die Möglichkeiten des Selbstbetruges, des schönen, noch wesentlich üppiger als heute. Die Kunst und die Kultur waren eben noch nicht STANDORTFAKTOR – sondern (wieder Goethe) »Alles Vortreffliche beschränkt uns für einen Augenblick, indem wir uns demselben nicht gewachsen fühlen; nur insofern wir es nachher in unsere Kultur aufnehmen, es unsern Geist- und Gemütskräften aneignen, wird es uns lieb und wert.« Aneig-

240

nung, Arbeit also, die zum inneren Besitz führt. Und die Dichter wurden zu Politischem gefragt. Ich habe das vorhin einen schönen Selbstbetrug genannt – Selbstbetrug, weil ja schon damals keiner auf die Idee gekommen wäre, tatsächlich in die Tat umzusetzen, was die Dichter forderten –, schön aber deshalb, weil noch nicht kulturelle Wichtigkeit durch möglichst gierige und schlaue Verträge gekennzeichnet war: Je mehr Geld ich der Kommune entlocke, desto wesentlicher bin ich in der Kunst. Ein sich offenbar immer mehr durchsetzender Irrtum von eigentümlicher Widerlichkeit.

Auf diesem Hintergrund erscheint einem die jahrelang gescholtene Bescheidenheit im äußeren fast wie eine revolutionäre Tugend. Ich weiß, viele mögen das nicht. Sie finden das verwirrte Tasten nach WERTEN spießig und völlig daneben, sie finden so was wie dies hier unerträglich provinziell, sie treiben die Dichter mit feuilletonistischen Stockschlägen zur gesellschaftlichen Einmischung und hauen mit denselben Stöcken drauf, wenn diese dann mehr oder minder ungelenk erfolgt. Dieser Ort hier ist seltsamerweise geeignet – da meine ich nun nicht so sehr das Zelt, als vielmehr die Straßen, die Läden und Leute –, mit diesem übermächtigen WIE MANS MACHT, IST ES FALSCH seinen Frieden zu machen. Vielleicht liegt es daran, daß hier auch mit sehr Fremdem, nicht leicht Begreiflichem gelassen umgegangen wird. Mehr als irgendwo hat sich die Berechtigung von tausenderlei Schreibart und Schreibkunst in der öffentlichen Meinung verankert, das ist gar nicht so selbstverständlich, und es war ziemlich klug von Julius Cäsar, lieber der erste in der Provinz als der zweite in Rom sein zu wollen, wobei man das beharrliche Schielen nach dem jeweiligen Rom natürlich einkalkulieren muß.

Fünfundzwanzig Jahre! Natürlich ist dies auch ein Fest der Lebenden und der Toten. Auch die Toten sind hier aufgehoben, nicht nur auf den Schildchen des Stadtschreiberhauses.

Spuren allerorten, sichtbare und verborgene. Ein Vierteljahrhundert, eins in dem ziemlich viel geschehen ist. Vom Fall der Mauer erfuhr ich hier, bei einer Lesung für den unsterblichen Volkshochschulkurs, der natürlich auch eine der wichtigen Adern dieser Institution ist. Weil wir Dichter oft die von mir geschilderten Schwindelanfälle zwischen Gegenwart und Ewigkeit haben, hat es den Anschein, wir hielten diese Art öffentliche Zuwendung, wie sie hier schon so lang praktiziert wird, für selbstverständlich, für unser Recht, für eine Art Wiedergutmachung derer, die nicht schreiben müssen, sondern nur lesen dürfen, die keine Alpträume haben (zum Beispiel den, daß gleichzeitig tausend Menschen in deinem allerwichtigsten und einzigartigen Werk blättern, gleichzeitig nachlässiger werden und es dann gleichzeitig weglegen …). Ich bin nicht der Meinung. Ich möchte ganz deutlich danke sagen für die lange Zeit, in der uns das Salär ebenso zur Verfügung stand wie das Häuschen, nicht fordernd, sondern bereitwillig. Den Bergen-Enkheimern danke ich (und grade denen, die das alles für Verschwendung und uns für arrogante Tagediebe halten), daß sie diese Geschichte tragen und irgendwie auch tragen wollen. Es gab und gibt hier immer wieder jene Begegnungen, die hoffen lassen, daß es einst hierzulande werden möge wie in anderen europäischen Ländern: Daß die Dichter stolzer Besitz sind auch jener, die nicht lesen mögen, die aber respektieren und wünschen, daß erzählt werde, alles Leben, auch das ihre. Danke also Ihnen, die hier leben:

Es sind Fremde zu Ihnen gekommen – und Sie waren freundlich.

Der Frankfurter Hauptfriedhof

Seine Stadtviertel heißen Gewanne. 1828 wurde er eingerichtet, um den im innerstädtischen Peterskirchhof bedrängten Toten Raum zu geben. Genau hundert Jahre später wurde er auf seine heutige Größe erweitert und strengen ästhetischen Regeln unterworfen. Dabei spielte der legendäre Ernst May eine wichtige Rolle. Fremde Steine, fremde Bearbeitungsarten, schwedische beispielsweise oder italienische, sollten zugunsten heimischen Gesteins und Handwerks unterlassen werden. Sein ursprünglicher Charakter als englischer Landschaftsgarten sollte durch strenge Auswahl der Bäume gewahrt bleiben. Die ästhetischen Vorstellungen und Wünsche der Gründerjahre samt ihren hübschen und skurrilen Auswüchsen waren in Verruf gekommen: Auch die Toten sollten Ordnung halten. Wir werden sehen, ob man ihnen das dauerhaft angewöhnen konnte – und ob das Trost und Freude für die Lebenden bedeutet!

Der Hauptfriedhof beherbergt mehr Lebendes als Totes, denke ich. Er war mein allererster Arbeitsplatz.

Es war ein Ferienjob in der Friedhofsgärtnerei, und für einen Stundenlohn von 1 Mark 78 lernte ich viel über den Tod und das Leben. Der Frankfurter Hauptfriedhof ist sehr groß, eine Stadt für sich und trotz aller diesbezüglichen Bemühungen alles andere als eine klassenlose Gesellschaft. Das war, Gräber harkend, Immergrün beschneidend und Efeu ausreißend, meine erste Lektion in der schönen Nekropole: Der Tod macht nicht alle gleich. Er zeigt noch einmal, ein letztes Mal, wie unterschiedlich Menschen sind. Jedenfalls tut er das in den älteren Gewannen. Die neuen leiden unter der so ehrgeizig begonnenen Gleichmacherei. Im Lauf der Zeit wurde daraus Verzagtheit, Phantasie war verdächtig. Man will nichts falsch machen und nimmt das sofakissenförmige Fleißige-Lieschen-Beet und die Marmorplatte, stehend oder liegend. Diese Gräber erzählen keine Geschichten.

Aber beginnen wir am Anfang, bei der Trauerhalle, von außen antikisierende Heiterkeit, drin erlesen düster, mit einer Akustik, die schon für manche Mißverständnisse gesorgt hat. Ein Schild weist zum »Totenhaus«, man gibt sich hier nicht mit verschleiernden Euphemismen ab. Für mein Empfinden, und das habe ich schon damals, als kaum Sechzehnjährige gespürt, ist dieser Friedhof ein ehrlicher Ort. Nicht die Ewigkeit vortäuschende Steinlandschaft, die man aus Frankreich oder Italien kennt, auch nicht der den Tod leugnende »Flüsternde Hain« der Amerikaner, sondern eine Stadt, von der wir wissen, daß wir eines Tages hinziehen werden. Und jedes Jahr wollen mehr von denen hier besucht werden, die das schon getan haben. Übertrieben still ist es nicht, und nach dem Erhabenen kann man lang suchen. Immer rumpelt irgendwo ein Bagger oder es knattert eine elektrische Säge, die Vögel veranstalten ein ordentliches Konzert, Witwen mit kommunalen grünen Gießkannen in der Hand stellen, mitten auf dem Weg stehend, Rentenberechnungen an. Oder reden übers Leben, in frankfurterisch, was jedes Pathos sowieso im Keim erstickt.

Als Sechzehnjährige hat man ein hochromantisches Verhältnis zum Tod. Damals wurden die Gräber von Hand ausgehoben, und das letzte, enge Gehäuse, die dunkle Grube, besteckten wir mit Tannenzweigen. Damit man sich nicht fürchtete, wenn man den Vorangegangenen hinterherschaute beim Blumenhinunterwerfen. Dazu mußte man in sie hinein, zum Üben gewissermaßen, das war eine Mutprobe. Es gab noch keine grünen Kunstrasenmatten, und der Obergärtner Engel, der einem solchen in nichts glich, zeigte uns, wie der Inhalt einer Urne aussieht.

Wie Haferflocken, fand ich. Und wurde im Eiltempo älter und reifer, es zerriß mich fast vor Vergänglichkeitswissen.

Die Gräber in den alten Teilen des Hauptfriedhofs aber erzählen Geschichten und behaupten die Position derer, die drinliegen. Deren Unterschiedlichkeit auch, der Patriarch ruht unter einem Monument und am Fußende verlieren sich ein paar Kreuzlein für die unwichtigeren Verwandten. Wenn man regelmäßig hingeht, sieht man, daß es keineswegs abgeschlossene Geschichten sind. Man muß lernen, sie zu lesen. Und auf Veränderungen zu achten. Eine Bank plötzlich, eine Steintafel mit Liebesbeteuerungen, zwei Jahre nach dem Tod aufgetaucht, Stofftiere – damals, als ich hier arbeitete, waren Fotos auf Grabsteinen noch nicht üblich, und ich war gezwungen, mir aus Wörtern und Zahlen (Sybille, 1950-1968), der Auswahl der niederlegten Blumen, der Anzahl brennender Gedenkkerzen und nicht zuletzt aus Größe und Form des Steins ein Bild zu machen. Zart war sie bestimmt, die arme Sybille. Blond? Vielleicht Tuberkulose?

Jetzt schauen immer mehr schwarzweiße oder farbige, meist lachende Gesichter auf die, die durch die Baumalleen gehen und mehr wissen wollen über die, die für immer dort angekommen sind. Vielleicht liegt das an der Öffnung nach Osteuropa, auch in den Frankfurter Friedhof hat die Multikultur Einzug gehalten. Man kann es sich auch in Italien abgeguckt haben, vielleicht auf San Michele, Venedigs Friedhofsinsel, auf der ganze Heere von Totengesichtern von ihren Steinen aus uns Lebende mit Blicken verfolgen.

Der Hauptfriedhof beherbergt ganz besondere Bäume, nicht nur in seinen Alleen. Wie eine mächtige grüne Wolke, dutzenderlei Grün, erheben sich ihre Kronen über die Mauern. Von den breiten, öden Straßen aus, die ihn umzingeln, wirkt der Friedhof wie ein verschlossenes Paradies mit strengen, griechisch anmutenden Einlaßtoren.

Die Grabmäler, die sich hier finden, sind nicht spektakulär, nicht auftrumpfend wie in Wien oder in Neapel. Es sind die Bäume, die uns Hoffnung auf irgendeine Unvergänglichkeit machen und Trost verheißen – nicht die Steine. Auch wenn wir Engel, Säulen jedweder Dicke, marmorne Lebensbücher oder sogar ein Mausoleum – das der Familie von Gans – finden und davor stehenbleiben – die Grabkultur des Frankfurter Hauptfriedhofs bleibt im bürgerlichen Rahmen. Das paßt zur Stadt. Die Platanen und Rotbuchen, Ahorne und Zedern, Eichen und Lärchen aber sind wahrhaft königlich.

Es darf allerdings nicht verschwiegen werden, daß sich der weite Vorplatz der Trauerhalle vom Mord an den rotblühenden Kastanien, die ihn umstanden, noch nicht erholt hat. Es stehen jetzt armselige Baumschulpinsel da, die weder Schatten noch Würde zu spenden in der Lage sind. Ein bürokratischer Ordnungswahn ist daran schuld, daß der Platz auf Jahrzehnte seine Seele verloren hat. Man hatte nämlich beschlossen, mit den wenigen toten Bäumen auch die gesunden alten zu entfernen. Der Jugend eine Chance! Das ist, wie wenn man den *King Lear* von Sechsjährigen spielen ließe.

Ein Friedhof wie der Frankfurter, bei dem nicht die Kunst (was immer wir darunter verstehen, denn angesichts des Todes will das Wort Kitsch ein bißchen weitherzig interpretiert sein), sondern Natur die Hauptrolle spielt, muß sein schwieriges Gleichgewicht zwischen Zähmung und Wildheit immer wieder neu definieren. Das heißt, es ist auch Mut gefragt.

Ich sitze im Gewann neun, einem neueren, auf einer Bank und schaue über all die kleinen Gevierte mit Namen drauf. Es sind viele Lärchen hier, lichte schlanke Bäume, die Gräber: Lieschen weiß, Lieschen rosa, Lieschen rot. Immergrün. Schmiedeeisenlaternchen. Sofakissenknicke für die Ewigkeit. Warum eigentlich nicht? Es steht einem nicht zu, sich drüber lustig zu machen.

Den Blick hält aber ein Viereck fest, auf dem Glockenblumen sich haben ausbreiten dürfen, Hunderte von zarten lila Blüten, sie scheinen über dem Grab zu schweben. Immer wieder findet sich so ein kleines Stück schöne Wildnis in der sonst unerbittlichen Ordnung der neuen Gräberfelder. Am ehesten bei denen, die nicht mehr besucht, geputzt, geschnitten und gejätet werden. Da breiten sich Schneeglöckchen aus, bis die Nachbarbesucher Einhalt gebieten, eine wilde Rose kümmert sich nicht um Grenzen, Margeriten erobern Gebiete.

Im alten Teil nimmt man es nicht so genau, man hat hier auch mehr Platz, nicht nur den gehüteten, umfriedeten, verteidigten knappen Quadratmeter. Wenn man den kleinen Eingang an der Rat-Beil-Straße benutzt und den Gruftenweg entlanggeht, begrüßen einen trotz des düsteren Namens fröhliche kleine Naturinseln. Ein Riesennest von Szylla im Frühling, gelbe Winterlinge, die jedes Jahr mehr werden, verwilderte Tulpen, Maiglöckchen im tiefen Schatten. Die Arkaden mit den Ruhestätten der großen Frankfurter Familien, adlige und bürgerliche und solche, die ihre älteren Toten noch ohne »von« begruben, sind ein bißchen grau. Viele der Steinfiguren haben ihren Kopf verloren, ich weiß nicht: Ist er ihnen im Lauf der Jahrzehnte zu schwer geworden? Oder hat auch diesen ruhigen, schattigen und einschüchternden Ort der Vandalismus erreicht?

Verregnete Teddybären und Spielsachen beschützen das Grab des ermordeten Jakob von Metzler. Keiner, der nicht stehenbliebe.

Als ich hier arbeitete, geriet eines Tages einer von den Friedhofsarbeitern unten in der Grube an Knochen – das ist nicht gar so selten, denn die Totenruhe währt nicht ewig, sie währt zwanzig Jahre. Wir Schüler in der ersten Erwerbsarbeit unseres Lebens versuchten, so zu tun, als sähen wir jeden Tag Menschenknochen. Nur cool bleiben! Der alte Zausel da unten in der gruseligen Grube nahm eine Schaufel voll von dem, was von unsereinem übrigbleibt, warf die Knochen in die Luft und rief fröhlich: Guckt emal, des is die Ufferstehung!

Man trifft bei seinen langen Wegen durch den Totengarten Bekannte, manchmal ganz überraschend. Ricarda Huch zum Beispiel begegnete ich erst vor kurzem, als ich beim großen Verleger Unseld vorbeischaute, die unvergessene Bücher- und Salonkönigin Melusine Huß, ach, Matthias Beltz unter Blumen, früher war das Grab der Marianne von Willemer vergessen, und man fand es nur nach langem Suchen. Adorno und Alzheimer und der sechzehnjährige Georgie, den wir erst kennenlernten, als er schon tot war, sein schönes, lachendes Gesicht und seine treuen Freunde, die ihm offenbar immer was mitbringen.

Es gibt Lieblingsgräber, die einen ins Grübeln kommen lassen – jene Dame, die 1868 geboren und 1968 gestorben ist, eine Menge Revolutionen hat sie mitgekriegt, als wir unsere kleine machten, war sie hundert! Und in der Nähe ist eine vergessene Frankfurter Institution begraben, eine doppelte: die zwei Schwestern Anagnostopoulos, in den sechziger und siebziger Jahren Inhaberinnen der Griechischen Weinstube in der Hochstraße, das schönste und schrägste Lokal für die Schauspielbegeisterten der Stadt. Polyxene und Andromache hießen sie, glaube ich, es gab noch eine dritte Schwester, die schönste, die war Schauspielerin. Ach, längst sind sie vergessen – oder doch nicht? Erinnern sich noch andere an junge Tage und den merkwürdigen Geschmack von Retsina, wenn sie die griechischen Namen auf dem Stein lesen?

Der Frankfurter Hauptfriedhof ist ein Garten der Gelassenheit. Anfälle von Vergänglichkeitsfurcht oder Aufbegehren kann man sich hier sachte wegwandern, da und dort stehenbleibend, freundlich gedenkend oder sich erinnernd. Wenn man schon, denkt man, dereinst umziehen muß, ist dies hier kein schlechter Platz.

Das fette kleine Mädchen hält eine Tüte Spekulatius von Schlecker in der Hand. Es nimmt einen Keks nach dem anderen raus, betrachtet ihn aufmerksam, beißt ihn an und schmeißt ihn dann weg. Ein Schäferhundmischling folgt ihr in einigem Abstand und freut sich. Eine Philosophin, denke ich. Und doch so hoffnungsvoll! Ein Plätzchen sieht aus wie das andere, schmeckt genausowenig wie sein Vorgänger, und trotzdem: Nur die Hoffnung nicht aufgeben! Vielleicht wartet ja auf dem Grund der Tüte der einzig wahre, göttliche Keks.

Bei uns im Viertel ist rechts fein und links Hartz IV. Das ist interessant, denn um die Welten zu wechseln, braucht man nur über die Straße zu gehen, so oder so. Es gibt auch Grenzbewohner. Rechts sind die Hunde kleiner als links. Links wohnen mehr Kinder, rechts mehr Greise. Da rattern die Baumscheren, Rasenmäher und Laubsauger, hier sinds Motorräder, und die Musik plärrt einen aus offenen Autofenstern an. Dafür drehen rechts die Fahrschulen ihre zaghaften Runden.

Es wird Weihnachten, das merkt man nicht nur am Spekulatius. Früher wurden die Besuche der linken Seite auf der rechten zahlreicher, so war es immer in den Wochen vor dem Fest. Und wie das kleine Mädchen, das unverdrossen ein fades Plätzchen nach dem anderen probiert, weil es einen Traum hat, machte sich die Welt von links der Straße auf den Weg hinüber auf die rechte Seite, weil sie etwas Besonderes erwartete. Pracht und Herrlichkeit zum Anschauen, wenigstens einmal im Jahr. Statt dessen sahen sie allweihnachtlich die gleichen trockenen Türkränze und um rundgeschnittene Bäumchen gewickelte Lichterketten vom Supermarkt. Das war kein Ersatz für die Amerikaner mit ihren leuchtenden Rentieren, den Balkonweihnachtsmännern und maßlosem Buntflimmer in allen Fenstern. Nach denen sehnten wir uns an Weihnachten nämlich alle zurück, links und rechts, eine klassenlose Sehnsucht. Sie waren ja längst verschwunden und schmückten wieder ihre Vereinigten Staaten, während wir Zurückgelassenen unter Dezenz und sogenanntem guten Geschmack leiden mußten, fade wie Spekulatius.

Aber seit ein paar Jahren gibt es einen Retter. Er ließe selbst den amerikanischen Weihnachtsglanz, wenn es ihn noch gäbe, verblassen. Ganz zu schweigen von den vornehm tuenden Schwachglitzerern auf der rechten Seite. Links hatte man sich in den amerikanerlosen Jahren schon ein wenig zu helfen gewußt, aber vieles wirkte ungelenk: Zum Beispiel sahen die fassadenerklimmenden Nikoläuse wie Erhängte aus, die Leuchträder drehten sich nicht, und Rudi das Rentier erinnerte in seinen Kiezvarianten eher an übergewichtige Sofahirsche. Es fehlte die amerikanische Lust an der Prächtigkeit, vielleicht waren auch die Sicherungen zu schwach – aber jetzt ist ja er da, der Lichtbringer in dunkler Zeit. Sogar Leute aus Berlin haben wir da schon hingeführt, damit sie sehen, was wahrer Reichtum zustande zu bringen weiß!

Es ist nicht einmal ein Eckhaus und steht in einem wohlhabend aussehenden Sträßlein. Soviel kann man verraten. Seit die ersten Auffahrunfälle und Kinderwagenkarambolagen zu beklagen sind, haben wir hier im Kiez unsere Informationspolitik geändert. Wenn erst einmal die Asiaten von dem Haus erfahren, ist sowieso alles zu spät. Aus der Luft ist es leicht zu erkennen, man hört das weihnachtliche Geknatter der Hubschrauber. Es heißt, Fluglotsen hätten schon eigenmächtige Routenänderungen zu beklagen.

Wer in dem Haus wohnt, weiß man sowenig, wie seinerzeit die um Neuschwanstein herumstaunenden Bauern gewußt hätten, wie dessen Bewohner aussieht. Der hat da ja nie gewohnt, vielleicht wohnt in dem weihnachtswahnsinnigen Zauberhaus auch keiner, wenn mans recht bedenkt: Er könnte bei der Helligkeit ja gar nicht schlafen! Aber das ist eigentlich nicht wichtig, und wir bleiben stehen und sperren Mund und Nase auf. (Musik und Proviant allerdings sind mitzubringen.) Das ganze, nicht eben kleine Haus, auf dessen First ganzjährig eine Art Leopard kauert, ist in Licht eingewickelt, und da Stillstand Rückschritt bedeutet, kommt jedes Jahr was dazu. Figuren glitzern ums Dach herum, eine Art Leuchtcomic, und die Farben! Natürlich kommen auch importierte Santacläuse zu ihrem Recht, Rudi Rednose allenthalben, und er sieht sich ähnlich, aber das Figürliche (wie es in der Kunst sein soll) spielt eine Nebenrolle. Es geht ums Licht, nur ums Licht. Ein beliebtes Spiel, ja ein Muß im Kiez, ist es, das Spektakel bei allen vorkommenden Wetterverhältnissen zu betrachten: Nebel? Da kriegt es was Tragisches. Schnee? Wahrhaftig vor Schönheit kaum auszuhalten, ist aber sehr selten. Regen läßt das Surrealistische in den Vordergrund treten, Realisten hingegen warten auf Kurzschluß oder Netzzusammenbruch. Seltsamerweise ist es niemandem, den ich kenne, je gelungen, die Entstehung dieser allweihnachtlichen Lichtwerdung zu beobachten. Dabei muß es doch dauern, bis an Haus, Bäumen, Balkonen und Büschen die Milliarden Lämpchen aufgefädelt sind! (Wenn ich überlege, wie lange ich zur Entwirrung einer einzigen Lichterkette brauche, um nach getaner Arbeit festzustellen, daß sie nicht funktioniert!)

An Weihnachten will jedermann gut sein. Und es gut haben. Auf jeden Fall beides zusammen, was sich seit Menschengedenken als sehr anstrengend herausgestellt hat. Deswegen geht so viel schief. Dazu kommt der ganze Kram, der alljährlich aus dem Keller geholt wird und irgendwo drangehängt wird. Das sind nicht nur angedetschte Kugeln und verbeulte Kerzenhalter, sondern auch Wörter, zum Beispiel: die Kassen, die süßer nicht klingeln. Wir lesen das seit einer kleinen Ewigkeit, zwei Generationen mindestens haben schon keine Kasse mehr klingeln gehört. Es ist einer von den Sätzen, die mitsamt dem maroden Rauschgoldengel in einer alten Schachtel aufs Fest gewartet haben. Aber wer wäre so mutig, von den Scannern, die süßer nie fiepen, zu schreiben? Und der Lebkuchen- und Glühweinduft! Glühwein stinkt, und Lebkuchen riechen nach gar nichts. Sie haben immer solche Lebkuchenpariser um sich herum.

Aber Weihnachten scheint ohne den maroden Wörterplunder so wenig zu funktionieren wie ohne Vergangenheitsverklärung, Gott sei Dank hats jetzt biologisch bedingt mit den Geschichten von den Kriegsweihnachtsfesten ein Ende, die eine ganze Kindergeneration einen dritten Weltkrieg hat herbeiwünschen lassen, weils im zweiten offenbar so schöne Weihnachten gab. Von dem waren letztendlich die schmerzlich vermißten Amerikaner übriggeblieben, aber das ist eine andere Geschichte.

Unser Haus steht da und funkelt ganz voraussetzungslos vor sich hin, ein Wunder der Moderne, eine reine Existenz aus Licht und Überwindung ästhetischer und technischer Gesetze. Die Pilger von der linken Seite vermischen sich mit den Anwohnern von rechts, die ihre schmächtigen Bemühungen, ihre Häuser weihnachtlich herzurichten, angesichts dieses Triumphs gänzlich eingestellt haben. Eine heilige Dunkelheit ist um das strahlende Haus, Schatten schleichen herbei, der Leopard auf dem Dach beobachtet sie. Auch der Garten funkelt, man sieht es durch die dichten Büsche, blau, wie Laurins Höhle.

Das Tor war immer geschlossen gewesen, nicht unfreundlich, üppige Lichtgirlanden waren drübergeworfen, aber es sagte doch deutlich: Es gibt ein Innen, und das zu sehen steht euch nicht zu. Bis gestern. Gestern in der Dämmerung hatten wir, Linkswohner und Rechtswohner und auch die Grenzsiedler, uns wieder auf den Weg gemacht, um es anzuschauen, das Haus. Jeder hat übrigens seine bevorzugte Route, es gibt mehrere Möglichkeiten, des Lichthauses ansichtig zu werden. Manche wollen es lang aus der Ferne heranflimmern sehen, andere, wie ich, bevorzugen den Schock, den Glanz-Überfall gewissermaßen. Auch Hunde reagieren übrigens unterschiedlich, manch friedlicher Gassigeher kann nicht aufhören zu heulen, wenn er das Haus sieht, andere bleiben bocksteif stehen und wollen nicht vorbei.

Gestern stand das Tor weit offen und bot einen überirdisch strahlenden Innenhof. Das erschreckte uns Schatten zunächst, man blieb, wo man war, in größerer Entfernung als sonst stehen. Es ist nicht üblich, sich miteinander zu unterhalten. Selten bietet einem einer der Bewunderer einen Keks oder eine Zigarette an, das geschieht stumm, mit einem so ernsten Gesicht, als sei man auf der documenta und wisse nicht, wie man angemessen auf ein Werk reagieren soll.

Also: Das Tor stand offen. Leuchtende Gestalten im Innenhof, Weihnachtspersonal in Überlebensgröße, zwischen denen lautlos Kellner mit Tabletts umhergingen. Den Boden bedeckte dicker Schnee, ob er aus Schnee oder aus Styropor war, konnte man nicht erkennen. Im Hintergrund sah man eine blau leuchtende Bar. Licht hing in dicken Trauben an unsichtbaren Schnüren. Der Leopard lauerte wie immer auf dem Dach. Schweigend standen die von links und rechts im Kiez und trauten sich nicht näher heran. Das offene Tor hielt uns ab. Genauer gesagt machte es uns Angst. Diese Art Leben kannten wir nicht, höchstens aus Büchern. Es war nicht unseres. Nur die Kinder zerrten so heftig dorthin, wie die Hunde wegzerrten.

Ich bin dann früher heimgegangen als sonst, habe nicht einmal mehr die völlige Dunkelheit, die stärkste Intensität des Strahlens abgewartet. Das geöffnete Tor ärgerte mich, aber ich wußte nicht, warum.

Heute werde ich nicht hingehen, werde erst jemanden hinschicken, der mir sagt, ob das Tor wieder geschlossen ist. Ich will gar nicht auf den Gedanken kommen, daß man so etwas einfach machen kann, wenn es einem paßt, so ein Leuchtwerk. Besser solls am ersten Advent vom Himmel stürzen und an Dreikönig wieder hinaufgezogen werden, das ist mir lieber.

Ich sehe auf der linken Straßenseite das fette kleine Mädchen einherspazieren, sie hat wieder eine Tüte in der Hand, und die Promenadenmischung geht diesmal neben ihr. Sie teilen sich Mohrenköpfe, und so sehen sie auch aus, mit weißem Schaum bedeckt wie mit Schnee.

Katzen in der Stadt: stolz und frei?

Es sollen drei Millionen sein in der Bundesrepublik. Drei Millionen, ein Wirtschaftsfaktor und Verkehrsrisiko, Therapieersatz für Einsame, Kind-Ersatz, Gefangene der Zivilisation. Weil sie so frei sind, würden sie gehalten, sagen viele Katzenbesitzer. Es sei schön, ihnen zuzusehen, ihren Bewegungen mit den Augen zu folgen, von ihrem königlichen Schlaf zu lernen. Frei sind sie und stolz als Betreuer von ganztägig arbeitenden alleinstehenden Frauen, stolz und frei für ein paar abendliche Stunden und regelmäßiges Futter in einer Zweieinhalbzimmerwohnung mit einem Kratzbaum.

Die Wege der Katze zum Menschen waren ganz andere als die des Hundes. Der schwierige Begriff der Brauchbarkeit muß neu erläutert, neu definiert werden, denn der Nutzen eines Tieres wird oft in den Vordergrund geschoben, wo es in Wirklichkeit um tiefliegende Gefühlsreste des Menschen geht, die nach Erfüllung und Entladung drängen. In der heutigen Zeit ist das ganz einfach, scheinbar, und die Frage stellt sich gar nicht mehr. Haustiere sind nur noch für die schönen Gefühle da. Die Nützlichkeit, um derentwillen man sie einst wohl ausschließlich hielt, entfällt – zumindest in der Stadt.

Ich will diese Ausschließlichkeit (und wir sind immer noch bei Hund und Katze) aber auch für früher nicht gelten lassen; die Jagdhilfe des Hundes, die eigenständige Jagd der Katze – das war nicht alles, war es nie. Das Pferd trug nicht nur den Reiter, sondern auch dessen Liebe. Des Hundes angeborene Art läßt ihn diese lastende, manchmal gewalttätige Liebe des Menschen brauchen. Er muß sich unterwerfen, um zu überleben. Der Hund braucht auch die größere Pfote. Aber die Katze – womit wir bei unserem rätselhaften Wesen sind – was braucht eigentlich die Katze?

Ihren ersten Schritt auf uns zu, wissen wir nicht zu imaginieren, geschweige denn zu datieren. Ihr unaufhaltsamer Aufstieg zur Göttin aber war damit ebenso programmiert wie der Abstieg in die Hölle, in die man sie in späteren Jahrhunderten gejagt hat. Der erste Schritt auf die Menschen zu – ich komme nicht davon los, ihn mir ausdenken zu wollen. Der Schritt von damals nämlich wiederholt sich immer wieder, jeden Tag, mit der gleichen Vorsicht und der gleichen Endgültigkeit.

Mino ist mir vor einigen Monaten, wie man so sagt, zugelaufen. Das ist ein falsches, weil tolpatschiges und vertrauensselig stimmendes Wort und paßt nicht zu einem Kater. Sagen wir also: Er hat eine Woche das Terrain erkundet, trotz seiner entsetzlichen Magerkeit sich immer wieder in unbekannte Rückzugsräume begeben, er hat das Futter geprüft und die anderen Katzen erschöpft und desinteressiert zur Kenntnis genommen.

Eines Nachts dann blieb er endgültig da; mit seltsam lauten, auffordernden Schreien teilte er mir seine Entscheidung mit. Was er damit in Kauf nahm, schien er zu wissen, wobei ich nicht so weit gehe, ihm eine Vorahnung über Sinn und Folgen des sofortigen Tierarztbesuchs zuzutrauen. Die erste Woche war er schwach und müde. Mit steigendem Gewicht und wiederkehrender Munterkeit allerdings begann sein Kampf um die Quadratur des Kreises, um die Freiheit in der Gefangenschaft. Ich denke, daß dies ein uralter Kampf ist, der von Anfang an das Verhältnis zwischen Mensch und Katze unter Spannung gehalten hat. Denn wir? Was ist mit uns? Wieviel Freiheit nehmen wir uns in unseren vielfältigen Gefangenschaften?

Mein Sofa und meine Nerven gingen jedenfalls gleichzeitig in Fetzen. Jetzt kommt er und geht, er ist bei mir und doch nicht. Er frißt hier, das ja, und nicht zu knapp, und der Anblick seiner Schönheit, seines silbergrauen, großen, muskulösen Katerleibs soll mich dafür entschädigen, daß er darüber hinaus nur das tut, wozu er Lust hat. Dabei könnte seine Eigenwilligkeit Ressentiments wecken, immer schon gab es die in bezug auf Katzen; das schaudernde Interesse, das man Revolutionären oder großen Gangstern entgegenbringt, haben auch sie zu spüren bekommen.

Aus dem Tier, das sich wahrscheinlich nur deshalb den Menschen genähert hat, weil es die Wärme und den Luxus liebt, wurde andererseits bei den Ägyptern die hinlänglich bekannte Göttin. Das müssen kultivierte Leute gewesen sein, und Vergleiche erübrigen sich, weil keine der Voraussetzungen mehr erhalten ist, die einst für Respekt und Verehrung vor dem Fremden gesorgt haben. Wir haben gründlich verlernt, die Magie des Unbekannten wahrzunehmen und zu achten, wir sezieren die Dinge so lange, bis wir alles über alles wissen und vom Gegenstand unseres Interesses nicht mehr viel da ist.

Wie springen Katzen? Wie machen sie's, sich über weite Strecken einen Weg zu einem bekannten Ort zu suchen? Wie viele Katzen mußten sterben, damit irgendein wißbegieriger Mensch herausbekam, daß er nie so wird springen und auch nie so wird hören können? Ein Geheimnis, das ein Lebewesen mit sich herumzutragen scheint, machte es vor Jahrtausenden zum Gott. Heute muß es sein Geheimnis mit dem Leben bezahlen. Das ist der Fortschritt.

Der Kater sieht mir beim Schreiben zu und kreischt, weil er hinauswill, auf die Straße, in den Regen. Er wird sich durchsetzen. Was gehen ihn meine Ängste an, mein Zusammenzucken bei jedem Bremsgeräusch, was hat er damit zu schaffen? Er hat die Welt nicht so gemacht, wie sie ist, aber er und seine Kumpane haben erstaunlich gut gelernt, sich in ihr zurechtzufinden. Der Alltag fordert jedoch auch Opfer. Die holt morgens die Müllabfuhr, und dann kleben tagelang Zettelchen an den Bäumen: »Schwarzweißer Kater, kastriert, entlaufen, hört auf den Namen Paul …«. Und nach einer angemessenen Trauerzeit kommt ein neuer Paul oder Peter und versucht sein Glück mit der Welt und den Menschen.

Es gibt in Frankfurt Stadtviertel, da geht es fast zu wie im römischen Forum, und besorgte Tierschützerinnen fangen ein und sterilisieren und kastrieren, was das Zeug hält, und das ist ja auch gut so. Aber immer wieder wird uns eine dürre, triumphierende Kätzin irgendwo begegnen, die stolz einen Zug Kleine anführt, die sie solange listig irgendwo verborgen gehalten hat, bis nun wirklich niemand mehr auf die Idee kommen mag, dem gerade begonnenen Leben ein Ende zu setzen. Und dann geht die Sucherei wieder los, nach Planstellen, nach einem verläßlichen Platz im bürgerlichen Leben, denn was bleibt uns (und ihnen) schon anderes übrig? Die wahren Haudegen sind selten geworden, und jene Freibeuterinnen, die im Dschungel der Städte leben und trotz allem immer wieder werfen, gibt es, man muß wohl sagen Gott sei Dank, auch nicht mehr so oft.

Die Unordnung wird gewissen Regeln unterworfen; die Wildlinge in besagten Vierteln sind alle sterilisiert und geimpft. An jenem grauen Kater, der bei mir lebt, sehe ich allerdings, daß es ihn nur bedingt beeindruckt, das mit der Ordnung. Und selbst jene, die sich ergeben haben und allabendlich ihr Futter wie in der Werbung mit Petersilie garniert zu sich nehmen, oder die, die nur Brathähnchen oder nur Shrimps essen, jene, die aussehen wie Sofarollen und lediglich eine Schnurrmaschine für einen einsamen Menschen sind – auch sie, auch sie haben die wilden Träume und das Kinnzittern, wenn sie den Flug eines Vogels beobachten. Sieben Jahre hatte der fette Kater einer Freundin gebraucht, um herauszufinden, wie das Törchen des Vogelkäfigs aufgeht. Dann wußte er es.

Und trotz allem, was aufzugeben war und ist – Katzen sind so angenehme Lebensgefährten. Sie alle wissen das sicher längst, sonst hätten Sie ja gar nicht bis hierher gelesen. Der Hund lernt vom Menschen, sagt man. Der Mensch, wenn er Verstand hat, lernt von der Katze. Geduld und Lob der Langeweile, Faulheit und hingebungsvolle Körperpflege, der gelassene Wechsel vom Spiel zum Schlaf, von größter Anspannung zur vollkommenen Entspannung: Das alles können sie uns zeigen, wenn wir hinschauen.

Sie können uns auch die Stadt zeigen. Da sind zum Beispiel noch ein paar Grundstücke, Ruinen und Keller, ein paar verschlampte Hinterhöfe oder leere Geräteschuppen, einige wenige ungestörte und ungeglättete Orte sind da noch, die beherbergen Maus und Katze, Igel und Engerling. Die Räume werden gemeinsam von denen, die fressen, wie von denen, die gefressen werden, gebraucht. Wir sollten uns da nicht einmischen, dabei kommt nichts Gutes heraus.

Eingefangen sind sie ansonsten oft genug, im doppelten Sinn. Tierfutter – Körbchen – Kratzbaum: Die Glücksindustrie für Tiere ist ein beachtlicher Wirtschaftsfaktor geworden, der Markt wird von einem Branchenriesen beherrscht, suchterzeugende Stoffe würden unter das Futter gemischt, munkelt man. Das glaube ich nicht; eine Katze, die sich langweilt, wird von ganz allein verfressen. Dennoch, der agile Graue akzeptiert nur jene gewisse, bekannte Verpflegung. Daß er damit zu einem beachtlichen Umsatz beiträgt, ahnt er nicht, vielleicht fände er es auch seiner Bedeutung ganz angemessen, denn Selbstwertgefühl scheint eine der wesentlichsten Katzeneigenschaften zu sein. Wenn ich ihn anschaue: wie er immer die vorteilhafteste Haltung einnimmt, den Schwanz aufs anmutigste zu wahren Arabesken arrangiert. Was wissen sie über sich selber? Diese Frage stellt nur die Liebe. Was wissen sie über uns? Da kann man manchmal unsicher werden!

Sie waren immer die Lieblingstiere jener grüblerischen Zunft der Philosophen, Poeten und Denker. Am zärtlichsten hat das wohl E. T. A. Hoffmann bewiesen, als er nach dem Tode seines Katers eine Depesche des Inhalts an seine Freunde versandte, man möge ihn in den nächsten Wochen nicht zum Trinken verführen; er trauere und wolle das nüchtern tun – welch ein Opfer. Der spintisierende Dichter wußte, was er verloren hatte: eine Katze, die beschloß, sein Gefährte zu sein, und unersetzlich war. Warum nur fällt die Liebe zu einer Schildkröte oder einem Papageien, dem Menschen in der Lebensspanne ähnlich oder sogar überlegen, soviel schwerer als die Liebe zur Katze, von der wir mit Sicherheit irgendwann Abschied nehmen müssen?

Man erinnert sich noch an das rattenartige, handgroße Wesen, das man vor gar nicht langer Zeit irgendwo fand, an die Spiele mit zusammengerollten Socken und Flaschenkorken – und plötzlich legt einem eine schwere, gefleckte Katze ihre Pfote auf die Hand, ihre Augen sind aufmerksam, aber schon ein bißchen milchig. Ist das schon so lang her? Wir sind fünfzehn oder sechzehn Jahre älter geworden und haben ein winziges Ding zur Greisin werden sehen. Jetzt, wo wir jede ihrer Bewegungen, alle Lieblingsplätze und die Art, wie sie den Kopf an unserem Kinn reibt, kennen, verläßt sie uns unwiderruflich.

Und doch – eines Tages ist wieder so ein rattenkleines Jungtier da, oder ein verletztes hat unseren Garten gefunden, oder jemand kriegt seinen Kätzchenwurf nicht los, oder das Tierheim platzt aus den Nähten: Irgendwie beginnt wieder etwas, niemals das gleiche. Das muß man wissen. Jede, die ich kannte, war anders und ganz sie selbst. Keine kann ich vergessen.

Nur über die Straße

Um von der einen Seite der Eschersheimer Landstraße auf die andere zu kommen, habe ich ungefähr zwanzig Jahre gebraucht. Am Dornbusch spielte sich der größte Teil meines Lebens ab. Ich bin immer noch da. Es gibt eine Zeitung, die *Wir am Dornbusch* heißt. Das ist ein rührender Versuch, uns Dornbuschbewohner über den letzten Rest deutscher Teilung hinwegzutrösten. Bei uns ist sie nämlich noch sichtbar, auch wenn unterirdische Gänge für die Illusion von Bewegungsfreiheit sorgen sollen. Kein Wunder, daß die keiner benutzen will, sondern immer mal wieder Rentner sich oberirdisch in den Tod stürzen. Die Gänge, die die beiden voneinander getrennten Teile eines ehemals zusammengehörigen Stadtorganismus verbinden sollen, sind so unglaublich trostlos, so ausweglos häßlich, daß viele lieber auf ihrer Seite bleiben. Man kann bei ruhigerem Verkehr seinen Liebsten auf der anderen Seite Trostworte zuschreien.

Als ich ein Kind war, wohnten wir in der Mechtildstraße, einer stillen, netten, bürgerlichen Straße, nahe beim Hessischen Rundfunk. Zur Schule fuhr ich wenige Stationen mit der Straßenbahn, an der Ecke gabs ein Kino mit einer anscheinend sehbehinderten Kassiererin, die uns in die Erst-ab-sechzehn-Filme ließ, ohne mit der Wimper zu zucken. Es war eine angenehme Kindheit am Dornbusch, alle hatten Gärten und keiner Geld. Der Gemüsehändler verkaufte sein Grünzeug billig, es gab einen Laden, in dem Laufmaschen repariert wurden (mit einem Nädelchen, das die entwischte Masche den ganzen Strumpf hinauf wieder einfing, was ich sehr gern sah und lernen wollte, es schien eine nette, ruhige Arbeit zu sein).

Mein Großvater, der in den zwanziger Jahren des letzten

Jahrhunderts in Frankfurt studiert hatte, erzählte von Landhäusern und Weizenfeldern am Dornbusch. Von mächtigen Bäumen, die die Eschersheimer Landstraße gesäumt haben, erzählte man noch zwei oder drei Generationen später.

Der Dornbusch ist kein Viertel, er ist eine Idee. Er ist ein Beweis für die Beharrlichkeit und Leidensfähigkeit der Menschen. Wir halten es für normal, an Verkehrsadern zu leben, als Störfaktor. Ohne diese ganzen Ampeln, Über- und Unterführungen, ohne die Fußgängerknöpfe und Haltesignale, Busspuren und Radwegmarkierungen ginge es wesentlich schneller vorwärts auf der Hauptverkehrsader, zu der die Eschersheimer Landstraße längst geworden ist. Das weiß jeder, aber die Illusion von Menschenfreundlichkeit soll aufrechterhalten werden, und das funktioniert ganz gut. Die Ader entlang, hinter dem ganzen Verbindungstheater, dieser mühsamen Aneinanderstückelei einer vor langer Zeit auseinandergehauenen Welt, haben sich Biotope der Bürgerlichkeit gehalten. Die Gärten können sich sehen lassen, auch wenn der Designerwahnsinn mit schneeweißem Streukies, auf dem sich zwei Buchskugeln langweilen, nicht vor unserem Stadtteil haltgemacht hat. Überhaupt: Seit es eine sogenannte Erhaltungssatzung gibt, sind mehr schöne alte Häuser versaut worden als in den anarchischen Jahrzehnten zuvor.

Aber: Vergangenheit. Die ist hier etwas Virtuelles, weil jeder seinen eigenen idealen Dornbusch beschreibt. Und weil die Menschen hier anscheinend haltbarer sind als anderswo, gerät die Beschwörung früheren Glanzes ins Märchenhafte. Man kann ja die erzählenden sehr alten Damen und Herren nicht widerlegen.

Wie gesagt: da war meine bewußte Kindheit (die frühe, Regensburg, blieb davon unberührt), an der *rive droite* des Dornbuschs. Von damals, da die Teilung im Gang, aber noch nicht vollzogen war, habe ich keinerlei Erinnerungen an die *rive gauche*, an der ich jetzt wohne. Warum das so ist? Ich bin immer erst auf der Höhe meiner Schule, also an der Fürstenbergerstraße, ans gegenüberliegende Ufer gegangen.

Vielleicht war ich dornbuschfern nie richtig daheim, sondern in mehr oder minder angenehmen Zwischenwelten. Das Studium, die ersten Reisen, die ersten Jobs: alles vorläufiges Leben, Herumprobieren, Vagabundierereien aller Art. Das Leben hatte ein Einsehen und schickte mich zurück an den alten Ort, ich bekam einen Job beim Hessischen Rundfunk. Bald darauf bot mir jemand eine Wohnung im Dichterviertel an, auf der anderen Seite der Grenze. In der Wohnung lebte noch eine Familie. Sie bauten ein Haus, was unabsehbare Wartezeit bedeuten würde. Die Wohnung hatte einen Teppichboden von der Farbe schwerer Hautkrankheit, die Küchenwände waren schwarz und klebrig von Bratfett. Aber ich war wieder am Dornbusch, und es gab einen Garten. Die beiden Trümpfe stachen. Und wie Hölderlin vor seinem Turm (nein, nicht literarisch, nur ganz bescheiden biografisch gemeint) ahnte ich bei meinem Einzug nicht, daß ich so viele Jahre hier verbringen würde.

Häuser entstanden, schön waren sie meist nicht. Häuser wurden erneuert, was ihnen nicht immer bekam. Freunde siedelten sich an. Bäume wurden gefällt. Die Amerikaner entschwanden und ließen uns Katzen und Hunde da. Die Belegung ihrer Wohnungen führte zu einem skurrilen Streit zwischen denen, die sich ihre Villengegend erhalten wollten, und den Multikultieuphorikern. Im Lauf der Jahre haben sich beide einander angenähert, in sanfter Erkenntnis beidseitiger Irrtümer.

Bäume wurden gepflanzt, und die dunklen Nadelbäume der Nachkriegszeit machten lichteren Gewächsen Platz. Es mangelte dieser um eine mächtige Kreuzung gruppierten Gegend immer an eindeutigem Charakter, das ist ihr Reiz. Der

Dornbusch war und ist zum Teil noch *housing area*, Villenviertel, Kneipengegend (die allerdings auch aus den erinnerten, längst verschwundenen Kneipen besteht: Wißt ihr noch? Charlie? Schlund?), sozialer Brennpunkt, Rentnerparadies, Christengemeinde, Schulstandort, Tante-Emma-Biotop und Supermarkt in einem. Der Dornbusch hat keine Mitte, kein Wahrzeichen, nur die trotzige Beharrlichkeit seiner Anwohner. Keine Mitte, aber einen Sender, und das Funkhaus am Dornbusch ist ein Organismus für sich. Sein Einfluß auf den ihn umgebenden gesichtslosen Kiez ist schwer auszumachen, zweifellos aber da. Früher sah man die Einwohner in der legendären Goldhalle herumstehen und warten, ob Kulenkampff, Wolf Schmidt oder Caterina Valente vorbeikämen. Das geschah sogar manchmal, dann war man dankbar, hier zu wohnen, so nah dran am großen Leben. Einmal kam Rudolf Nurejew. Den kannte aber niemand. Vielleicht ist die Goldhalle, wegen ihrer goldenen Säulen schon früh »Hundehimmel« genannt, das geheime Herz des Dornbuschs. Hätte ja Bundestag werden sollen, das ganze, aber jetzt ist das egal, der wäre auch von hier aus nach Berlin gezogen. Außerdem wissen das heute nur noch wenige.

Wenn man – von zahlreichen Ausflügen in die Welt einmal abgesehen, und die sind nötig, sonst hätte man ja keine Vergleiche – mit und in einem Viertel älter wird, das so wenig folkloristischen Glanz zu bieten hat wie der Dornbusch, erinnert man sich eher seiner Menschen. Der alte Herr Schwarz mit seinem Krückstock, pensionierter Amtsrichter, der jeden Mittag in der gleichen Pinte aß und hernach über das Essen, das Leben oder die Unbarmherzigkeit des Alters oft so erbittert war, daß er beliebigen Passanten die Krücke über den Kopf haute. Oder die Frau mit dem stolzen Busen und den Boxerhunden, die mit niemandem außer ihren Hunden sprach, der ewig betrunkene, würdevolle schwarze GI mit der Katze auf der Schulter, das Kind, das täglich einmal seine Brille verlor, deswegen jeden Mittag ausgeschimpft wurde und dem man diesen Frust, als es ein junger Mann geworden war, immer noch anmerkte – ach, überhaupt all die Kinder, die man vom wachsenden Mutterbauch bis zur fehlenden Lehrstelle oder zur zu frühen Ehe mitgekriegt hat! Es lehrt einen Demut, zu sehen, daß man die Häuser immer wieder neu anstreichen und ihnen frische Balken einsetzen kann, uns aber, ihren Bewohnern, nicht.

Kaddish, würde der große Dichter Paulus Böhmer sagen, Kaddish für die hundertjährige Dichterin Mile aus der Eichendorffstraße, für den Philosophen mit dem gebeugten Gang, der ruhelos das Viertel durchmaß und so freundlich zu sich selber sprach, wie ich es nie vorher bei einem Menschen gesehen hatte. Kaddish für Sebastian, der nur neun Jahre alt geworden ist und während seiner langen Krankheit zu einem Weisen wurde, vor dem wir alle Ehrfurcht hatten, weil wir wußten, daß er uns vormacht, wie man stirbt. Kaddish für die Frau mit den dicken Beinen und der sanften Stimme, die Weinbergpfirsiche verkaufte, weil sie sie liebte, obwohl sie wußte, daß die nicht haltbar sind und sie fast alle würde wegwerfen müssen. Kaddish für meinen Griechisch- und Lateinlehrer Heinz Imiela, der mit all seinen Platos und Herodots und Aischylosausgaben hier lebte und elend zugrunde ging, nein, nicht elend, denn die Sätze seiner alten Sprachen trugen und trösteten ihn bis zum Schluß. »Sum quod eris / fui quod es.«

Klar: Wir sind, was sie waren, und werden sein, was sie sind. Man sollte öfter umziehen, dann hat man nicht solche Vergänglichkeitsgedanken.

Aber melancholisch muß man nicht werden in dieser Gegend, es wächst das Rettende, man muß es nur zur Kenntnis nehmen. Und sich amüsieren, wenn junge, schwarzhaarige

Damen in knallengen Jeans und Tanktops auf der Höhe Eichendorffstraße hastig in großen Taschen wühlen, trutschige Regenmäntel und Kopftücher zutage fördern und sich, während sie nach der Adresse des iranischen Konsulats fragen, in artige Muslimas verwandeln. Und immer wieder sind da vielversprechende Bäuche, deren Inhalt nach unbegreiflich kurzer Zeit Fußball spielt und einen mit: Hallo Frau! begrüßt. So was kriegt man natürlich nicht mit, wenn man seine Orte oft wechselt, wie es in der sogenannten mobilen Gesellschaft geboten ist. Auch nicht die vielen, mutigen Existenzgründungen, gut, nicht alle haben in den Reichtum geführt, aber es sind doch immer wieder hoffnungsvolle Ansätze zu sehen. Antiquitäten werden ebenso liebevoll angeboten wie Trachtenklamotten, vorher wohnten da Delikatessen oder ein Versicherungsbüro, das Leben geht immer weiter, hinter der nächsten Ecke kann schon das Glück lauern. Das Glück am Dornbusch: Es kommt einigermaßen unauffällig daher, so wie es bekömmlich ist. Richtiger Protz kommt hier nicht gut an, eher eine Art Wohlhabenheit, die sich nicht aufspielt. An der rive gauche gibt es davon mehr als an der rive droite. Über Menschen, die ihren Besitz mit Natodraht und fetten Alarmanlagen zur Schau stellen (auch solche wohnen hier) – wird sehr gelacht. Die Alteingesessenen wissen über die betreffenden Großtuer köstliche Skandalgeschichten zu erzählen, und dem Hund wird die nötige Zeit gelassen, an grade diesen Mauern das Bein zu heben.

Warum man hier so lang geblieben ist? Warum man selbst in den Paradiesen der Erde dieses ruppige Stück Frankfurt nicht vergißt? Vielleicht, weil es einen nicht anstrengt. Es ist häßlich, aber menschenfreundlich. Es hat viel gnädiges Grün, gut, nichts wirklich Aufregendes, einfache Leute-, Kinder- und Hundeparks. Es hat eine Menge Traumpotential. Man kommt hierher und denkt ans Weggehen, man hält es für eine

Durchgangsstation, gute Verkehrsanbindung, gute Wohnungen, ganz akzeptable Läden. Wie gesagt, nichts Aufregendes. Irgendwann wird dann das Stückchen Dornbusch, in dem man sich eingerichtet hat, unverzichtbar. Man kann weg, denkt man immer noch, es hält einen hier ja nichts. Das stimmt aber nicht. Mich hat hier etwas Mächtiges gehalten, ich habe keine Ahnung, was. Vielleicht die wachsende Einsicht, einst sowieso wegzumüssen. Warum also nicht bis dahin hier bleiben?

Drucknachweise

1978
Dornbusch

So fing es an. Die ersten Jahre des Fernsehens
Dornbusch, 2008; Frankfurter Allgemeine Zeitung, 18. 9. 2008

Unsere kleine Stadt
Dornbusch

Zur Eröffnung des Gesellschaftshauses und zur Stiftung Botanischer Garten
Palmengarten, 2012; Rede zur Wiedereröffnung des Gesellschaftshauses
Palmengarten, Sommer 2012

Über Gartenliebe und Gartenmord
Grüngürtel, 2012; Rede im Deutschen Architekturmuseum, Herbst 2012

Als die Magnolien noch in der Bockenheimer Landstraße blühten
Westend, 1993; Frankfurter Rundschau, 31. 12. 1993

Ignatz Bubis
Westend, 1992/2007; Frankfurter Allgemeine Magazin, 23. 12. 1992 und
Ignatz Bubis, Erinnerungsbilder; Ignatz Bubis. Ein jüdisches Leben in
Deutschland, hg. von Fritz Backhaus, Raphael Gross und Michael Lenarz,
Frankfurt am Main 2007

Vom Glück der Vergänglichkeit
Westend, 2005; Rede zum 25. Jubiläum des Frankfurter Presseclubs

»Vergnügt wie eine Göttin…« Die Frau Rath Goethe
Rossmarkt, 1994; Die großen Frankfurter, hg. von Hans Sarkowicz, Frankfurt am Main 1994

Frankfurter Stadtreinigung. Ein kommunalpolitischer Bekehrungsversuch
Hauptbahnhof, 1984; Kursbuch 77, 1984

Wenns ihn nicht gäbe, man müßte ihn erfinden
Hellerhofstraße, Literaturredaktion, 2000; NDR, zum 80. Geburtstag von
Marcel Reich-Ranicki

Apfelwein
Sachsenhausen

Das Paradiesgärtlein
Mainufer, Städel, 2007

Wir werden nicht untergehen
Sachsenhausen / Bockenheim, 2003; Rede im Literaturhaus, Januar 2003

Der Seehofpark in Sachsenhausen
Sachsenhausen, 2004; Hinter Frankfurt das Meer. Literarische Entdeckungen im Grüngürtel, hg. von Ruth Fühner, Frankfurt am Main 2005

Flohmarkt
Mainufer, Sachsenhausen, 1988; Kommune, 4/1988

Skyline
Main, Eiserner Steg

Beckmann auf Papier. Bruder der Dichter
Main, 27. 9. 2001

Rasthaus Gottes mit stiller Bedienung
Innenstadt, 1988; Frankfurter Allgemeine Magazin, 22. 4. 1988

Eine Frankfurterin: Else aus dem Club Voltaire
Innenstadt, 1989; Kohls Lesebuch. Frankfurter Autoren, hg. von Susanne Pfaff u. a., Frankfurt am Main 1989

Straßenjungs
Innenstadt, 1985; Auftritt, 11/1985

Das Geschlecht der Engel
Innenstadt, 1996; Rede am Mahnmal Homosexuellenverfolgung, Juni 1996

Das Weltdorf
Innenstadt, 2006; Rede im Goethe-Institut

Lebwohl für eine große Frankfurter Dame
Innenstadt, Volkstheater, 1996; Frankfurter Rundschau, 17. 8. 1996

Variation auf Bei Arnims *von Peter Hacks, oder: Die Welt als Wiepersdorf*
Innenstadt, Großer Hirschgraben, 2013; Frankfurter Allgemeine Zeitung, 2. 10. 2013

Rede zur Verleihung der Goethe-Plakette
Innenstadt, Römer, Oktober 1990

Wähl mich. Zum Frankfurter Wahlkampf 2007
Innenstadt, Römer, 2007; Frankfurter Allgemeine Sonntagszeitung, 14. 1. 2007

Ein Brief
Altstadt, 2005; Frankfurter Allgemeine Zeitung, 2005

Kleinmarkthalle
Innenstadt

Ein paar Bemerkungen zu Frankfurt
Innenstadt

Gayday, Gayday. Christopher Street Day
Innenstadt, 2005; Frankfurter Allgemeine Zeitung, 28. 7. 2005

Der Tigerpalast in Frankfurt
Innenstadt, 1996; Die Welt, 28. 12. 1996; erweitert nach Manuskript

Wo geht er hin? Nachruf für Matthias Beltz
Innenstadt, 2002; taz, 30. 3. 2002

Noch einmal: der Börneplatz
Innenstadt, 1987; Öffentlicher Aufruf, 18. 8. 1987

Die Steine wollen nicht schweigen
Innenstadt

Verraten und verbaut. Die Geschichte von der endgültigen Zerstörung der Frankfurter Judengasse
Innenstadt, 1986; Der Frankfurter Börneplatz. Zur Archäologie eines politischen Konflikts, hg. von Michael Best, Frankfurt am Main 1988

Marianne von Willemer
Gerbermühle, 1995; Die großen Hessen, hg. von Hans Sarkowicz und Ulrich Sonnenschein, Frankfurt am Main 1996

Der Osthafen
Ostend, 2010

Engagement
Bergen-Enkheim, 1988; Zeltreden. Reden zur Verleihung des Literaturpreises »Stadtschreiber von Bergen« 1974-1998, hg. von Wolfgang Mistereck und Adrienne Schneider, Göttingen 1998

Das ist das Vertrackte
Bergen-Enkheim, 1989; Zeltreden. Reden zur Verleihung des Literaturpreises »Stadtschreiber von Bergen« 1974-1998, hg. von Wolfgang Mistereck und Adrienne Schneider, Göttingen 1998

Fünfundzwanzig Jahre Stadtschreiberpreis in Bergen-Enkheim
Bergen-Enkheim, 1998; Hessischer Rundfunk, September 1999

Der Frankfurter Hauptfriedhof
Nordend, 2005; Frankfurter Grün. Vierzehn literarische Streifzüge durch Gärten und Parks, hg. von Brigitte Heinrich, Frankfurt am Main 2005

X-Mas-Kiez
Dichterviertel, 2006; Journal Frankfurt, 26/2006

Katzen in der Stadt: stolz und frei?
Dichterviertel, 1987; Frankfurter Rundschau, 24. 10. 1987

Nur über die Straße
Dornbusch, 2008; Hessischer Rundfunk, 22. 11. 2008

Die Ortsangaben folgen dem Stadtplan von Frankfurt am Main.
Sämtliche Texte wurden für diesen Band durchgesehen und überarbeitet.

Inhaltsverzeichnis